Un Viaggio nell'Idroponica per Principianti , Verdi Connessioni

Dalla Teoria alla Pratica: Scoprire i Segreti della Coltivazione Senza Terra, Innovare per un Futuro Sostenibile e Nutrire la Passione per il Verde

Daniela Giardini

1. **Introduzione all'idroponica**: Spiega cos'è l'idroponica, la sua storia e perché sta diventando sempre più popolare.

2. **I benefici dell'idroponica**: Illustra i vantaggi dell'idroponica, compresa l'efficienza idrica, la crescita più rapida delle piante e la riduzione del bisogno di pesticidi.

3. **Principi di base dell'idroponica**: Introduci i concetti chiave dell'idroponica, come il sistema di nutrienti, l'ossigenazione delle radici e l'importanza della luce.

4. **Tipi di sistemi idroponici**: Descrivi i vari tipi di sistemi idroponici, come goccia a goccia, NFT (Nutrient Film Technique), coltura in acqua profonda (DWC), e letto di argilla espansa.

5. **Selezione delle piante per l'idroponica**: Consiglia quali piante crescono meglio in un ambiente idroponico, come lattuga, erbe aromatiche, pomodori e fragole.

6. **Impostazione del tuo primo sistema idroponico**: Una guida passo dopo passo su come allestire un semplice sistema idroponico a casa.

7. **Sistemi di illuminazione per l'idroponica**: Discuti l'importanza della luce, i diversi tipi di

luci utilizzabili (LED, lampade a scarica ad alta intensità) e come posizionarle correttamente.

8. **Nutrienti e soluzioni idroponiche**: Una panoramica sui nutrienti essenziali per le piante e come preparare e mantenere la soluzione nutritiva.

9. **Gestione dell'acqua nell'idroponica**: Spiega come mantenere l'acqua a livelli ottimali, la sua importanza e come riciclare l'acqua nel sistema.

10. **Controllo del pH e della conducibilità elettrica (EC)**: Istruzioni su come monitorare e regolare i livelli di pH e EC per la salute delle piante.

11. **Manutenzione del sistema idroponico**: Suggerimenti su come mantenere il sistema pulito e funzionante senza problemi.

12. **Risolvere i problemi comuni**: Affronta problemi comuni nell'idroponica, come alghe, radici marce e carenze di nutrienti, e come risolverli.

13. **Automazione nel sistema idroponico**: Introduzione a come l'automazione può semplificare la coltivazione idroponica, dagli irrigatori temporizzati ai sistemi di controllo del clima.

14.**Coltivazione biologica idroponica**:
Discussione sull'uso di nutrienti biologici e
pratiche sostenibili nell'idroponica.

15.**Ricette di soluzioni nutritive**: Fornisci
esempi di ricette per soluzioni nutritive per
diverse tipologie di piante.

16.**Guida alla raccolta e conservazione**:
Consigli su come e quando raccogliere le piante
coltivate idroponicamente per massimizzare il
raccolto e la freschezza.

17.**Sicurezza alimentare nell'idroponica**:
Affronta l'importanza della sicurezza alimentare,
come evitare la contaminazione nelle colture
idroponiche.

18.   **Progetti fai-da-te**: Ispirazione per
progetti idroponici fai-da-te, dalla coltivazione di
erbe aromatiche in cucina a sistemi più
complessi.

19.**Comunità e risorse idroponiche**: Guida su
dove trovare comunità online, corsi, libri e altre
risorse per approfondire la coltivazione
idroponica.

20.   **Guardare al futuro dell'idroponica**:
Riflessioni sul potenziale futuro dell'idroponica
nella sostenibilità, sicurezza alimentare e
innovazioni tecnologiche.

1. Introduzione all'Idroponica

L'idroponica è un metodo rivoluzionario di coltivazione delle piante che prescinde dall'uso del suolo, nutrendole invece con una soluzione acquosa arricchita di minerali essenziali. Questo approccio consente alle piante di ricevere direttamente e in modo più efficiente i nutrienti necessari per la loro crescita, ottimizzando l'assorbimento e riducendo al contempo lo spreco di risorse.

Storia dell'Idroponica

Le radici dell'idroponica affondano in tempi antichi, con le meraviglie dei Giardini Pensili di Babilonia e le coltivazioni fluviali degli Aztechi, che già mostravano forme primitive di questa tecnica. Tuttavia, è nel 17° secolo che si hanno le prime sperimentazioni scientifiche, con i lavori del chimico inglese John Woodward. Il termine "idroponica" fu coniato nel XX secolo da William Frederick Gericke, un ricercatore dell'Università della California, che dimostrò il potenziale di questo metodo coltivando pomodori giganti.

Perché l'Idroponica sta diventando sempre più popolare

L'idroponica sta guadagnando popolarità per una serie di motivi:

- **Efficienza nell'uso dell'acqua**: Essendo un sistema chiuso, l'idroponica riduce notevolmente lo spreco di acqua, rendendola un'opzione sostenibile soprattutto in aree con risorse idriche limitate.

- **Produzione tutto l'anno**: Indipendentemente dalle stagioni e dalle condizioni climatiche esterne, l'idroponica permette la coltivazione continua, offrendo raccolti costanti.

- **Risparmio di spazio**: Senza la necessità di suolo e con sistemi che possono essere impilati verticalmente, l'idroponica risulta ideale per gli spazi urbani ristretti o per l'agricoltura indoor.

- **Crescita accelerata delle piante**: Grazie alla disponibilità diretta e costante di nutrienti, le piante coltivate idroponicamente tendono a crescere più velocemente rispetto a quelle in suolo.

- **Riduzione dell'uso di pesticidi**: L'assenza di suolo riduce significativamente la presenza di parassiti e malattie, portando a una minore necessità di pesticidi e a prodotti più sani.

Questi vantaggi rendono l'idroponica una scelta sempre più popolare tra hobbisti, agricoltori urbani e produttori commerciali, contribuendo a una visione di agricoltura più sostenibile e efficiente per il futuro.

L'idroponica, come sistema di coltivazione, offre un'ampia gamma di vantaggi e possibilità che la rendono un campo in continua evoluzione e sperimentazione. Al di là dei benefici immediati legati all'efficienza idrica, alla produzione costante e alla riduzione dei pesticidi, ci sono molteplici sfaccettature e applicazioni che meritano un'analisi approfondita.

Sostenibilità Ambientale

Uno degli aspetti più rilevanti dell'idroponica è la sua sostenibilità. In un'epoca in cui il cambiamento climatico e la gestione delle risorse idriche diventano sempre più pressanti, l'idroponica si propone come una soluzione potenzialmente rivoluzionaria. Il riciclo dell'acqua in un sistema chiuso riduce il consumo idrico fino al 90% rispetto all'agricoltura tradizionale. Questo aspetto non solo contribuisce alla conservazione dell'acqua, ma apre anche la strada alla coltivazione in regioni aride o con limitato accesso all'acqua potabile.

Controllo Ambientale

La capacità di controllare l'ambiente di crescita delle piante è un altro punto di forza dell'idroponica. Fattori come la temperatura, l'umidità, la concentrazione di CO_2, e la luce possono essere monitorati e regolati con precisione, permettendo così di ottenere condizioni ottimali per la crescita delle piante e la produzione agricola. Questo controllo ambientale è particolarmente vantaggioso per la coltivazione di varietà che richiedono condizioni specifiche, rendendo possibile la produzione locale di colture altrimenti importate.

Innovazione Tecnologica

L'idroponica si presta anche a essere un terreno fertile per l'innovazione tecnologica. Dall'uso di sistemi automatizzati per il monitoraggio e l'aggiustamento dei livelli di nutrienti e pH, alla sperimentazione con l'illuminazione LED per massimizzare la fotosintesi e la crescita delle piante, l'idroponica spinge i confini dell'agricoltura tradizionale. Inoltre, l'integrazione con le tecnologie dell'Internet delle Cose (IoT) permette di raccogliere dati in tempo reale e di ottimizzare le condizioni di crescita basandosi su analisi dettagliate e personalizzate.

Riduzione dell'Impronta di Carbonio

L'agricoltura idroponica può contribuire significativamente alla riduzione dell'impronta di carbonio dell'agricoltura. Eliminando il bisogno di arature e lavorazioni del suolo, riduce il consumo di carburante dei macchinari agricoli e limita l'erosione e la degradazione del suolo. Inoltre, coltivando in prossimità dei mercati di consumo, si riducono i trasporti e le emissioni correlate. Questo aspetto, insieme all'uso di energie rinnovabili per alimentare i sistemi idroponici, potrebbe trasformare l'agricoltura in un settore a basso impatto ambientale.

Barriere all'Ingresso e Sfide

Nonostante i numerosi vantaggi, l'idroponica presenta anche delle sfide. L'investimento iniziale per l'installazione di un sistema idroponico può essere significativo, soprattutto per le applicazioni su larga scala o quelle che utilizzano tecnologie all'avanguardia. Inoltre, la gestione di un sistema idroponico richiede una certa conoscenza tecnica e competenze specifiche, soprattutto in termini di bilanciamento dei nutrienti e monitoraggio delle condizioni ambientali. Questi ostacoli possono rappresentare una barriera all'ingresso per alcuni aspiranti agricoltori idroponici.

Educazione e Formazione

Per superare queste barriere, è fondamentale investire nell'educazione e nella formazione. L'accesso a risorse educative, workshop, corsi online e supporto comunitario può facilitare l'ingresso di più persone nel mondo dell'idroponica, democratizzando la conoscenza e le competenze necessarie. Inoltre, l'istituzione di partnership tra istituzioni accademiche, aziende del settore e comunità locali può stimolare l'innovazione e lo sviluppo di soluzioni idroponiche accessibili e sostenibili.

Verso un Futuro Sostenibile

Guardando al futuro, l'idroponica ha il potenziale per svolgere un ruolo chiave nella risoluzione di alcune delle sfide più pressanti dell'agricoltura moderna. Con una popolazione mondiale in crescita e risorse naturali sempre più limitate, la ricerca di metodi di coltivazione efficienti, sostenibili e resilienti è più importante che mai. L'idroponica, con il suo approccio innovativo alla produzione agricola, offre una via promettente verso un futuro in cui la sicurezza alimentare e la sostenibilità ambientale possono andare di pari passo.

L'espansione dell'idroponica nel tessuto socio-economico globale presenta sfaccettature interessanti, spaziando dall'impatto sociale all'integrazione con le smart cities, evidenziando così la sua versatilità e capacità di adattamento alle esigenze emergenti della società moderna.

Impatto Sociale e Comunitario

L'idroponica non ha solo il potenziale di rivoluzionare l'agricoltura commerciale ma offre anche opportunità uniche per il coinvolgimento e lo sviluppo comunitario. I progetti di giardinaggio idroponico comunitario possono fungere da poli educativi e di inclusione sociale, offrendo ai membri della comunità la possibilità di apprendere tecniche agricole sostenibili, promuovere la sicurezza alimentare locale e rafforzare i legami comunitari. Questi spazi verdi urbani possono anche migliorare il benessere psicologico degli individui, offrendo un'oasi di tranquillità e un senso di appartenenza in contesti urbani densamente popolati.

Integrazione nelle Smart Cities

L'idroponica si allinea perfettamente con la visione delle smart cities, dove l'ottimizzazione delle risorse, la sostenibilità e l'innovazione tecnologica sono al centro. La coltivazione idroponica verticale, in particolare, può essere integrata negli edifici urbani, sia nelle strutture residenziali che commerciali, contribuendo a ridurre l'impronta ecologica delle città e a promuovere un modello di consumo "dal campo alla forchetta" a chilometro zero. Questa pratica non solo riduce il bisogno di superfici agricole estese ma contribuisce anche a mitigare l'effetto isola di calore urbano, migliorando la qualità dell'aria e offrendo nuove aree verdi per il benessere cittadino.

Innovazione nella Produzione Alimentare

L'idroponica rappresenta una frontiera dell'innovazione nel settore della produzione alimentare. Le startup e le aziende agrotech stanno esplorando nuovi modelli di business basati su sistemi idroponici per fornire prodotti freschi e sostenibili ai mercati locali. Questo include non solo verdure e ortaggi ma anche la coltivazione di piante rare o esotiche che, altrimenti, dovrebbero essere importate da lontano. La personalizzazione delle coltivazioni in base alle richieste specifiche dei consumatori e dei ristoranti locali diventa possibile, offrendo una diversità di prodotti che prima era difficilmente raggiungibile.

Sfide nella Scala di Produzione

Nonostante il notevole potenziale, l'espansione dell'idroponica a livello industriale presenta delle sfide. La scalabilità dei sistemi idroponici richiede investimenti significativi in infrastrutture, tecnologia e competenze specializzate. La gestione efficiente di grandi impianti idroponici richiede un'attenta pianificazione e la capacità di adattarsi rapidamente a eventuali problemi, come malattie delle piante o fluttuazioni nella fornitura di nutrienti. L'ottimizzazione costante dei processi attraverso l'innovazione tecnologica e la ricerca applicata è cruciale per mantenere la sostenibilità economica e ambientale su larga scala.

Formazione e Ricerca

Per superare queste sfide e massimizzare il potenziale dell'idroponica, l'investimento in formazione e ricerca è fondamentale. Istituti di ricerca, università e consorzi agricoli stanno lavorando insieme per sviluppare nuove tecniche, migliorare l'efficienza dei sistemi esistenti e formare la prossima generazione di agricoltori idroponici. L'obiettivo è creare un ecosistema di conoscenza che possa supportare l'innovazione continua e l'adozione dell'idroponica a tutti i livelli, dal piccolo produttore urbano alle grandi operazioni commerciali.

Verso un Modello di Agricoltura Circolare

In definitiva, l'idroponica si inserisce in un modello più ampio di agricoltura circolare, dove l'efficienza delle risorse e la minimizzazione degli sprechi sono prioritari. Integrando l'idroponica con altre pratiche sostenibili, come il riciclo dei rifiuti organici per la produzione di nutrienti e l'uso di energie rinnovabili per alimentare i sistemi, è possibile avvicinarsi a un modello di produzione alimentare veramente sostenibile. Questo approccio non solo risponde alle esigenze immediate di sicurezza alimentare e sostenibilità ambientale ma pone anche le basi per un futuro in cui l'agricoltura può prosperare in armonia con l'ecosistema globale.

Nell'ambito dell'idroponica, l'integrazione con le scienze della vita apre nuove frontiere nella comprensione e miglioramento della crescita delle piante. La genetica delle piante, la biotecnologia e l'ingegneria genetica giocano ruoli cruciali nello sviluppo di varietà vegetali ottimizzate per la coltivazione idroponica. Questi sforzi di ricerca mirano non solo a migliorare la resa e la resistenza delle piante a malattie e parassiti ma anche ad adattare le piante a condizioni di crescita specifiche, come variazioni nella composizione dei nutrienti o nell'intensità della luce. Attraverso la manipolazione genetica, è possibile sviluppare colture che utilizzano l'acqua e i nutrienti in modo più efficiente, contribuendo ulteriormente alla sostenibilità dell'idroponica come metodo di coltivazione.

Biodiversità e Conservazione

Parallelamente agli sforzi di ottimizzazione delle colture, l'idroponica offre un'importante piattaforma per la conservazione della biodiversità. Attraverso la coltivazione di specie rare o minacciate in ambienti controllati, l'idroponica contribuisce alla conservazione genetica delle piante. Questo approccio non solo salvaguarda la diversità biologica ma fornisce anche materiali di ricerca preziosi per lo studio delle caratteristiche delle piante e delle loro risposte a diversi stress ambientali. Inoltre, la capacità di coltivare piante fuori dal loro habitat naturale senza l'uso del suolo apre nuove possibilità per la reintroduzione di specie in aree dove l'habitat è stato degradato o distrutto.

Economia Circolare e Sostenibilità

L'integrazione dell'idroponica in un modello di economia circolare rappresenta una delle sue applicazioni più promettenti. Connettendo la produzione idroponica ad altre pratiche di sostenibilità, come la compostazione dei rifiuti organici e la produzione di energia rinnovabile, è possibile creare sistemi di produzione alimentare chiusi che minimizzano gli sprechi e massimizzano l'uso efficiente delle risorse. Questi sistemi circolari non solo riducono l'impatto ambientale dell'agricoltura ma possono anche offrire vantaggi economici, riducendo i costi operativi e aumentando la resilienza delle pratiche agricole ai cambiamenti climatici e alle fluttuazioni del mercato.

Implicazioni Etiche e Sociali

Mentre l'idroponica continua a espandersi, emergono anche questioni etiche e sociali. La democratizzazione dell'accesso alle tecnologie idroponiche è fondamentale per garantire che i benefici di questa modalità di coltivazione siano condivisi equamente tra diverse comunità e non limitati a chi può permettersi investimenti iniziali elevati. Inoltre, la crescente dipendenza dalle tecnologie agricole solleva domande sull'impatto sulle tradizioni agricole e sulle conoscenze locali. La ricerca di un equilibrio tra innovazione e conservazione delle pratiche agricole tradizionali diventa cruciale per un'integrazione armoniosa dell'idroponica nel tessuto agricolo globale.

Futuro dell'Idroponica: Tra Innovazione e Tradizione

Guardando al futuro, l'idroponica si pone all'incrocio tra innovazione tecnologica e tradizione agricola. La sfida sarà quella di sfruttare le potenzialità offerte dall'idroponica e dalle tecnologie correlate per affrontare i problemi globali di sicurezza alimentare e sostenibilità ambientale, senza perdere di vista l'importanza delle pratiche agricole tradizionali e della connessione dell'uomo con la terra. La ricerca continua, l'innovazione aperta e il dialogo tra diverse discipline saranno essenziali per navigare questo territorio complesso, assicurando che l'idroponica possa contribuire a un futuro in cui tecnologia e natura procedano di pari passo verso la sostenibilità.

Nell'ambito dell'evoluzione dell'idroponica, il concetto di agricoltura urbana assume un ruolo sempre più centrale, riflettendo un cambiamento nelle dinamiche di produzione e consumo alimentare a livello globale. L'agricoltura urbana idroponica non solo mira a ridurre la distanza fisica e concettuale tra i consumatori e le fonti di produzione alimentare ma si propone anche come soluzione ai problemi di sicurezza alimentare nelle aree densamente popolate. Questo modello di coltivazione permette di trasformare tetti, balconi, e spazi interni inutilizzati in aree produttive, contribuendo alla resilienza alimentare delle città e alla riduzione delle emissioni associate al trasporto degli alimenti.

Intersezione con l'Architettura Sostenibile

L'integrazione dell'idroponica nell'architettura sostenibile rappresenta un altro passo avanti verso la creazione di edifici e spazi urbani multifunzionali che contribuiscono alla sostenibilità ambientale. L'incorporazione di sistemi idroponici in progetti di edilizia residenziale, commerciale e pubblica non solo fornisce cibo fresco ai residenti e ai lavoratori ma contribuisce anche all'isolamento termico degli edifici, alla purificazione dell'aria e alla creazione di spazi verdi che migliorano il benessere psicofisico degli individui. Questa sinergia tra agricoltura urbana e architettura sostenibile evidenzia il potenziale dell'idroponica di andare oltre la produzione alimentare, contribuendo a una visione olistica della sostenibilità urbana.

Impatto sulla Sicurezza Alimentare Globale

La capacità dell'idroponica di produrre cibo in condizioni controllate e con un uso minimo di risorse naturali la rende una tecnologia chiave nella lotta contro l'insicurezza alimentare globale. In regioni del mondo dove le condizioni ambientali o socio-economiche rendono difficile l'agricoltura tradizionale, i sistemi idroponici possono fornire una fonte costante di cibo fresco, riducendo la dipendenza dalle importazioni alimentari e migliorando la nutrizione delle popolazioni vulnerabili. L'implementazione di progetti idroponici su larga scala in contesti umanitari potrebbe quindi rappresentare una svolta nella gestione delle crisi alimentari e nella promozione dello sviluppo sostenibile.

Avanzamenti nella Robotica e nell'Automazione

L'integrazione della robotica e dell'automazione nei sistemi idroponici apre nuove possibilità per l'ottimizzazione della produzione alimentare. Robot autonomi capaci di monitorare le condizioni di crescita delle piante, gestire l'irrigazione e la fertilizzazione, e raccogliere i prodotti maturi possono aumentare significativamente l'efficienza e ridurre la necessità di lavoro umano nei sistemi idroponici. Questo non solo abbassa i costi di produzione ma migliora anche la precisione nella gestione delle risorse, contribuendo a minimizzare l'impatto ambientale dell'agricoltura.

Sfide Etiche e Regolatorie

Man mano che l'idroponica guadagna popolarità e diventa parte integrante dei sistemi alimentari urbani e rurali, emergono anche sfide etiche e regolatorie. La questione dell'accesso equo alle tecnologie idroponiche, il rispetto dei diritti dei lavoratori nell'agricoltura automatizzata e la regolamentazione dell'uso di modificazioni genetiche nelle colture idroponiche sono solo alcuni degli aspetti che richiedono un'attenta considerazione. La creazione di quadri normativi che promuovano pratiche di coltivazione etiche e sostenibili sarà fondamentale per assicurare che i benefici dell'idroponica siano accessibili a tutti e contribuiscano a un futuro alimentare equo e sostenibile.

In conclusione, mentre l'idroponica continua a evolversi, il suo potenziale di contribuire a un mondo più sostenibile e giusto è immenso. Tuttavia, la realizzazione di questo potenziale richiederà un impegno collettivo per l'innovazione responsabile, l'equità sociale, e la governance sostenibile, assicurando che l'idroponica non sia solo una soluzione tecnologica ma anche un catalizzatore per il cambiamento positivo nei sistemi alimentari globali.

Concludendo, l'idroponica si profila come una delle soluzioni agricole più promettenti e innovative del nostro tempo, con il potenziale non solo di trasformare il paesaggio dell'agricoltura moderna ma anche di affrontare alcune delle sfide globali più pressanti. La sua capacità di produrre cibo in modo efficiente e sostenibile, riducendo il consumo di acqua, minimizzando l'uso di pesticidi e fertilizzanti chimici, e abbattendo la barriera della stagionalità e della dipendenza dal suolo, la rende una tecnologia chiave nell'ambito della sicurezza alimentare e della sostenibilità ambientale.

L'adozione dell'idroponica a livello globale presenta, tuttavia, una serie di sfide tecniche, economiche, sociali ed etiche che richiedono un'attenta navigazione. Da un lato, gli elevati costi iniziali e la complessità tecnologica possono rappresentare una barriera all'ingresso per i piccoli produttori e le comunità a basso reddito. Dall'altro, la gestione sostenibile delle risorse, la protezione della biodiversità e l'accesso equo alle tecnologie avanzate sollevano questioni etiche e regolatorie significative.

Per massimizzare il potenziale dell'idroponica, è essenziale promuovere un approccio olistico che integri innovazione tecnologica, responsabilità sociale, e politiche pubbliche orientate alla sostenibilità. Ciò include lo sviluppo di tecnologie idroponiche accessibili e scalabili, l'investimento in ricerca e formazione per ottimizzare le pratiche di coltivazione, e l'implementazione di quadri normativi che assicurino pratiche etiche e sostenibili. Inoltre, è cruciale incoraggiare la collaborazione tra agricoltori, scienziati, imprese, comunità e decisori politici per creare sistemi alimentari resilienti e inclusivi.

Infine, mentre l'idroponica continua a evolversi come una soluzione potente per l'agricoltura del futuro, il suo successo a lungo termine dipenderà dalla capacità di armonizzare i progressi tecnologici con i principi di equità sociale e sostenibilità ambientale. Solo attraverso un impegno condiviso verso l'innovazione responsabile e la collaborazione intersettoriale sarà possibile realizzare la promessa dell'idroponica di contribuire a un futuro alimentare sicuro, sostenibile e accessibile a tutti. In questo contesto, l'idroponica non rappresenta soltanto una tecnologia agricola avanzata, ma un simbolo dell'impegno collettivo verso la costruzione di sistemi alimentari più giusti e sostenibili nel XXI secolo.

2. I benefici dell'idroponica: Illustra i vantaggi dell'idroponica, compresa l'efficienza idrica, la crescita più rapida delle piante e la riduzione del bisogno di pesticidi.

L'idroponica, come sistema di coltivazione, offre una serie di benefici che la rendono un'opzione sempre più popolare sia per gli hobbisti che per i coltivatori commerciali. Questi vantaggi non solo migliorano l'efficienza e la produttività delle pratiche agricole ma contribuiscono anche a un impatto ambientale più sostenibile.

Efficienza Idrica

Uno dei vantaggi più significativi dell'idroponica è la sua efficienza idrica. Rispetto all'agricoltura tradizionale, che spesso richiede grandi quantità d'acqua per il mantenimento delle colture, l'idroponica riduce notevolmente il consumo d'acqua. In un sistema idroponico, l'acqua arricchita di nutrienti viene ricircolata, permettendo alle piante di assorbire ciò di cui hanno bisogno con minor spreco. Questo riciclo dell'acqua può ridurre l'uso dell'acqua fino al 90% rispetto ai metodi di coltivazione in suolo. In un mondo dove l'acqua è una risorsa sempre più preziosa e limitata, l'efficienza idrica dell'idroponica offre una soluzione vitale per la produzione alimentare sostenibile.

Crescita Più Rapida delle Piante

Le piante coltivate idroponicamente tendono a crescere più velocemente rispetto a quelle coltivate in suolo. Questo è dovuto al controllo diretto e ottimizzato dell'apporto di nutrienti e all'ossigenazione radicale. Senza la necessità di cercare nutrienti nel suolo, le radici possono dedicare più energia alla crescita aerea, risultando in un ciclo di crescita accelerato. Questo significa che i coltivatori possono produrre più raccolti in minor tempo, aumentando potenzialmente la produttività e la redditività delle loro operazioni agricole.

Riduzione del Bisogno di Pesticidi

Un altro vantaggio significativo dell'idroponica è la riduzione del bisogno di pesticidi. Poiché l'idroponica può essere praticata in ambienti controllati, come serre o sistemi indoor, le piante sono meno esposte a parassiti e malattie presenti nel suolo. Questo limita notevolmente la necessità di interventi chimici, portando a una produzione più pulita e sana. Inoltre, l'assenza di suolo elimina il rischio di malattie trasmesse da questo, ulteriormente diminuendo la dipendenza da pesticidi e fungicidi. La produzione di cibo più pulito non solo ha benefici per la salute dei consumatori ma riduce anche l'impatto ambientale dell'agricoltura, contribuendo alla biodiversità e alla salute degli ecosistemi.

Maggiore Densità di Produzione e Uso Efficiente dello Spazio

Grazie alla possibilità di impilare verticalmente i sistemi idroponici, si può ottenere una maggiore densità di produzione in minor spazio. Questo aspetto è particolarmente vantaggioso nelle aree urbane o in quelle con limitata disponibilità di terreno agricolo. L'uso efficiente dello spazio non solo massimizza la produzione per unità di area ma apre anche la strada all'agricoltura urbana, portando la produzione alimentare più vicino ai consumatori e riducendo i costi e le emissioni legati al trasporto dei prodotti alimentari.

Controllo Ambientale e Produzione Tutto l'Anno

L'idroponica permette un controllo quasi totale sulle condizioni ambientali, come luce, temperatura, umidità e concentrazione di CO_2. Questo controllo consente la coltivazione di piante tutto l'anno, indipendentemente dalle condizioni esterne. La capacità di produrre raccolti fuori stagione non solo può aumentare la redditività per i coltivatori ma anche migliorare l'accesso a frutta e verdura fresca per i consumatori in ogni periodo dell'anno.

In conclusione, i benefici dell'idroponica rispetto all'agricoltura tradizionale sono numerosi e variati, offrendo soluzioni innovative per alcune delle sfide più pressanti nel settore agricolo oggi. Che si tratti di efficienza idrica, crescita accelerata delle piante, riduzione dell'uso di pesticidi, uso efficiente dello spazio o produzione tutto l'anno, l'idroponica rappresenta una modalità di coltivazione all'avanguardia con il potenziale per trasformare il futuro dell'agricoltura.

Oltre ai benefici fondamentali dell'idroponica già discussi, esistono ulteriori aspetti e vantaggi di questo metodo di coltivazione che meritano attenzione. Questi aspetti sottolineano la flessibilità e la potenzialità dell'idroponica nel rispondere a esigenze specifiche e nel contribuire ulteriormente alla sostenibilità e all'innovazione agricola.

Adattabilità a Diversi Ambienti

L'idroponica dimostra una notevole adattabilità a vari ambienti, dalla coltivazione domestica a piccola scala fino alle grandi serre commerciali. Questo metodo è particolarmente utile in aree dove il terreno è scarsamente fertile, contaminato o non disponibile, come nelle regioni desertiche o urbane. L'adattabilità dell'idroponica apre la porta a nuove possibilità di coltivazione in ambienti precedentemente considerati non adatti all'agricoltura, contribuendo a diversificare le fonti di cibo e a ridurre la pressione sull'uso dei terreni.

Minore Impiego di Risorse Naturali

Oltre all'efficienza idrica, l'idroponica può ridurre significativamente l'impiego di altre risorse naturali. Ad esempio, la coltivazione idroponica elimina la necessità di rotazione delle colture e di riposo del terreno, pratiche comuni nell'agricoltura tradizionale per mantenere la fertilità del suolo. Inoltre, l'ottimizzazione della nutrizione delle piante e l'assenza di competizione per i nutrienti permettono un uso più mirato e efficiente degli stessi, riducendo il consumo e lo spreco.

Riduzione dell'Erosione del Suolo

L'agricoltura tradizionale è una delle principali cause dell'erosione del suolo, un problema che minaccia la sostenibilità a lungo termine della produzione alimentare. L'idroponica, essendo un metodo di coltivazione che non utilizza il suolo, elimina completamente questo rischio. Questo non solo preserva la qualità dei terreni agricoli ma contribuisce anche alla conservazione dell'ambiente naturale e alla prevenzione di problemi legati all'erosione, come la riduzione della biodiversità e l'aumento della sedimentazione nei corsi d'acqua.

Risposta Rapida alle Condizioni di Mercato

La crescita più rapida delle piante e la capacità di produrre raccolti tutto l'anno permettono ai coltivatori idroponici di rispondere in modo più agile alle fluttuazioni della domanda di mercato. Questo può essere particolarmente vantaggioso in situazioni in cui si verificano improvvisi picchi di domanda per certi prodotti. La flessibilità nella produzione consente ai coltivatori di adattarsi rapidamente, ottimizzando la loro offerta e potenzialmente ottenendo prezzi migliori sul mercato.

Potenziale per la Coltivazione di Specie Rare o Esotiche

L'idroponica offre il potenziale per coltivare piante che altrimenti sarebbero difficili o impossibili da crescere in certe regioni, inclusi ortaggi esotici, erbe aromatiche rare e varietà speciali di fiori. Questo non solo arricchisce la biodiversità delle coltivazioni ma può anche aprire nuove nicchie di mercato per i coltivatori, soddisfacendo la domanda di consumatori alla ricerca di prodotti unici o di alta qualità che non sono disponibili localmente.

Educazione e Sensibilizzazione Ambientale

I progetti idroponici, in particolare quelli inseriti in contesti educativi o comunitari, offrono un'opportunità unica per l'educazione ambientale e la sensibilizzazione. Gli studenti e i membri della comunità possono imparare direttamente i principi dell'agricoltura sostenibile e del risparmio delle risorse, sviluppando al contempo una maggiore consapevolezza delle sfide legate alla produzione alimentare e alla sostenibilità ambientale. Questi progetti possono fungere da catalizzatori per un cambiamento più ampio nelle pratiche di consumo e nella sensibilità ecologica delle comunità.

Miglioramento della Qualità del Prodotto

La coltivazione idroponica può portare a un miglioramento significativo della qualità e del valore nutrizionale dei prodotti agricoli. Le piante cresciute in sistemi idroponici sono spesso più ricche di vitamine e minerali rispetto a quelle coltivate in suolo, grazie alla capacità di controllare precisamente l'apporto di nutrienti. Inoltre, la riduzione dell'uso di pesticidi e la coltivazione in ambienti protetti possono contribuire a produrre alimenti più puliti e sicuri per il consumo, con benefici evidenti per la salute dei consumatori.

Risparmio Energetico e Minimizzazione dell'Impronta di Carbonio

Sebbene l'idroponica richieda l'uso di energia per il mantenimento dei sistemi di circolazione dell'acqua e l'illuminazione artificiale, l'implementazione di tecnologie sostenibili può ridurre significativamente il consumo energetico e l'impronta di carbonio della produzione agricola. L'uso di pannelli solari, sistemi di illuminazione a LED ad alta efficienza e pratiche di recupero termico può minimizzare l'energia necessaria per la coltivazione idroponica, contribuendo a una produzione alimentare più verde e sostenibile.

Innovazione e Sviluppo Economico

L'idroponica stimola l'innovazione e lo sviluppo economico attraverso la creazione di nuove imprese e l'espansione di mercati esistenti. Le startup che si concentrano sulla tecnologia idroponica, l'ottimizzazione dei nutrienti, e le soluzioni di illuminazione possono attrarre investimenti e stimolare la crescita economica, offrendo nuove opportunità di lavoro e promuovendo l'adozione di pratiche agricole sostenibili. Inoltre, la capacità di coltivare prodotti ad alto valore in aree urbane può contribuire a rafforzare le economie locali e a ridurre la dipendenza dalle importazioni.

Resilienza ai Cambiamenti Climatici

In un contesto di cambiamenti climatici, l'idroponica si presenta come una strategia resiliente per l'agricoltura. La capacità di coltivare in ambienti controllati e protetti dalle estremità climatiche - come siccità, inondazioni, e ondate di calore - rende l'idroponica una soluzione affidabile per garantire la continuità della produzione alimentare. Questa resilienza è fondamentale per affrontare l'insicurezza alimentare e per adattarsi agli impatti sempre più variabili e severi del cambiamento climatico.

Collaborazione Internazionale e Condivisione delle Conoscenze

L'idroponica favorisce la collaborazione internazionale e la condivisione delle conoscenze attraverso reti di ricerca, partenariati tra università e imprese, e piattaforme online dedicate. Questa condivisione globale di informazioni e migliori pratiche accelera il progresso tecnologico e l'ottimizzazione dei sistemi idroponici, contribuendo a superare le barriere geografiche e economiche. L'accesso facilitato a risorse educative e supporto tecnico può aiutare i coltivatori di tutto il mondo a implementare e gestire con successo i sistemi idroponici, promuovendo un'agricoltura più sostenibile a livello globale.

In conclusione, l'idroponica non rappresenta solo una serie di tecniche per la coltivazione senza suolo, ma incarna un approccio olistico alla produzione alimentare che affronta molteplici sfide contemporanee: dalla sicurezza alimentare alla sostenibilità ambientale, dall'innovazione tecnologica al benessere sociale. La sua capacità di integrarsi e di promuovere lo sviluppo in questi diversi ambiti ne fa una componente fondamentale dell'agricoltura del futuro, offrendo soluzioni pratiche e innovative per un mondo in rapido cambiamento.

Personalizzazione della Produzione Agricola

Un aspetto fondamentale dell'idroponica è la sua capacità di personalizzare la produzione agricola in base alle specifiche esigenze del mercato o dei consumatori individuali. Grazie al controllo preciso dei nutrienti e delle condizioni ambientali, è possibile ottimizzare il gusto, la consistenza e il valore nutrizionale delle colture. Questa personalizzazione apre nuove nicchie di mercato per i coltivatori, permettendo loro di distinguersi offrendo prodotti su misura che soddisfano le richieste di un pubblico sempre più esigente e consapevole.

Incremento della Sicurezza Alimentare

La capacità di coltivare alimenti in ambienti completamente controllati, indipendentemente dalle condizioni climatiche esterne, incrementa significativamente la sicurezza alimentare. In contesti urbani o in regioni colpite da instabilità climatica, l'idroponica può garantire l'approvvigionamento costante di alimenti freschi, riducendo la vulnerabilità alle fluttuazioni del mercato e agli shock produttivi causati da eventi meteorologici estremi. Questa continuità nella produzione è essenziale per mantenere la stabilità dei prezzi e per assicurare l'accesso al cibo per le popolazioni a rischio.

Mitigazione dell'Impatto Ambientale dell'Agricoltura

L'idroponica gioca un ruolo chiave nella riduzione dell'impatto ambientale dell'agricoltura. Oltre all'efficienza idrica e alla diminuzione dell'uso di pesticidi, questo metodo contribuisce alla conservazione del suolo e alla riduzione della deforestazione, dato che elimina la necessità di espandere le aree coltivabili. Inoltre, minimizzando l'impiego di risorse naturali e ottimizzando i cicli di produzione, l'idroponica può ridurre le emissioni di gas serra associate alla produzione e al trasporto di alimenti, contribuendo agli sforzi globali di lotta contro il cambiamento climatico.

Sviluppo di Comunità Resilienti

L'implementazione di sistemi idroponici a livello comunitario può rafforzare la resilienza sociale ed economica delle comunità locali. Creando "oasi verdi" in contesti urbani e periurbani, l'idroponica non solo fornisce accesso a cibo fresco e nutriente ma promuove anche l'engagement comunitario e la coesione sociale attraverso progetti collettivi di agricoltura urbana. Questi progetti possono diventare punti di riferimento per l'educazione ambientale, l'inclusione sociale e lo sviluppo di competenze professionali, rafforzando il tessuto sociale e promuovendo uno stile di vita sostenibile.

Accelerazione della Ricerca e dello Sviluppo

L'idroponica funge da laboratorio vivente per la ricerca agronomica, offrendo una piattaforma ideale per lo studio delle dinamiche di crescita delle piante, dell'efficacia dei nutrienti e delle tecniche di gestione sostenibile delle risorse. L'ambiente controllato dei sistemi idroponici permette agli scienziati di condurre esperimenti con precisione e ripetibilità, accelerando lo sviluppo di nuove varietà di piante, tecnologie di coltivazione innovative e strategie per l'ottimizzazione delle risorse. Questa ricerca contribuisce direttamente al progresso dell'agricoltura sostenibile, fornendo soluzioni concrete ai problemi globali di produzione alimentare.

Promozione di Un'Etica di Consumo Responsabile

L'adozione diffusa dell'idroponica può promuovere un cambiamento verso un'etica di consumo più responsabile e consapevole. La vicinanza delle produzioni idroponiche ai centri di consumo, la trasparenza dei metodi di coltivazione e la qualità dei prodotti incoraggiano i consumatori a fare scelte alimentari più informate, valorizzando la sostenibilità, la salute e il benessere sociale. Questo cambiamento di paradigma nel consumo alimentare può stimolare una domanda crescente per pratiche agricole rispettose dell'ambiente, guidando l'industria verso modelli di produzione più sostenibili e etici.

In sintesi, i benefici dell'idroponica si estendono ben oltre l'efficienza e la produttività, toccando aspetti cruciali come la sicurezza alimentare, l'innovazione tecnologica, la sostenibilità ambientale e lo sviluppo sociale. Questo metodo di coltivazione rappresenta non solo una soluzione alle sfide contemporanee dell'agricoltura ma anche un veicolo per la promozione di un futuro più verde, equo e sostenibile.

Integrazione con le Tecnologie dell'Informazione e della Comunicazione

L'integrazione dell'idroponica con le tecnologie avanzate dell'informazione e della comunicazione (ICT) offre nuove prospettive per l'ottimizzazione della produzione agricola. Sistemi basati sull'Internet delle Cose (IoT) possono monitorare in tempo reale le condizioni di crescita, come l'umidità, la temperatura, i livelli di nutrienti e l'intensità luminosa, permettendo agli operatori di apportare modifiche precise e tempestive. Questo livello di controllo e automazione non solo aumenta l'efficienza ma può anche migliorare la sostenibilità delle pratiche idroponiche, riducendo ulteriormente il consumo di risorse.

Contributo alla Biodiversità Agricola

L'idroponica contribuisce alla conservazione della biodiversità agricola consentendo la coltivazione di varietà di piante che in altri contesti potrebbero essere non competitive o difficili da mantenere. Attraverso la creazione di condizioni ambientali specifiche, l'idroponica può supportare la crescita di specie rare o minacciate, contribuendo agli sforzi globali di conservazione genetica delle piante. Questo approccio può arricchire il pool genetico disponibile per la ricerca e lo sviluppo agricolo, offrendo nuove opportunità per l'innovazione nella produzione alimentare.

Facilitazione dell'Accesso al Mercato per Piccoli Produttori

I sistemi idroponici, specialmente quelli a piccola scala, possono facilitare l'accesso al mercato per i piccoli produttori, permettendo loro di competere in nicchie di mercato altrimenti dominati da grandi agroindustrie. La produzione locale e su piccola scala promuove circuiti brevi di distribuzione, riducendo i costi di trasporto e migliorando la freschezza del prodotto. Questo può avere un impatto significativo sul sostegno economico delle comunità locali, promuovendo l'imprenditorialità agricola e creando posti di lavoro.

Risposta ai Bisogni Nutrizionali Specifici

L'idroponica offre l'opportunità di personalizzare i profili nutrizionali delle colture, rispondendo a bisogni dietetici specifici o preferenze dei consumatori. Attraverso l'aggiustamento delle soluzioni nutritive, è possibile incrementare la concentrazione di determinati minerali o vitamine nelle piante, producendo alimenti che contribuiscono a diete equilibrate e salutari. Questa capacità di personalizzazione apre nuove possibilità nel settore dell'alimentazione e della nutrizione, contribuendo a combattere carenze nutrizionali e supportando stili di vita sani.

Promozione di Modelli di Consumo Sostenibile

Attraverso la produzione vicina ai punti di consumo, l'idroponica riduce la necessità di lunghi trasporti alimentari, contribuendo a modelli di consumo più sostenibili. La coltivazione urbana e periurbana facilita l'adozione di regimi alimentari basati su prodotti freschi e locali, riducendo l'impronta carbonica associata al cibo e promuovendo la consapevolezza ecologica tra i consumatori. Questo cambiamento verso il consumo locale e responsabile può avere un impatto positivo sulle emissioni globali di gas serra e sull'uso delle risorse naturali.

Valorizzazione dei Rifiuti Organici

L'idroponica può essere integrata con sistemi di valorizzazione dei rifiuti organici, come la digestione anaerobica per la produzione di biogas o la compostazione per generare nutrienti. Questa sinergia tra produzione alimentare e gestione sostenibile dei rifiuti crea un ciclo chiuso che minimizza gli sprechi e valorizza risorse altrimenti inutilizzate. La possibilità di trasformare i rifiuti organici in risorse preziose per l'agricoltura idroponica evidenzia il potenziale di questo metodo di coltivazione nel contribuire a un'economia circolare.

Supporto alla Ricerca Scientifica e Medica

Oltre alla produzione alimentare, l'idroponica supporta la ricerca in campi scientifici e medici, facilitando la coltivazione controllata di piante per lo studio delle loro proprietà farmacologiche o per la produzione di composti bioattivi. Questa applicazione apre nuove frontiere nella ricerca biomedica, offrendo una fonte affidabile e sostenibile di materiale vegetale per lo sviluppo di farmaci e terapie innovative.

In sintesi, i benefici e le applicazioni dell'idroponica si estendono ben oltre l'ambito agricolo tradizionale, influenzando positivamente la sostenibilità ambientale, l'economia, la salute pubblica e la ricerca scientifica. L'adozione e l'espansione di questo metodo di coltivazione rappresentano un passo avanti verso la realizzazione di sistemi alimentari più resilienti, sostenibili e inclusivi, in linea con gli obiettivi globali di sviluppo sostenibile.

Empowerment delle Donne e delle Comunità Vulnerabili

L'idroponica offre opportunità uniche per l'empowerment delle donne e delle comunità vulnerabili. Poiché richiede meno lavoro fisico rispetto all'agricoltura tradizionale e può essere gestita in spazi ristretti, l'idroponica è particolarmente adatta per progetti di sviluppo comunitario che mirano a migliorare l'indipendenza economica e l'autosufficienza alimentare delle donne e di altri gruppi marginalizzati. Inoltre, la facilità di gestione e la scalabilità dei sistemi idroponici consentono a queste comunità di avviare iniziative imprenditoriali con investimenti relativamente limitati, promuovendo l'uguaglianza di genere e l'inclusione sociale attraverso l'agricoltura.

Contributo alla Riduzione della Distruzione degli Habitat Naturali

L'aumento della produttività agricola attraverso l'idroponica può contribuire significativamente alla riduzione della pressione sull'ambiente naturale, limitando la necessità di deforestazione e conversione di altri habitat naturali in terreno agricolo. Questo metodo di coltivazione sostenibile offre una soluzione pratica al dilemma di soddisfare la crescente domanda di cibo senza compromettere le risorse naturali del pianeta, contribuendo così alla conservazione della biodiversità e alla protezione degli ecosistemi.

Facilitazione dell'Agricoltura in Condizioni Estreme

L'idroponica si rivela particolarmente utile in contesti ambientali estremi, come le aree desertiche o le stazioni di ricerca in Antartide, dove la coltivazione di piante nel suolo è impraticabile. La capacità di controllare l'ambiente di crescita rende possibile la produzione alimentare in queste aree, offrendo soluzioni vitali per il sostentamento delle comunità isolate e la ricerca scientifica in condizioni estreme. Questa flessibilità amplia il potenziale dell'idroponica ben oltre i confini dell'agricoltura convenzionale, aprendo nuovi orizzonti per l'esplorazione umana e la sostenibilità in ambienti ostili.

Innovazione nella Gestione dell'Acqua

L'idroponica spinge l'innovazione nella gestione sostenibile dell'acqua, sperimentando tecniche avanzate di riciclo e purificazione dell'acqua che possono avere applicazioni anche in altri settori. La ricerca su sistemi idroponici chiusi e tecniche di desalinizzazione per l'utilizzo di acqua salina o trattata offre preziose intuizioni per la gestione delle risorse idriche in contesti di scarsità, contribuendo alla resilienza delle comunità di fronte ai cambiamenti climatici e alla variabilità idrica.

Potenziamento dell'Educazione STEM

I progetti idroponici forniscono un contesto ricco e interattivo per l'educazione nelle discipline STEM (Scienza, Tecnologia, Ingegneria e Matematica), offrendo agli studenti l'opportunità di applicare concetti teorici in un contesto pratico. La gestione di un sistema idroponico richiede conoscenze di biologia, chimica, ingegneria e informatica, promuovendo un apprendimento multidisciplinare e stimolando l'interesse per le carriere scientifiche e tecnologiche. Questo approccio pratico all'educazione STEM può ispirare la prossima generazione di innovatori e professionisti del settore agricolo.

Riduzione della Dipendenza da Importazioni Alimentari

Per le regioni isolate o con limitate capacità produttive, come le isole o le aree montane, l'idroponica rappresenta una strategia efficace per ridurre la dipendenza da importazioni alimentari. La produzione locale di verdure, erbe e frutti attraverso l'idroponica può migliorare la sicurezza alimentare, ridurre i costi di trasporto e diminuire l'impatto ambientale associato al lungo trasporto di merci, contribuendo allo stesso tempo all'autosufficienza alimentare e al rafforzamento delle economie locali.

Promozione della Ricerca Interdisciplinare

L'idroponica funge da ponte tra diverse discipline, stimolando la ricerca interdisciplinare che abbraccia la biologia, l'ecologia, la chimica, l'ingegneria, l'architettura e le scienze sociali. Questa convergenza di conoscenze favorisce lo sviluppo di soluzioni innovative per la produzione alimentare sostenibile, l'architettura verde, il benessere sociale e la gestione ambientale, evidenziando il ruolo dell'idroponica come catalizzatore di progresso scientifico e tecnologico.

Attraverso questi molteplici benefici e applicazioni, l'idroponica emerge non solo come una tecnica agricola avanzata ma come un pilastro fondamentale per l'innovazione sostenibile, l'equità sociale e la resilienza ambientale nel XXI secolo. La sua capacità di indirizzare e integrare sfide complesse sottolinea l'importanza di promuovere ulteriormente la ricerca, lo sviluppo e l'adozione di questo metodo di coltivazione in tutto il mondo.

Ottimizzazione del Benessere Vegetale e Animale

L'applicazione dell'idroponica non si limita alla coltivazione di piante ma può estendersi all'ottimizzazione del benessere animale, soprattutto in contesti di produzione integrata piante-animali, come l'acquaponica. Questi sistemi combinati non solo migliorano l'efficienza della produzione alimentare ma creano anche un ambiente più equilibrato e sostenibile per sia le piante che gli animali, migliorando la qualità generale della vita e del prodotto. L'approccio olistico alla produzione alimentare che rispetta e promuove il benessere di tutte le forme di vita coinvolti è un esempio chiaro dell'evoluzione positiva nell'agricoltura sostenibile.

Contributo alla Salute Pubblica

La produzione alimentare tramite idroponica può avere impatti diretti sulla salute pubblica, fornendo accesso a cibo fresco, nutriente e privo di contaminanti chimici. In aree urbane densamente popolate o in comunità isolate, dove l'accesso a prodotti freschi può essere limitato, l'idroponica rappresenta una fonte vitale di alimenti ricchi di vitamine e minerali, contribuendo alla prevenzione di malattie legate all'alimentazione e migliorando i livelli generali di salute e benessere nella popolazione.

Mitigazione dei Rischi di Catastrofi Naturali

Gli impianti idroponici, soprattutto quelli indoor o integrati in strutture edilizie, possono offrire una certa resilienza contro gli impatti delle catastrofi naturali come uragani, inondazioni o siccità prolungate. La capacità di mantenere la produzione alimentare in condizioni di estrema variabilità climatica è essenziale per garantire la sicurezza alimentare e ridurre la vulnerabilità delle comunità ai cambiamenti e agli eventi estremi del clima.

Supporto alla Transizione Energetica

L'implementazione di sistemi idroponici che utilizzano energie rinnovabili e tecniche di risparmio energetico può contribuire significativamente alla transizione verso un'economia a basse emissioni di carbonio.

Collocando l'idroponica all'interno di sistemi di energia sostenibile, come l'uso di energia solare, eolica o da biomasse per alimentare le strutture, si riduce la dipendenza dai combustibili fossili, promuovendo un modello di produzione alimentare che è non solo sostenibile in termini di risorse ma anche in termini energetici.

Favorire la Sovranità Alimentare

La diffusione dell'idroponica contribuisce alla sovranità alimentare delle comunità, permettendo loro di controllare la produzione, distribuzione e consumo dei propri alimenti. Questo rafforza l'indipendenza dalle dinamiche di mercato globali e dalle catene di approvvigionamento complesse, riducendo la vulnerabilità a crisi economiche, sanitarie o ambientali globali. La capacità di produrre cibo localmente e in modo sostenibile è fondamentale per costruire sistemi alimentari resilienti e autodeterminati.

Stimolazione dell'Innovazione Sociale

L'idroponica stimola l'innovazione sociale attraverso lo sviluppo di nuovi modelli di business, collaborazioni comunitarie e iniziative educative. Progetti idroponici in ambienti urbani possono servire come centri comunitari, promuovendo la coesione sociale, l'inclusione e la condivisione delle conoscenze. Inoltre, l'agricoltura idroponica può ispirare imprenditorialità sociale, creando opportunità economiche che rispondono a esigenze sociali, come l'impiego di persone svantaggiate o la realizzazione di programmi educativi focalizzati sulla sostenibilità e sull'agricoltura.

Rafforzamento della Resilienza Economica

L'introduzione e l'espansione dell'idroponica nelle economie locali possono rafforzare la resilienza economica diversificando le fonti di reddito e riducendo la dipendenza da settori economici volatili. La coltivazione idroponica offre opportunità di mercato innovative e sostenibili, apre nuovi settori di impiego e promuove lo sviluppo di competenze tecniche e imprenditoriali, contribuendo alla costruzione di economie locali dinamiche e capaci di adattarsi a cambiamenti globali e locali.

Questi ulteriori vantaggi dell'idroponica sottolineano la sua importanza non solo come metodo di coltivazione sostenibile ma anche come strumento multifunzionale per affrontare una vasta gamma di sfide sociali, ambientali ed economiche. L'adozione e l'innovazione continua in questo campo hanno il potenziale per trasformare significativamente i sistemi alimentari globali, promuovendo un futuro più verde, equo e resiliente.

Integrazione con la Biofilia e il Design Urbano

L'adozione dell'idroponica nei contesti urbani offre un'opportunità unica per integrare la biofilia, ovvero l'amore innato dell'umanità per il naturale, nel design urbano e nell'architettura. Questi sistemi non solo forniscono cibo fresco ma migliorano anche il benessere psicologico degli abitanti della città, incrementando la presenza del verde e la biodiversità in aree altrimenti dominate dal cemento. La creazione di spazi verdi idroponici in aree pubbliche, uffici, scuole e abitazioni può migliorare la qualità dell'aria, ridurre l'effetto isola di calore urbano e promuovere uno stile di vita più sano e sostenibile.

Supporto alla Ricerca sul Cambiamento Climatico

L'idroponica può fungere da modello di studio per comprendere meglio gli impatti del cambiamento climatico sulla produzione agricola e per testare strategie di adattamento. Attraverso la simulazione di diversi scenari climatici in ambienti controllati, i ricercatori possono valutare come variazioni di temperatura, livelli di CO_2, e disponibilità d'acqua influenzino la crescita delle piante, sviluppando colture più resilienti e tecniche di coltivazione innovative che possono essere applicate per mitigare gli effetti negativi del cambiamento climatico sull'agricoltura globale.

Promozione della Diversità Culturale

L'idroponica offre l'opportunità di coltivare piante tradizionali o culturalmente significative in ambienti dove non crescerebbero naturalmente, contribuendo alla conservazione e alla promozione della diversità culturale. Questa capacità di coltivare alimenti tradizionali fuori dal loro ambiente originario può rafforzare il legame delle comunità migranti con la loro eredità culturale, promuovere l'educazione interculturale e arricchire le diete locali con varietà uniche di alimenti.

Rafforzamento della Catena di Fornitura Alimentare

Implementando sistemi idroponici su larga scala, è possibile rafforzare la catena di fornitura alimentare, rendendola più resistente a interruzioni dovute a crisi economiche, sanitarie o ambientali. La decentralizzazione della produzione alimentare attraverso l'idroponica riduce la dipendenza da pochi grandi produttori e da lunghe catene di trasporto, aumentando la resilienza del sistema alimentare a livello locale e globale.

Promozione della Collaborazione Internazionale per la Sostenibilità

L'idroponica si presta a diventare un terreno fertile per la collaborazione internazionale sulle questioni di sostenibilità. Condividendo conoscenze, tecnologie e migliori pratiche idroponiche tra paesi e regioni, è possibile accelerare l'adozione di soluzioni agricole sostenibili su scala globale. Queste collaborazioni possono facilitare il trasferimento tecnologico verso paesi in via di sviluppo, contribuendo alla sicurezza alimentare mondiale e allo sviluppo sostenibile.

Miglioramento dell'Accessibilità all'Agricoltura

L'idroponica rende l'agricoltura accessibile a individui con limitazioni fisiche o a coloro che vivono in ambienti senza accesso a terreni coltivabili. Sistemi idroponici progettati per essere ergonomici e facilmente gestibili possono incoraggiare una più ampia partecipazione all'agricoltura, inclusi anziani e persone con disabilità, promuovendo l'inclusione sociale e offrendo opportunità di terapia occupazionale attraverso il contatto con la natura.

Fornitura di Soluzioni per la Colonizzazione Spaziale

L'idroponica è stata identificata come una tecnologia chiave per la produzione alimentare nello spazio, su stazioni spaziali o future colonie su altri pianeti, come Marte. La capacità di coltivare alimenti in ambienti chiusi, con risorse limitate e senza suolo, è essenziale per sostenere missioni spaziali di lunga durata, contribuendo alla ricerca sulle tecnologie di supporto vitale chiuso e sull'autosufficienza in contesti extraterrestri.

Facilitazione dell'Economia Circolare

Integrando l'idroponica con altre pratiche di economia circolare, come il compostaggio e il riciclo dell'acqua grigia, è possibile creare sistemi di produzione alimentare che minimizzano gli sprechi e massimizzano l'uso efficiente delle risorse. Questi sistemi circolari non solo migliorano la sostenibilità ambientale ma possono anche offrire modelli di business innovativi basati sulla riduzione dell'impronta ecologica e sull'efficienza delle risorse.

In conclusione, attraverso i suoi molteplici benefici e applicazioni, l'idroponica si posiziona come un elemento cruciale per affrontare le sfide contemporanee dell'agricoltura, dell'ambiente e della società. La sua continua evoluzione e adozione su scala globale promette di portare innovazioni significative nei modi in cui produciamo cibo, gestiamo le risorse naturali e costruiamo le nostre comunità, spingendo verso un futuro più sostenibile e resiliente.

Concludendo, l'idroponica emerge non solo come una tecnica agricola innovativa ma come un pilastro fondamentale per il futuro sostenibile dell'agricoltura e della produzione alimentare. Attraverso la sua straordinaria efficienza idrica, la capacità di produrre cibo in condizioni limitanti e il potenziale di riduzione significativa nell'uso di pesticidi e fertilizzanti chimici, l'idroponica si posiziona come una soluzione cruciale ai problemi di sicurezza alimentare, sostenibilità ambientale e resilienza climatica.

Oltre a questi benefici diretti, l'idroponica apporta valore aggiunto in numerosi altri modi, incidendo positivamente sulla salute pubblica mediante la fornitura di prodotti più puliti e nutrizionalmente superiori, sull'economia attraverso la creazione di nuove opportunità imprenditoriali e sulla società promuovendo l'educazione ambientale e l'inclusione sociale. Questo metodo di coltivazione supporta la produzione alimentare in aree urbane e in contesti non tradizionali, contribuendo alla riduzione dell'impronta di carbonio associata al trasporto degli alimenti e alla mitigazione dell'erosione del suolo e della perdita di biodiversità.

L'integrazione dell'idroponica con le tecnologie dell'informazione e della comunicazione (ICT), l'energia rinnovabile e i principi dell'economia circolare apre nuove frontiere di efficienza, sostenibilità e innovazione. La capacità di monitorare e controllare con precisione le condizioni ambientali consente non solo di ottimizzare la crescita delle piante ma anche di ridurre ulteriormente l'uso di risorse, contribuendo a un'economia più verde e resiliente.

La promozione dell'idroponica come strumento di ricerca per la produzione alimentare extraterrestre e la sua applicazione in missioni spaziali sottolineano il suo ruolo come tecnologia di frontiera, evidenziando il potenziale per sostenere l'esplorazione umana e la colonizzazione di nuovi mondi. Inoltre, il ruolo dell'idroponica nel rafforzare la catena di fornitura alimentare, promuovere la sovranità alimentare e stimolare l'innovazione sociale dimostra il suo impatto trasformativo su scala globale.

Infine, mentre l'idroponica continua a evolversi e ad espandersi, la sua integrazione in una strategia agricola globale richiederà un impegno coordinato tra ricercatori, agricoltori, policy maker e la società civile. Questo impegno collettivo è essenziale per superare le sfide tecniche, economiche e sociali associate all'adozione su larga scala dell'idroponica, garantendo che i suoi benefici siano accessibili a tutti e contribuiscano in modo significativo alla realizzazione di sistemi alimentari sostenibili e resilienti nel XXI secolo.

In conclusione, l'idroponica non rappresenta semplicemente un metodo alternativo di coltivazione ma una soluzione olistica e multifunzionale che affronta molteplici sfide contemporanee, promettendo di rivoluzionare il modo in cui pensiamo e pratichiamo l'agricoltura per un futuro più sostenibile.

3. Principi di base dell'idroponica: Introduci i concetti chiave dell'idroponica, come il sistema di nutrienti, l'ossigenazione delle radici e l'importanza della luce.

L'idroponica, una forma avanzata di agricoltura senza suolo, si basa su principi scientifici che consentono la coltivazione di piante in un ambiente acquoso arricchito di nutrienti. Questo metodo rivoluzionario si distacca dall'agricoltura tradizionale eliminando la necessità del terreno, sostituendolo con una soluzione nutritiva che fornisce alle piante tutto ciò di cui hanno bisogno per crescere e svilupparsi. Di seguito sono illustrati alcuni dei concetti chiave dell'idroponica: il sistema di nutrienti, l'ossigenazione delle radici e l'importanza della luce.

Sistema di Nutrienti

Il cuore dell'idroponica è la soluzione nutritiva, un mix accuratamente bilanciato di acqua e minerali essenziali. Le piante assorbono questi nutrienti direttamente dall'acqua, eliminando la necessità di cercarli nel suolo. La composizione della soluzione nutritiva varia a seconda delle specifiche esigenze delle piante coltivate, ma include tipicamente azoto, fosforo, potassio, calcio, magnesio e solfato, oltre a tracce di altri minerali essenziali. Questi elementi sono fondamentali per varie funzioni fisiologiche delle piante, come la crescita, la fioritura e la fruttificazione.

Ossigenazione delle Radici

Un aspetto cruciale dell'idroponica è l'ossigenazione adeguata delle radici. Le piante non solo hanno bisogno di nutrienti ma anche di ossigeno per respirare e per metabolizzare i nutrienti assorbiti. Nell'idroponica, l'ossigeno è fornito alle radici principalmente attraverso l'ariazione della soluzione nutritiva, che può essere realizzata con pompe ad aria o per mezzo del movimento naturale dell'acqua nei sistemi a flusso e riflusso. Un'adeguata ossigenazione è vitale per prevenire la formazione di condizioni anaerobiche che possono portare a malattie radicale e influenzare negativamente la salute e la crescita delle piante.

Importanza della Luce

La luce gioca un ruolo fondamentale nella fotosintesi, il processo attraverso il quale le piante convertire l'energia luminosa in energia chimica per crescere. Nell'idroponica, l'illuminazione può essere fornita dalla luce solare naturale o da fonti di luce artificiale, come lampade a LED, alogene o a scarica ad alta intensità. Il tipo e l'intensità della luce devono essere adeguati alle specifiche esigenze delle piante, con particolare attenzione ai cicli di luce/giorno che influenzano i ritmi biologici e i cicli di crescita. L'uso ottimale della luce è essenziale per massimizzare la fotosintesi e promuovere una crescita sana e vigorosa delle piante.

Conclusione

Questi principi fondamentali - il sistema di nutrienti, l'ossigenazione delle radici e l'importanza della luce - costituiscono la base dell'idroponica, consentendo la coltivazione di piante in ambienti controllati con efficienza e sostenibilità. Attraverso la comprensione e l'applicazione di questi concetti, i coltivatori possono ottimizzare le condizioni di crescita, superare i limiti dell'agricoltura tradizionale e aprire nuove frontiere nella produzione alimentare. L'idroponica non solo rappresenta un'innovazione tecnologica nell'ambito agricolo ma anche un passo avanti verso un futuro in cui la sicurezza alimentare e la sostenibilità ambientale possono essere garantite in modo più efficace e armonioso.

Oltre ai principi fondamentali di sistema di nutrienti, ossigenazione delle radici e importanza della luce, l'idroponica si basa su altri concetti chiave che ne definiscono l'efficacia e l'efficienza. Questi aspetti includono il pH e la conducibilità elettrica (EC) della soluzione nutritiva, il controllo delle temperature, la scelta del sistema idroponico appropriato e l'importanza della biodiversità vegetale. Esploriamo ulteriormente questi principi per comprendere meglio la complessità e la versatilità dell'idroponica.

pH e Conducibilità Elettrica (EC)

Il controllo del pH, ovvero il livello di acidità o alcalinità della soluzione nutritiva, è cruciale nell'idroponica. Il pH influisce sulla capacità delle piante di assorbire i nutrienti disponibili nella soluzione. La maggior parte delle piante predilige un intervallo di pH tra 5,5 e 6,5, all'interno del quale possono assimilare efficacemente i nutrienti essenziali. Monitorare e regolare il pH garantisce che le piante rimangano in salute e produttive.

Parallelamente, la conducibilità elettrica (EC) misura la quantità di sali, o in termini più pratici, il livello di nutrienti nella soluzione idroponica. Un EC adeguato assicura che le piante ricevano la giusta concentrazione di nutrienti necessari per la loro crescita, evitando il rischio di sovra o sotto-fertilizzazione che può danneggiare le piante o inibire il loro sviluppo.

Controllo delle Temperature

La temperatura della soluzione nutritiva e dell'ambiente di crescita svolge un ruolo fondamentale nell'idroponica. Temperature eccessivamente alte o basse possono influenzare negativamente la salute delle piante, alterando i processi fisiologici come l'assorbimento dei nutrienti e la fotosintesi. Il controllo della temperatura assicura che le piante crescano in condizioni ottimali, promuovendo un sviluppo sano e una produzione abbondante.

Scelta del Sistema Idroponico

Esistono diversi sistemi idroponici, ognuno con specifiche caratteristiche e vantaggi. Dalla tecnica del film nutriente (NFT) ai sistemi a coltura statica d'acqua, passando per i sistemi aeroponici e a goccia a goccia, la scelta del sistema giusto dipende dalle esigenze specifiche delle piante, dalle risorse disponibili e dagli obiettivi di produzione. La comprensione delle peculiarità di ciascun sistema permette ai coltivatori di ottimizzare l'ambiente di crescita per massimizzare la resa e l'efficienza.

Importanza della Biodiversità Vegetale

Anche se l'idroponica si presta alla coltivazione intensiva di singole specie, la diversificazione delle colture può apportare benefici significativi, tra cui la riduzione del rischio di parassiti e malattie e l'aumento della resilienza dell'ecosistema di coltivazione. La coltivazione di una varietà di piante può anche migliorare l'equilibrio nutrizionale della soluzione idroponica e favorire un ambiente di crescita più stabile e produttivo.

In conclusione, l'idroponica è una sinfonia di principi scientifici e pratiche agronomiche che, se ben orchestrati, possono portare a sistemi di coltivazione altamente produttivi e sostenibili. L'approfondimento e l'applicazione di questi concetti avanzati, insieme ai fondamenti di nutrienti, ossigenazione e luce, sono essenziali per il successo dell'idroponica. Come in ogni forma di agricoltura, l'attenzione ai dettagli, la cura costante e l'adattabilità ai bisogni specifici delle piante sono fondamentali per ottenere il massimo dal potenziale che l'idroponica offre.

Gestione Integrata dei Parassiti

Nell'idroponica, la gestione integrata dei parassiti (IPM) assume un ruolo centrale nel preservare la salute delle piante senza ricorrere eccessivamente a pesticidi chimici. L'IPM in un contesto idroponico può includere l'uso di controllo biologico, mediante l'introduzione di predatori naturali dei parassiti, e pratiche culturali che minimizzano le condizioni favorevoli allo sviluppo di patogeni. Questo approccio sostenibile alla protezione delle colture è fondamentale per mantenere un sistema idroponico produttivo e ecologicamente equilibrato.

Monitoraggio e Dati Analitici

L'avvento della tecnologia digitale e dei sistemi automatizzati ha portato il monitoraggio e l'analisi dei dati al centro dell'idroponica moderna. Sensori avanzati possono tracciare in tempo reale vari parametri, come pH, EC, umidità, temperatura e livelli di nutrienti, fornendo ai coltivatori informazioni preziose per ottimizzare le condizioni di crescita. L'analisi dei dati raccolti può rivelare tendenze, prevedere necessità future delle piante e guidare decisioni informate, massimizzando così l'efficienza e riducendo gli sprechi.

Ruolo della Microbiota

Sebbene l'idroponica si basi sulla coltivazione in un ambiente senza suolo, la microbiota, ovvero l'insieme dei microorganismi presenti nella soluzione nutritiva, svolge un ruolo significativo nell'assistere la crescita delle piante. I microorganismi benefici possono migliorare l'assorbimento dei nutrienti, proteggere le radici da patogeni nocivi e promuovere una crescita più sana e robusta delle piante. La gestione attenta della microbiota richiede una comprensione delle sue funzioni e dei modi per promuovere un'ambiente microbico equilibrato e produttivo.

Sostenibilità e Riduzione dell'Impronta Ecologica

L'impatto ambientale dell'idroponica è un aspetto sempre più considerato, con una crescente enfasi sulla riduzione dell'impronta ecologica dei sistemi di coltivazione. La selezione di materiali sostenibili per la costruzione degli impianti, l'uso di energie rinnovabili per alimentare i sistemi e la minimizzazione dei rifiuti attraverso pratiche di riciclo e riutilizzo sono tutti fattori che contribuiscono a rendere l'idroponica una scelta sempre più verde. Questa attenzione alla sostenibilità riflette una tendenza più ampia verso pratiche agricole che non solo producono cibo in modo efficiente ma proteggono e preservano l'ambiente.

Educazione e Comunità

L'idroponica non è soltanto un metodo di coltivazione; è anche uno strumento educativo e un punto di incontro per la comunità. Progetti idroponici in scuole, centri comunitari e spazi urbani fungono da laboratori viventi per l'educazione ambientale, sostenibile e scientifica, coinvolgendo persone di tutte le età nel processo di coltivazione. Queste iniziative rafforzano il legame tra comunità e alimentazione, aumentano la consapevolezza sull'importanza della sostenibilità e possono ispirare un nuovo movimento di agricoltori urbani e innovatori nel campo dell'agricoltura sostenibile.

Verso un'Integrazione Olistica

L'evoluzione dell'idroponica verso un'integrazione olistica con altri sistemi di produzione alimentare e pratiche di sostenibilità segna la direzione futura di questo campo. L'incorporazione di principi di permacultura, l'integrazione con sistemi acquaponici e l'adozione di un approccio circolare alla gestione delle risorse sono esempi di come l'idroponica possa evolversi non solo per ottimizzare la produzione alimentare ma anche per contribuire a un sistema alimentare più resiliente, sostenibile e integrato con l'ambiente naturale e le comunità umane.

In conclusione, l'idroponica si sta affermando come una delle tecniche agricole più promettenti e innovative per il futuro, spingendo i confini di ciò che è possibile in termini di produzione alimentare sostenibile. Mentre continuiamo a esplorare e sviluppare i suoi principi fondamentali, siamo anche chiamati a considerare come questi si integrano in un contesto più ampio di sostenibilità globale, educazione, innovazione tecnologica e benessere comunitario, delineando un percorso che potrebbe trasformare radicalmente il nostro rapporto con il cibo e l'agricoltura.

Innovazione nelle Tecniche di Coltivazione

L'innovazione continua nelle tecniche di coltivazione idroponica si manifesta nella ricerca di nuovi substrati di crescita, nel perfezionamento dei sistemi di consegna dei nutrienti e nello sviluppo di metodi più efficienti per l'illuminazione artificiale. Materiali innovativi che migliorano l'ossigenazione delle radici e facilitano una distribuzione uniforme dei nutrienti possono portare a incrementi significativi nella produttività e nella sostenibilità dei sistemi idroponici. Allo stesso tempo, l'avanzamento nelle tecnologie LED e nelle soluzioni di illuminazione personalizzate permette di ottimizzare la fotosintesi per specifiche specie vegetali, migliorando ulteriormente l'efficienza energetica.

Integrazione con le Smart Technologies

L'integrazione delle smart technologies nell'idroponica apre possibilità per una gestione agricola più intelligente e interconnessa. Sistemi automatizzati basati su algoritmi di apprendimento automatico e intelligenza artificiale possono prevedere le esigenze delle piante, adattare dinamicamente l'ambiente di crescita e persino identificare precocemente segni di stress o malattie nelle piante. Questa convergenza tra agricoltura e tecnologia digitale facilita una coltivazione più precisa, riducendo gli sprechi e aumentando la resa.

Ricerca sulla Resistenza delle Piante

La ricerca sull'adattamento e sulla resistenza delle piante in contesti idroponici è fondamentale per migliorare la resilienza delle colture alle fluttuazioni ambientali e ai cambiamenti climatici. Studi sulla genetica delle piante e sulle loro risposte a stress biotici e abiotici in ambienti idroponici possono portare allo sviluppo di varietà vegetali ottimizzate per questi sistemi di coltivazione, garantendo produzioni alimentari stabili e sostenibili anche di fronte a condizioni ambientali avverse.

Sviluppo Sostenibile e Riduzione delle Emissioni

L'idroponica contribuisce allo sviluppo sostenibile non solo attraverso l'uso efficiente delle risorse ma anche attraverso la riduzione delle emissioni di gas serra. La localizzazione della produzione vicino ai centri di consumo diminuisce la necessità di trasporto a lunga distanza, riducendo così l'impronta di carbonio associata alla distribuzione degli alimenti. Inoltre, l'adozione di pratiche di energia rinnovabile nei sistemi idroponici può minimizzare ulteriormente le emissioni, allineando l'idroponica con gli obiettivi globali di neutralità carbonica.

Ruolo nell'Educazione per la Sostenibilità

L'idroponica serve anche come strumento efficace nell'educazione per la sostenibilità, offrendo ai giovani e alle comunità la possibilità di imparare direttamente sui sistemi alimentari sostenibili, sul ciclo di vita delle piante e sull'importanza della conservazione delle risorse. Questi programmi educativi non solo aumentano la consapevolezza ambientale ma ispirano anche le future generazioni a considerare carriere nel campo dell'agricoltura sostenibile e nella gestione delle risorse naturali.

Potenziamento della Sicurezza Alimentare Globale

Infine, l'idroponica ha il potenziale di rivoluzionare la sicurezza alimentare globale, rendendo la produzione alimentare meno dipendente dalle variabili climatiche e dai suoli fertili. La sua capacità di produrre cibo in deserti, aree urbane e persino nello spazio apre nuove frontiere per il sostentamento di popolazioni in aree colpite da insicurezza alimentare, carenze nutrizionali e cambiamenti climatici. Attraverso la collaborazione internazionale e il trasferimento di conoscenze, l'idroponica può diventare uno strumento fondamentale per affrontare la fame nel mondo e per costruire un futuro in cui l'accesso a cibo sano e nutriente sia garantito per tutti.

In conclusione, mentre esploriamo e sviluppiamo ulteriormente l'idroponica, ci avventuriamo in un territorio ricco di potenzialità per l'innovazione agricola, la sostenibilità ambientale e il benessere sociale. L'approfondimento continuo dei suoi principi fondamentali e la sperimentazione con nuove idee e tecnologie saranno cruciali per sbloccare il pieno potenziale di questo metodo di coltivazione rivoluzionario, spianando la strada per un futuro in cui l'agricoltura lavora in armonia con l'ambiente e le comunità che sostiene.

Valorizzazione dei Sistemi Idroponici Modulari e Scalabili

L'evoluzione verso sistemi idroponici modulari e scalabili rappresenta una frontiera significativa nel campo. Questi sistemi permettono una facile espansione e personalizzazione dell'impianto idroponico in base alle esigenze specifiche e alla disponibilità di spazio, rendendolo adatto sia per piccoli giardini domestici che per grandi imprese commerciali. La modularità e la scalabilità facilitano l'accesso all'idroponica per un'ampia gamma di utenti, promuovendo l'adozione di questa tecnica di coltivazione sostenibile su vasta scala.

Integrazione dell'Idroponica con Altri Sistemi di Produzione Sostenibile

L'integrazione dell'idroponica con altri sistemi di produzione sostenibile, come l'acquacoltura e l'agroforestazione, crea sistemi agroalimentari circolari e sinergici. Questi approcci integrati non solo massimizzano l'uso efficiente delle risorse ma promuovono anche la biodiversità e la resilienza degli ecosistemi agricoli. La combinazione di tecniche diversificate in un unico sistema di produzione apre la strada a pratiche agricole più resilienti, produttive e ambientalmente sostenibili.

Miglioramento del Benessere Psicosociale

L'impiego dell'idroponica, in particolare in contesti urbani e comunitari, può avere effetti positivi sul benessere psicosociale degli individui. Gli spazi verdi idroponici servono non solo come fonti di cibo ma anche come aree di riposo, socializzazione e attività terapeutiche, riducendo lo stress e migliorando la qualità della vita. Questa dimensione del benessere psicosociale sottolinea il valore aggiunto dell'idroponica oltre la mera produzione alimentare, contribuendo al benessere complessivo delle comunità.

Esplorazione di Nuovi Mercati e Modelli di Business

L'evoluzione dell'idroponica stimola l'esplorazione di nuovi mercati e modelli di business, dall'agricoltura urbana alla produzione di piante medicinali e cosmetiche. L'efficienza e la flessibilità dell'idroponica permettono ai produttori di adattarsi rapidamente alle tendenze del mercato e alle esigenze dei consumatori, aprendo opportunità in nicchie di mercato in rapida espansione. Questa capacità di innovare e diversificare può rafforzare la sostenibilità economica delle imprese idroponiche e promuovere la crescita del settore.

Contributo alla Lotta contro il Cambiamento Climatico

L'adozione su larga scala dell'idroponica può contribuire significativamente alla lotta contro il cambiamento climatico, riducendo la deforestazione, la degradazione del suolo e l'uso eccessivo di acqua e fertilizzanti chimici. La produzione alimentare localizzata minimizza anche le emissioni di CO2 legate al trasporto dei prodotti. Questi fattori, combinati con l'utilizzo di energie rinnovabili per alimentare i sistemi idroponici, posizionano l'idroponica come un'importante alleata nella riduzione dell'impatto ambientale dell'agricoltura e nel sostegno agli sforzi globali per mitigare il cambiamento climatico.

Avanzamenti nella Genetica Vegetale per l'Idroponica

La ricerca continua in genetica vegetale apre la strada allo sviluppo di varietà specificamente adattate all'idroponica. Queste piante ottimizzate possono offrire maggiore resistenza a malattie e stress ambientali, rendimenti più elevati e qualità nutrizionale migliorata. L'adattamento genetico delle piante agli ambienti idroponici sottolinea l'intersezione tra biotecnologia e agricoltura sostenibile, promuovendo la produzione alimentare in modo responsabile e innovativo.

Rafforzamento della Resilienza Comunitaria e Globale

In ultima analisi, l'idroponica gioca un ruolo chiave nel rafforzare la resilienza sia a livello comunitario che globale. Fornendo soluzioni per la produzione alimentare in contesti sfidanti, contribuendo alla sicurezza alimentare, e promuovendo pratiche sostenibili, l'idroponica si posiziona come un elemento fondamentale nella costruzione di sistemi alimentari resilienti. La sua capacità di adattarsi e prosperare in una varietà di contesti la rende uno strumento prezioso nella preparazione e nella risposta alle sfide presenti e future nel campo dell'agricoltura e della sostenibilità.

L'approfondimento e l'espansione dei principi e delle applicazioni dell'idroponica continueranno a svelare nuove possibilità per il futuro dell'agricoltura. Mentre navighiamo attraverso un'epoca di rapidi cambiamenti ambientali e sfide sociali, l'idroponica offre una visione di speranza e innovazione, promettendo di trasformare i nostri sistemi alimentari e ambientali in modi che erano inimmaginabili solo pochi decenni fa.

Concludendo, l'idroponica si posiziona all'avanguardia dell'innovazione agricola, offrendo non solo un'alternativa sostenibile alla coltivazione tradizionale basata sul suolo ma anche una soluzione promettente per affrontare alcune delle sfide più pressanti del nostro tempo, incluse la sicurezza alimentare, la sostenibilità ambientale e la resilienza al cambiamento climatico. I principi di base dell'idroponica – dall'accurata gestione del sistema di nutrienti e dell'ossigenazione delle radici, all'ottimizzazione dell'uso della luce – costituiscono il fondamento per sistemi di coltivazione che possono produrre cibo in modo più efficiente, in una varietà di ambienti e senza l'uso eccessivo di risorse naturali.

Il controllo del pH e della conducibilità elettrica (EC) garantisce che le piante ricevano esattamente ciò di cui hanno bisogno per crescere forti e sane, mentre l'innovazione continua nel campo dell'illuminazione artificiale e dei substrati di crescita apre nuove possibilità per ottimizzare ulteriormente queste condizioni. L'integrazione con le smart technologies e l'avanzamento della ricerca sulla resistenza delle piante e sulla genetica vegetale promettono di elevare l'idroponica a nuovi livelli di produttività e sostenibilità.

Oltre agli aspetti tecnici e biologici, l'idroponica si distingue per il suo potenziale di miglioramento del benessere psicosociale, fornendo spazi verdi vitali e promuovendo l'educazione ambientale nelle comunità urbane. La sua applicabilità in una vasta gamma di contesti, dalla produzione alimentare locale in aree urbane alla ricerca nello spazio, dimostra l'incredibile versatilità e il potenziale di questa tecnica di coltivazione.

L'idroponica rappresenta anche un ponte verso il futuro dell'agricoltura, un settore in cui l'innovazione tecnologica e la sostenibilità ambientale vanno di pari passo. La capacità di produrre cibo localmente, con minori emissioni di carbonio e un uso più efficiente delle risorse, allinea l'idroponica con gli obiettivi globali di sviluppo sostenibile e di lotta contro il cambiamento climatico. Inoltre, promuove la resilienza delle comunità, rendendole meno dipendenti dalle catene di approvvigionamento globali vulnerabili e dai metodi di coltivazione che esercitano una pressione insostenibile sull'ambiente.

In definitiva, l'idroponica non è solo una serie di tecniche per la coltivazione delle piante; è un approccio olistico e visionario che sfida le convenzioni e apre la strada a un futuro in cui l'umanità coltiva in armonia con l'ambiente. Mentre continuiamo a esplorare e a espandere i confini dell'idroponica, ci avviciniamo a realizzare il potenziale di un'agricoltura veramente sostenibile, resiliente e inclusiva, capace di nutrire il mondo in modi che rispettano e preservano il pianeta per le generazioni future.

4. Tipi di sistemi idroponici: Descrivi i vari tipi di sistemi idroponici, come goccia a goccia, NFT (Nutrient Film Technique), coltura in acqua profonda (DWC), e letto di argilla espansa.

L'idroponica, con la sua diversità di sistemi, offre molteplici modi per coltivare piante utilizzando soluzioni nutrienti invece del suolo. Ogni tipo di sistema idroponico presenta vantaggi specifici e si adatta meglio a certe condizioni di coltivazione, tipi di piante o preferenze dei coltivatori. Ecco una panoramica dei sistemi idroponici più diffusi:

Sistema a Goccia a Goccia

Il sistema a goccia a goccia è uno dei metodi idroponici più utilizzati, specialmente in coltivazioni commerciali di grande scala. Consiste nell'erogazione lenta e costante di soluzione nutritiva direttamente alle radici di ogni pianta tramite un sistema di tubi e gocciolatori. Questo metodo è estremamente efficiente in termini di uso dell'acqua e dei nutrienti, poiché minimizza gli sprechi permettendo una precisa regolazione del flusso. I sistemi a goccia a goccia possono essere utilizzati sia in cicli chiusi, dove la soluzione in eccesso viene raccolta e riutilizzata, sia in cicli aperti.

Nutrient Film Technique (NFT)

La Nutrient Film Technique (NFT) implica il flusso costante di una sottile pellicola di soluzione nutritiva su un piano inclinato, con le radici delle piante sospese sopra. Questo film di soluzione consente alle radici di accedere ai nutrienti mentre ricevono anche ossigeno dall'aria. L'NFT è particolarmente apprezzato per la coltivazione di piante a ciclo breve e a radice piccola, come lattuga e erbe aromatiche, grazie alla sua efficienza nell'uso dell'acqua e dei nutrienti e alla facilità di gestione.

Coltura in Acqua Profonda (DWC)

Nel sistema di Coltura in Acqua Profonda (Deep Water Culture, DWC), le piante vengono sostenute da galleggianti in modo che le loro radici siano immersi direttamente in una soluzione nutritiva ossigenata. Questo metodo garantisce che le radici ricevano un'abbondante fornitura di ossigeno, acqua e nutrienti, promuovendo una crescita rapida. Il DWC è particolarmente adatto per principianti data la sua semplicità di configurazione e per piante che beneficiano di un costante accesso alla soluzione nutritiva.

Letto di Argilla Espansa

I sistemi che utilizzano letti di argilla espansa incorporano un substrato inerte per supportare le piante, offrendo allo stesso tempo un eccellente drenaggio e aerazione. Le palline di argilla espansa assorbono la soluzione nutritiva, che viene poi fornita alle radici delle piante. Questo sistema è versatile, adatto sia per piante di piccole dimensioni sia per quelle più grandi e a lungo ciclo vitale. È particolarmente apprezzato per la sua capacità di prevenire problemi di sovra e sotto irrigazione, rendendolo una scelta popolare per coltivatori domestici e didattici.

Oltre a questi sistemi, esistono altre varianti e innovazioni nell'idroponica, come i sistemi aeroponici, dove le radici delle piante sono sospese nell'aria e nebulizzate con la soluzione nutritiva, o i sistemi ibridi che combinano elementi di più tecniche. La scelta del sistema idroponico più adatto dipende da molti fattori, inclusi il tipo di piante da coltivare, lo spazio disponibile, il budget e il livello di esperienza del coltivatore. Ogni sistema ha i suoi vantaggi unici e può essere ottimizzato per massimizzare la produttività e l'efficienza della coltivazione idroponica.

Sistemi Aeroponici

L'aeroponica rappresenta un'evoluzione ulteriore nell'ambito dell'idroponica, dove le radici delle piante sono sospese in aria e nebulizzate regolarmente con una soluzione nutritiva. Questo sistema massimizza l'esposizione delle radici all'ossigeno, promuovendo una crescita rapida e sana. L'efficienza nell'uso dei nutrienti e dell'acqua è eccezionalmente alta, poiché la nebulizzazione permette una copertura ottimale con il minimo spreco. L'aeroponica è ideale per la ricerca e la coltivazione di piante che richiedono un elevato livello di ossigenazione radicale, anche se richiede una maggiore precisione tecnica e attenzione rispetto ad altri sistemi.

Sistemi a Flusso e Riflusso (Ebb and Flow)

I sistemi a flusso e riflusso, o ebb and flow, funzionano inondando periodicamente il letto di coltivazione con la soluzione nutritiva, che viene poi drenata completamente, lasciando le radici esposte all'aria. Questo ciclo imita le condizioni naturali di piogge intermittenti e asciugatura, offrendo alle piante un equilibrio ideale tra nutrizione e ossigenazione. Questo sistema è versatile e adattabile a un'ampia varietà di piante, ma richiede un controllo accurato del timing di inondazione e drenaggio per prevenire problemi di annegamento radicale o disidratazione.

Coltivazione su Supporto Solido

Alcuni sistemi idroponici utilizzano supporti solidi inerti come cocco, perlite o lana di roccia per sostenere le piante e facilitare la distribuzione della soluzione nutritiva alle radici. Questi media offrono una buona aerazione e ritenzione idrica, simulando le condizioni di crescita del suolo pur mantenendo i benefici dell'idroponica in termini di controllo dei nutrienti e prevenzione delle malattie. Questi sistemi sono particolarmente apprezzati per la coltivazione di piante con radici più grandi o per l'uso in ambienti didattici, poiché offrono una transizione visivamente più familiare dall'agricoltura tradizionale.

Sistema Verticale

I sistemi idroponici verticali massimizzano l'uso dello spazio verticale, consentendo la coltivazione di un numero maggiore di piante per metro quadrato di superficie. Questi sistemi sono particolarmente adatti per le aree urbane o per qualsiasi luogo dove lo spazio a terra è limitato. La coltivazione verticale può essere integrata con vari metodi idroponici, inclusi NFT e aeroponica, e offre l'opportunità di creare pareti verdi produttive o torri di coltivazione che non solo producono cibo ma migliorano anche l'estetica e la qualità dell'aria degli ambienti interni.

Sistemi Personalizzati e Ibridi

Oltre ai sistemi idroponici standard, vi è una crescente tendenza verso lo sviluppo di sistemi personalizzati e ibridi che combinano elementi di più metodi per ottimizzare le condizioni di crescita per piante specifiche o per adattarsi a restrizioni di spazio e risorse. Questi sistemi sperimentali possono offrire soluzioni innovative per sfide uniche, sfruttando i vantaggi specifici di diversi approcci idroponici e adattandoli a contesti particolari, dalla produzione commerciale su larga scala ai giardini domestici compatti.

Considerazioni Ambientali ed Economiche

Nell'esplorazione dei vari tipi di sistemi idroponici, è essenziale considerare anche le implicazioni ambientali ed economiche della loro implementazione. La scelta dei materiali, l'efficienza energetica, la gestione dell'acqua e dei nutrienti, e il ciclo di vita complessivo del sistema devono essere valutati attentamente per garantire che l'idroponica resti un metodo di coltivazione sostenibile e accessibile.

In sintesi, la diversità e l'adattabilità dei sistemi idroponici offrono un'ampia gamma di opzioni per ottimizzare la coltivazione di piante in vari contesti, dalla produzione alimentare su larga scala alla coltivazione hobbistica in piccoli spazi urbani. Mentre la tecnologia e la ricerca continuano a evolversi, anche le possibilità per l'idroponica si espandono, promettendo nuove soluzioni innovative per la produzione sostenibile di cibo nel XXI secolo e oltre.

Ottimizzazione della Gestione delle Risorse

L'avanzamento nella gestione delle risorse nei sistemi idroponici è in continua evoluzione, mirando a ottimizzare l'uso dell'acqua, dei nutrienti e dell'energia. L'implementazione di sistemi di raccolta e riciclo dell'acqua piovana, ad esempio, può ridurre significativamente il consumo idrico, mentre l'uso di soluzioni nutritive organiche e la rigenerazione dei nutrienti da rifiuti organici possono creare un ciclo più sostenibile e chiuso. L'integrazione di tecnologie energetiche rinnovabili, come i pannelli solari o eolici, riduce la dipendenza dai combustibili fossili, incrementando l'efficienza energetica e riducendo l'impatto ambientale dei sistemi idroponici.

Impatto sulla Biodiversità

L'idroponica può anche avere un impatto positivo sulla biodiversità, offrendo la possibilità di coltivare una gamma più ampia di specie vegetali, inclusi vari tipi di ortaggi, erbe aromatiche e fiori, indipendentemente dalle stagioni o dalle condizioni climatiche locali. Questo non solo arricchisce la diversità delle diete ma contribuisce anche alla conservazione delle varietà vegetali, alcune delle quali potrebbero essere a rischio in condizioni di coltivazione tradizionale. Inoltre, la riduzione dell'uso di pesticidi chimici in favore del controllo biologico dei parassiti promuove un ambiente più sano e biodiverso.

Resilienza Climatica e Adattabilità

I sistemi idroponici offrono un'eccellente resilienza climatica, permettendo la coltivazione in aree con risorse idriche limitate o suoli degradati, così come in regioni soggette a condizioni meteorologiche estreme. La capacità di controllare l'ambiente di crescita riduce la vulnerabilità delle piante agli shock climatici, garantendo una produzione alimentare costante. Questa adattabilità fa dell'idroponica una strategia chiave per l'adattamento agricolo ai cambiamenti climatici, contribuendo alla sicurezza alimentare in contesti vulnerabili.

Inclusione Sociale e Sviluppo Comunitario

L'implementazione di sistemi idroponici a livello comunitario e domestico promuove l'inclusione sociale e lo sviluppo comunitario, rendendo la coltivazione più accessibile a una vasta gamma di persone, inclusi coloro che vivono in appartamenti senza accesso a giardini o terreni. I progetti idroponici comunitari possono fungere da catalizzatori per l'educazione alimentare e ambientale, il coinvolgimento comunitario e la creazione di spazi verdi condivisi, rafforzando il tessuto sociale e promuovendo uno stile di vita sostenibile.

Avanzamenti nella Diagnostica e nel Monitoraggio delle Piante

Le tecnologie avanzate di diagnostica e monitoraggio delle piante giocano un ruolo cruciale nell'ottimizzazione dei sistemi idroponici. Sensori, imaging iperspettrale e piattaforme di intelligenza artificiale possono fornire informazioni dettagliate sullo stato di salute delle piante, l'efficacia dell'assorbimento dei nutrienti e l'identificazione precoce di stress o malattie. Questi strumenti permettono interventi tempestivi e mirati, migliorando la produttività e riducendo la necessità di trattamenti chimici.

Prospettive Future e Innovazione

Guardando al futuro, l'innovazione continua nei sistemi idroponici è destinata a spingere i confini di ciò che è possibile in termini di produzione alimentare sostenibile. L'esplorazione di nuovi materiali per i supporti di crescita, l'avanzamento nelle tecniche di coltivazione senza suolo e l'integrazione di sistemi idroponici con le tecnologie dell'abitare sostenibile sono solo alcuni degli ambiti promettenti. L'obiettivo è creare sistemi di produzione alimentare che non solo siano efficienti e produttivi ma che contribuiscano attivamente alla salute del pianeta e al benessere delle future generazioni.

In conclusione, i vari tipi di sistemi idroponici rappresentano un campo dinamico e in rapida evoluzione dell'agricoltura moderna, con il potenziale di trasformare radicalmente il nostro approccio alla produzione alimentare. Mentre affrontiamo sfide globali crescenti, l'idroponica si offre come una soluzione vitale, evidenziando il suo ruolo sempre più centrale nel perseguimento di un futuro sostenibile e resiliente.

Personalizzazione per Specifiche Esigenze delle Piante

Man mano che la tecnologia idroponica si evolve, cresce anche la capacità di personalizzare i sistemi per adattarsi alle specifiche esigenze di differenti specie vegetali. Questo include l'ottimizzazione delle soluzioni nutritive, l'adattamento dei cicli di illuminazione artificiale per imitare condizioni naturali ideali, e la regolazione delle temperature e dell'umidità per massimizzare la salute e la produttività delle piante. Questa personalizzazione permette non solo una maggiore efficienza nella produzione ma anche la possibilità di coltivare una varietà più ampia di piante, inclusi ortaggi esotici, piante medicinali e varietà ornamentali, indipendentemente dalle limitazioni climatiche o stagionali del luogo di coltivazione.

Riduzione dell'Impatto Ambientale attraverso Materiali Sostenibili

L'utilizzo di materiali sostenibili e riciclabili nei sistemi idroponici diventa sempre più importante nella riduzione dell'impatto ambientale complessivo dell'idroponica. Ciò include la ricerca e l'adozione di nuovi substrati di crescita biodegradabili o riutilizzabili, sistemi di contenimento dell'acqua e dei nutrienti realizzati con materiali riciclati o facilmente riciclabili, e il design di impianti che minimizzino gli sprechi attraverso pratiche circolari. Questi sforzi contribuiscono a ridurre l'uso di plastica e altri materiali non sostenibili, spingendo l'idroponica verso una maggiore eco-compatibilità.

Potenziale di Decentralizzazione della Produzione Alimentare

L'adattabilità e la scalabilità dei sistemi idroponici offrono un potenziale significativo per la decentralizzazione della produzione alimentare, consentendo alle comunità locali di diventare più autosufficienti e resiliente. Ciò è particolarmente rilevante in contesti urbani o in regioni remote, dove l'accesso a cibo fresco e nutriente può essere limitato. La decentralizzazione può anche contribuire a ridurre la dipendenza dalle importazioni alimentari, diminuire le emissioni legate al trasporto di cibo e stimolare le economie locali attraverso la creazione di nuove opportunità imprenditoriali e lavorative nel settore dell'agricoltura urbana e idroponica.

Avanzamenti nella Formazione e nella Condivisione della Conoscenza

La diffusione dell'idroponica come pratica agricola sostenibile beneficia enormemente dalla formazione e dalla condivisione della conoscenza. Workshop, corsi online, piattaforme di apprendimento collaborativo e reti di coltivatori idroponici facilitano lo scambio di esperienze, tecniche innovative e soluzioni ai problemi comuni. Questa comunità globale di praticanti e appassionati contribuisce non solo a migliorare l'efficacia dei singoli sistemi ma anche a promuovere l'idroponica come una soluzione accessibile e praticabile per un'ampia gamma di utenti, dai principianti agli esperti agricoltori.

Sinergie con le Politiche di Sostenibilità Urbana

L'integrazione dei sistemi idroponici nelle politiche di pianificazione e sostenibilità urbana rappresenta un'opportunità per rafforzare la resilienza delle città di fronte ai cambiamenti climatici e agli shock economici. Le infrastrutture verdi basate sull'idroponica, come le fattorie verticali, i giardini pensili e gli spazi verdi multifunzionali, possono migliorare la qualità dell'aria, favorire il raffreddamento urbano, e incrementare la biodiversità locale, contribuendo al contempo alla sicurezza alimentare urbana. Queste iniziative richiedono una collaborazione tra amministrazioni locali, imprese, istituti di ricerca e comunità, sottolineando l'importanza di un approccio integrato alla sostenibilità urbana che includa l'idroponica come componente chiave.

Riflessioni Finali

In definitiva, i vari tipi di sistemi idroponici rappresentano non solo una rivoluzione nella produzione alimentare ma anche un catalizzatore per il cambiamento positivo verso pratiche più sostenibili e resilienti a livello globale. Mentre proseguiamo nell'esplorazione e nell'espansione dei limiti dell'idroponica, ci avviciniamo a un futuro in cui la sostenibilità, l'innovazione e la comunità si intrecciano strettamente, promuovendo un modello di agricoltura che nutre non solo il corpo ma anche l'ambiente e la società. La continua ricerca, l'adozione di pratiche sostenibili e la collaborazione a tutti i livelli saranno essenziali per realizzare appieno il potenziale dell'idroponica nel contribuire a un mondo più verde, equo e prospero.

Esplorazione dei Benefici Psicologici dell'Idroponica

Oltre agli aspetti pratici e ambientali, l'idroponica offre significativi benefici psicologici agli individui coinvolti nella coltivazione. Il contatto con le piante e il processo di cura per la vita vegetale possono ridurre lo stress, aumentare il senso di soddisfazione e migliorare il benessere mentale. La creazione di spazi verdi idroponici in ambienti urbani o lavorativi può fungere da oasi di tranquillità e connessione con la natura, migliorando la qualità della vita in contesti altrimenti privi di elementi naturali.

Innovazioni nel Riciclo dei Nutrienti

L'avanzamento delle tecniche per il riciclo dei nutrienti nei sistemi idroponici chiude il cerchio della sostenibilità, riducendo la necessità di input esterni e minimizzando gli sprechi. L'integrazione di pratiche come la compostazione anaerobica dei rifiuti organici o l'utilizzo di effluenti da sistemi di acquacoltura per arricchire la soluzione nutritiva sono esempi di come l'idroponica possa evolvere verso un modello ancora più sostenibile ed efficiente dal punto di vista delle risorse.

Potenziale di Sviluppo Rurale e Urbanizzazione Equilibrata

Mentre l'idroponica trova una forte adesione in contesti urbani, il suo potenziale per rivitalizzare le aree rurali e promuovere uno sviluppo più equilibrato tra città e campagna è immenso. Offrendo metodi di coltivazione che richiedono meno terreno e sono meno dipendenti dalle condizioni meteorologiche, l'idroponica può contribuire a ridurre l'esodo rurale, creando opportunità economiche nelle comunità agricole tradizionali e incentivando un approccio più integrato allo sviluppo territoriale.

Contributi alla Diversità Alimentare

L'idroponica consente la coltivazione di una gamma più ampia di specie vegetali, comprese quelle non native o difficili da coltivare in determinati climi, contribuendo significativamente alla diversità alimentare e alla sicurezza nutrizionale. La capacità di coltivare piante esotiche o varietà particolari tutto l'anno può arricchire la dieta, offrendo ai consumatori accesso a una più ampia varietà di alimenti freschi e nutrienti, favorendo al contempo la conservazione del patrimonio genetico vegetale.

Integrazione con l'Educazione STEM e la Ricerca Scientifica

L'idroponica serve come eccellente piattaforma educativa e di ricerca, integrando le discipline STEM (Scienza, Tecnologia, Ingegneria e Matematica) e offrendo opportunità pratiche di apprendimento. Gli studenti possono esplorare concetti di biologia vegetale, chimica dei nutrienti, fisica dell'acqua e tecnologie innovative in un contesto reale e applicato. Allo stesso tempo, la ricerca scientifica può approfondire la comprensione dei meccanismi di crescita delle piante, dei sistemi ecologici chiusi e delle interazioni tra piante e microorganismi, portando a innovazioni applicabili in agricoltura e oltre.

Collaborazioni Transdisciplinari per la Sostenibilità Globale

La natura intrinsecamente interdisciplinare dell'idroponica invita a collaborazioni transdisciplinari tra agronomi, biologi, ingegneri, architetti, urbanisti e professionisti del settore della salute, unendo sforzi per affrontare complesse sfide di sostenibilità. Queste collaborazioni possono catalizzare soluzioni innovative che trascendono i confini tradizionali del settore agricolo, promuovendo approcci olistici alla produzione alimentare, alla gestione delle risorse urbane e alla progettazione di spazi vivibili sostenibili.

In conclusione, l'esplorazione continua e l'espansione dei sistemi idroponici rappresentano non solo un avanzamento tecnologico ma anche un movimento verso una maggiore consapevolezza e azione sostenibile. Man mano che approfondiamo la nostra comprensione e affiniamo le nostre pratiche, l'idroponica si rivela essere un elemento chiave nella tessitura di un futuro più verde, resiliente e nutritivo, che valorizza la connessione tra le persone, le piante e il pianeta.

Riorientamento delle Politiche Agricole

L'adozione su vasta scala dell'idroponica può stimolare un riorientamento delle politiche agricole a livello globale. L'integrazione di incentivi per pratiche agricole sostenibili, inclusa l'idroponica, potrebbe promuovere un cambiamento significativo verso un'agricoltura più rispettosa dell'ambiente. Questo richiede un impegno politico per il sostegno alla ricerca e sviluppo, l'accesso a finanziamenti agevolati per gli agricoltori che adottano queste tecnologie e la revisione delle normative per facilitare l'uso di spazi urbani e periurbani per la produzione alimentare idroponica.

Accelerazione della Bioeconomia Circolare

L'idroponica si inserisce perfettamente nel concetto di bioeconomia circolare, dove la produzione di cibo, l'energia e i materiali sono interconnessi in un sistema sostenibile che minimizza gli sprechi e valorizza le risorse rinnovabili. Attraverso l'uso efficiente dell'acqua e dei nutrienti e la possibilità di integrare residui organici come fonte di nutrienti, l'idroponica può servire da modello per cicli produttivi che riducono l'impatto ambientale e contribuiscono alla sostenibilità complessiva.

Valorizzazione del Patrimonio Genetico

L'idroponica offre una piattaforma unica per la valorizzazione e la conservazione del patrimonio genetico delle piante. La capacità di coltivare varietà rare o a rischio di estinzione in condizioni controllate apre nuove possibilità per la ricerca genetica e la conservazione della biodiversità. Questo aspetto è fondamentale non solo per preservare il patrimonio naturale ma anche per esplorare potenziali nuovi usi delle piante in ambiti come la medicina, la nutrizione e l'industria sostenibile.

Potenziamento della Sovranità Alimentare Locale

Introducendo sistemi idroponici nelle comunità locali, si potenzia la sovranità alimentare, rendendo le persone meno dipendenti dalle catene di approvvigionamento globali e più resilienti a crisi economiche o climatiche. L'idroponica consente alle comunità di produrre una varietà di cibi freschi e nutrienti, rafforzando l'economia locale e promuovendo stili di vita sani. La democratizzazione dell'accesso a tecnologie sostenibili di produzione alimentare rappresenta un passo avanti significativo verso l'empowerment delle comunità a livello globale.

Miglioramento dell'Accesso all'Educazione Ambientale

L'idroponica si presenta come uno strumento eccellente per l'educazione ambientale, offrendo lezioni pratiche sulla sostenibilità, il ciclo dell'acqua, la nutrizione delle piante e l'impatto ambientale dell'agricoltura. Implementando progetti idroponici in scuole, università e centri comunitari, si possono ispirare le future generazioni a perseguire soluzioni sostenibili e a diventare custodi attivi dell'ambiente. L'educazione ambientale attraverso l'idroponica prepara gli studenti a comprendere e affrontare le sfide ambientali, promuovendo un cambiamento positivo nelle loro comunità e oltre.

Espansione dell'Innovazione Tecnologica

L'evoluzione continua dei sistemi idroponici è strettamente legata all'innovazione tecnologica. L'introduzione di nuovi materiali, sistemi di monitoraggio intelligente, robotica e automazione può ulteriormente ottimizzare la produzione idroponica, riducendo il lavoro manuale e migliorando l'efficienza complessiva. Queste innovazioni non solo rendono l'idroponica più accessibile e gestibile ma aprono anche la porta a nuove applicazioni in contesti diversi, dall'agricoltura verticale nelle metropoli alla produzione alimentare in ambienti estremi, come le stazioni spaziali o le basi antartiche.

Riflessione Finale

Man mano che esploriamo e approfondiamo i vari aspetti e potenzialità dell'idroponica, diventa chiaro che questa non è solo una metodologia agricola alternativa ma un simbolo di un futuro sostenibile. L'idroponica incarna l'integrazione tra innovazione tecnologica, sostenibilità ambientale, resilienza comunitaria e benessere umano, offrendo una strada promettente per affrontare alcune delle sfide più pressanti del nostro tempo. Mentre continuiamo a sperimentare, innovare e collaborare, l'idroponica si rivela sempre di più come una componente essenziale nella costruzione di sistemi alimentari resilienti, equi e sostenibili per il pianeta e per le future generazioni.

Integrazione con Architetture Verdi e Urbane

L'integrazione dell'idroponica nelle strutture urbane e nell'architettura verde rappresenta un'evoluzione significativa verso città più sostenibili e vivibili. La progettazione di edifici con sistemi idroponici integrati, dalle pareti verdi ai tetti agricoli, non solo migliora l'estetica urbana ma contribuisce anche a ridurre l'inquinamento, migliorare la qualità dell'aria e diminuire l'effetto isola di calore nelle metropoli. Questa sinergia tra agricoltura e architettura promuove un nuovo paradigma per lo sviluppo urbano, dove gli spazi verdi produttivi diventano elementi fondamentali del paesaggio cittadino.

Promozione della Resilienza Economica

L'adozione di sistemi idroponici può stimolare la resilienza economica, soprattutto in aree colpite da declino industriale o da limitate opportunità economiche. Avviando imprese basate sull'idroponica, le comunità possono creare posti di lavoro locali e generare nuove dinamiche economiche. Inoltre, la capacità di produrre alimenti ad alto valore in spazi ristretti apre prospettive economiche innovative, incoraggiando l'imprenditorialità e sostenendo il rilancio economico locale attraverso la filiera agroalimentare.

Avanzamenti nel Trattamento delle Acque

L'idroponica può beneficiare e contribuire agli avanzamenti nel trattamento e nel riciclaggio delle acque. Sviluppando sistemi idroponici che utilizzano acqua riciclata o trattata, si possono conservare risorse idriche preziose e ridurre l'impatto ambientale dell'agricoltura. Questo approccio circolare all'uso dell'acqua non solo rende l'idroponica più sostenibile ma può anche servire da modello per altre industrie nel gestire in modo responsabile le risorse idriche.

Sinergia con le Comunità Scientifiche e di Ricerca

La collaborazione tra i praticanti dell'idroponica e le comunità scientifiche e di ricerca può accelerare l'innovazione e l'efficacia di questo metodo di coltivazione. Attraverso studi congiunti, sperimentazioni e scambio di conoscenze, si possono ottimizzare le pratiche idroponiche, sviluppare nuovi sistemi e varietà vegetali adatti a questa modalità di coltivazione e affrontare sfide come la gestione sostenibile dei nutrienti o la resistenza delle piante alle malattie. Questa collaborazione trasversale arricchisce sia il campo dell'idroponica sia la ricerca scientifica, promuovendo soluzioni innovative per l'agricoltura del futuro.

Integrazione con l'Educazione Alimentare e Nutrizionale

L'integrazione dell'idroponica con programmi di educazione alimentare e nutrizionale può avere un impatto significativo sulla consapevolezza riguardo alla provenienza del cibo, ai principi di una dieta sana e all'importanza della sostenibilità alimentare. I programmi educativi che includono esperienze pratiche con l'idroponica possono aiutare studenti e comunità a comprendere meglio l'interconnessione tra agricoltura, ambiente e salute, promuovendo scelte alimentari consapevoli e stili di vita sostenibili.

Esplorazione dell'Idroponica come Strumento di Diplomazia Verde

L'idroponica ha il potenziale di agire come strumento di "diplomazia verde", promuovendo la cooperazione internazionale attraverso la condivisione di tecnologie sostenibili e pratiche agricole innovative. Facilitando il trasferimento di conoscenze e tecnologie idroponiche tra paesi e regioni, si possono rafforzare le relazioni internazionali, sostenere lo sviluppo sostenibile globale e affrontare collettivamente le sfide legate alla sicurezza alimentare e ai cambiamenti climatici.

Riflessione sul Potenziale Transformativo dell'Idroponica

In conclusione, l'idroponica si presenta non solo come una metodologia agricola avanzata ma anche come un vettore di cambiamento sostenibile, capace di affrontare questioni ambientali, economiche, sociali e nutrizionali. Il suo potenziale transformativo va ben oltre la semplice produzione di cibo, invitando a una riflessione più ampia su come possiamo reimagine l'agricoltura, le città, e le nostre comunità per un futuro più resiliente e armonioso. Man mano che continuiamo a esplorare e innovare all'interno dell'idroponica, ci avviciniamo a realizzare una visione di sostenibilità integrata, dove ogni goccia d'acqua, raggio di luce e granello di nutriente contribuisce a costruire un mondo più verde, equo e nutrito.

Concludendo, l'idroponica emerge come una frontiera rivoluzionaria nell'agricoltura moderna, non solo per la sua capacità di produrre alimenti in modi radicalmente nuovi ed efficienti ma anche come catalizzatore per un ampio spettro di benefici ambientali, sociali ed economici. I vari tipi di sistemi idroponici – dal goccia a goccia, alla Nutrient Film Technique (NFT), alla coltura in acqua profonda (DWC), fino ai letti di argilla espansa e oltre – rappresentano un mosaico di opportunità che possono essere adattate a contesti diversi, dalla produzione alimentare urbana alla ricerca scientifica, dalla didattica all'esplorazione spaziale.

Attraverso l'innovazione continua e l'integrazione con tecnologie avanzate, l'idroponica si posiziona all'avanguardia della sostenibilità, offrendo soluzioni per ridurre l'uso di acqua e fertilizzanti, minimizzare la dipendenza da pesticidi chimici, e combattere la perdita di biodiversità. Questi sistemi non solo rispondono alle sfide immediate di sicurezza alimentare e cambiamento climatico ma aprono anche la strada a un futuro in cui l'agricoltura è in armonia con l'ambiente.

L'implementazione di sistemi idroponici stimola la resilienza economica, promuove l'educazione ambientale, nutrizionale e STEM, e valorizza il patrimonio genetico delle piante. Inoltre, rappresenta una piattaforma per la collaborazione internazionale e la diplomazia verde, sottolineando il potenziale dell'idroponica non solo come pratica agricola ma come movimento globale verso la sostenibilità.

La trasformazione promessa dall'idroponica richiede però un impegno collettivo: dalla ricerca e sviluppo alla politica, dall'educazione alla pratica agricola. La collaborazione tra agronomi, scienziati, educatori, politici, imprenditori e comunità è essenziale per sfruttare pienamente le capacità dell'idroponica di nutrire le popolazioni in modo sostenibile, riducendo al contempo l'impatto ambientale dell'agricoltura.

In definitiva, l'idroponica non è solo una tecnica agricola; è una visione per il futuro, una strada verso sistemi alimentari più resilienti, sostenibili e inclusivi. La sua continua evoluzione e adozione su larga scala promettono di ridefinire il nostro rapporto con l'agricoltura, spingendoci verso un'era in cui la produzione alimentare si allinea con gli obiettivi di sostenibilità globale, preservando il pianeta per le future generazioni. Affrontare le sfide, sfruttare le opportunità e realizzare il potenziale dell'idroponica richiederà innovazione, determinazione e, soprattutto, collaborazione, ma i benefici che promette – per l'ambiente, la società e l'economia – rendono questo sforzo non solo necessario ma essenziale per il futuro del nostro pianeta.

5. Selezione delle piante per l'idroponica: Consiglia quali piante crescono meglio in un ambiente idroponico, come lattuga, erbe aromatiche, pomodori e fragole.

La selezione delle piante per l'idroponica è un passo cruciale per garantire successo e produttività nel tuo giardino idroponico. Diverse piante hanno esigenze diverse in termini di nutrimento, luce e spazio, ma molte tra loro si adattano sorprendentemente bene, o addirittura prosperano, in sistemi idroponici. Di seguito, alcune delle piante più adatte e produttive quando coltivate idroponicamente:

Lattuga

La lattuga è spesso considerata la "stella" dell'idroponica, grazie alla sua rapida crescita, bassi requisiti di luce e facilità di coltivazione. Varietà come la lattuga romana, la lattuga foglia di quercia e la lattuga iceberg si adattano perfettamente all'ambiente idroponico, producendo foglie croccanti e nutrienti in tempi relativamente brevi.

Erbe Aromatiche

Le erbe aromatiche sono particolarmente adatte alla coltivazione idroponica, poiché richiedono meno spazio e possono essere raccolte continuamente. Basilico, menta, coriandolo, prezzemolo e timo sono solo alcune delle erbe che prosperano in sistemi idroponici, offrendo raccolti abbondanti e foglie ricche di sapore.

Pomodori

I pomodori sono una scelta popolare per l'idroponica grazie alla loro produttività e al gusto migliore che spesso si ottiene rispetto alla coltivazione in suolo. Varietà come i pomodori ciliegino, beefsteak e heirloom possono essere coltivate con successo in sistemi idroponici, anche se richiedono un po' più di attenzione in termini di supporto strutturale e gestione dei nutrienti.

Fragole

Le fragole sono un'altra coltura molto apprezzata nell'idroponica, in grado di produrre frutti dolci e succosi in spazi ristretti. Scegliendo varietà adatte e gestendo attentamente l'illuminazione e i nutrienti, è possibile ottenere più cicli di raccolto all'anno, superando le limitazioni stagionali tipiche della coltivazione in terra.

Peperoni e Peperoncini

Peperoni e peperoncini si adattano bene alla coltivazione idroponica, producendo frutti colorati e saporiti. Queste piante richiedono un po' più di spazio e luce rispetto a lattuga ed erbe aromatiche, ma la loro capacità di produrre abbondanti raccolti li rende una scelta eccellente per chi cerca di coltivare ortaggi da frutto in ambiente idroponico.

Spinaci

Gli spinaci sono un'altra foglia verde ideale per l'idroponica, con la loro rapida crescita e la facilità di coltivazione. Richiedendo condizioni simili alla lattuga, gli spinaci possono fornire raccolti continui se gestiti correttamente, rendendoli un'aggiunta nutriente e versatile al giardino idroponico.

Cetrioli

I cetrioli sono noti per la loro rapida crescita e alta produttività in sistemi idroponici. Con un adeguato supporto verticale e una gestione attenta dei nutrienti, possono produrre frutti lunghi e croccanti, ideali per insalate fresche o per la conservazione.

Quando si selezionano le piante per l'idroponica, è importante considerare non solo le esigenze specifiche di ogni pianta ma anche il sistema idroponico a disposizione e lo spazio di coltivazione. La scelta di piante adatte all'ambiente e al sistema idroponico disponibile può massimizzare la produttività e garantire un'esperienza di giardinaggio soddisfacente e di successo.

Insalate

Oltre alla lattuga, altre insalate come la rucola, il bietolino e la lattuga canasta si prestano eccellentemente alla coltivazione idroponica. Queste varietà, con i loro cicli di crescita rapidi e il basso fabbisogno di radici profonde, sono ideali per sistemi NFT o DWC. La capacità di controllare stretti parametri ambientali consente di ottenere foglie tenere e gustose, spesso con tempi di raccolta più brevi rispetto alla coltivazione in suolo.

Erbe Aromatiche Perenni

Al di là delle erbe annuali come basilico e coriandolo, erbe perenni come rosmarino, salvia, e origano si adattano bene all'idroponica, producendo continuamente foglie aromatiche. Queste piante possono richiedere un po' più di spazio radicale e un adeguamento della soluzione nutritiva per soddisfare le loro esigenze a lungo termine, ma offrono il vantaggio di raccolti prolungati senza la necessità di reimpianti frequenti.

Piante da Frutto

Piccole piante da frutto, come certe varietà di fragole e piante di peperoncino, dimostrano un notevole adattamento all'idroponica, fornendo raccolti abbondanti e di qualità. Queste piante beneficiano particolarmente dell'ambiente controllato, che può proteggerle da malattie e parassiti e garantire un apporto costante di nutrienti per il frutto.

Verdure a Foglia Verde

Kale, cavolo riccio e bietole sono tra le verdure a foglia verde che prosperano in sistemi idroponici, grazie alla loro tolleranza a una vasta gamma di condizioni ambientali e al loro rapido ciclo di crescita. Queste verdure sono nutrienti, versatili in cucina e possono essere coltivate in modo continuativo, tagliando le foglie esterne mentre la pianta continua a produrne di nuove.

Radici e Tuberi

Mentre più insoliti, alcuni coltivatori hanno sperimentato con successo la coltivazione di radici e tuberi, come ravanelli, carote e barbabietole, in sistemi idroponici adattati. Queste colture richiedono sistemi che permettano un maggiore spazio per la crescita delle radici e possono beneficiare di substrati leggeri come la perlite o la fibra di cocco per supportare il loro sviluppo.

Piante Medicinali e Aromatiche

Piante medicinali e aromatiche, come la camomilla, la menta piperita e il melissa, trovano nella coltivazione idroponica un metodo efficace per produrre in modo sostenibile ingredienti per tisane, oli essenziali e prodotti erboristici. La coltivazione controllata non solo può aumentare il rendimento ma anche influenzare positivamente il profilo dei principi attivi delle piante.

Considerazioni Generali

Nella selezione delle piante per la coltivazione idroponica, è fondamentale considerare il ciclo di vita della pianta, le sue esigenze specifiche in termini di nutrienti, luce e spazio, nonché la compatibilità con il sistema idroponico scelto. Sperimentare con diverse varietà e sistemi può non solo massimizzare la produttività del giardino idroponico ma anche arricchire l'esperienza di coltivazione, offrendo al contempo la possibilità di scoprire nuovi gusti e benefici nutrizionali. La flessibilità e l'adattabilità dell'idroponica consentono di esplorare un'ampia varietà di piante, apportando innovazione e diversità alla produzione alimentare sostenibile.

Ottimizzazione del Microclima per Piante Specifiche

L'abilità di ottimizzare il microclima all'interno dei sistemi idroponici si rivela particolarmente vantaggiosa per la coltivazione di piante che richiedono condizioni climatiche specifiche, non facilmente replicabili in determinate aree geografiche. Ad esempio, piante tropicali come il dragon fruit o piante che prediligono climi più freschi, come alcuni tipi di bacche, possono essere coltivate con successo in ambienti idroponici controllati. Questo approccio apre nuove possibilità per la coltivazione locale di prodotti tipicamente importati, riducendo la dipendenza dalle catene di approvvigionamento globali e promuovendo la diversità alimentare.

Uso di Varietà Ibride e Geneticamente Ottimizzate

L'introduzione di varietà ibride o geneticamente ottimizzate specificamente per l'idroponica rappresenta un altro orizzonte di innovazione. Queste piante possono offrire vantaggi significativi in termini di resistenza a malattie e parassiti, rendimento e qualità del prodotto, sfruttando appieno le potenzialità dell'ambiente idroponico. La selezione e l'uso di tali varietà necessitano di una stretta collaborazione con istituti di ricerca e sviluppo, assicurando che le innovazioni siano sostenibili e rispettose della biodiversità.

Integrazione con Pratiche di Coltura Biologica

Anche se l'idroponica è spesso associata all'uso di soluzioni nutritive minerali, esiste un crescente interesse nell'integrare pratiche di coltura biologica attraverso l'uso di soluzioni nutritive organiche e il controllo biologico dei parassiti. Questo approccio non solo rafforza l'immagine sostenibile dell'idroponica ma apre anche la coltivazione idroponica a un mercato sempre più attento alle pratiche agricole ecologiche e sostenibili.

Sfruttamento della Tecnologia per la Tracciabilità e la Qualità

L'impiego di tecnologie avanzate per la tracciabilità dalla semina al raccolto consente non solo di monitorare la qualità e la sicurezza dei prodotti idroponici ma anche di ottimizzare l'intero ciclo di coltivazione. L'analisi dei dati raccolti può aiutare a identificare i modelli ottimali di crescita per diverse piante, migliorando ulteriormente l'efficienza e la sostenibilità dei sistemi idroponici.

Coltivazione di Piante per Fitosanitari e Cosmetici

L'idroponica non si limita alla produzione di alimenti; è anche un metodo efficace per coltivare piante utilizzate nella produzione di fitosanitari naturali, cosmetici e altri prodotti a valore aggiunto. La possibilità di controllare esattamente l'ambiente di crescita permette di massimizzare la concentrazione di principi attivi nelle piante, offrendo una fonte sostenibile e di alta qualità per l'industria farmaceutica e cosmetica.

Collaborazione Internazionale per la Sicurezza Alimentare

La promozione dell'idroponica attraverso collaborazioni internazionali può giocare un ruolo cruciale nella lotta globale contro l'insicurezza alimentare. Condividendo conoscenze, tecnologie e risorse, è possibile implementare sistemi idroponici in aree vulnerabili, offrendo soluzioni concrete per la produzione alimentare in contesti sfidanti. Queste iniziative possono non solo migliorare l'accesso al cibo ma anche promuovere lo sviluppo sostenibile e la resilienza comunitaria a livello globale.

In sintesi, la selezione delle piante per l'idroponica si estende ben oltre la semplice preferenza o praticità; è un invito ad esplorare il vasto potenziale di questa tecnica di coltivazione per affrontare alcune delle sfide più pressanti del nostro tempo in termini di sicurezza alimentare, sostenibilità ambientale e innovazione tecnologica. Man mano che approfondiamo la nostra comprensione e ampliamo l'applicazione dell'idroponica, ci avviciniamo a realizzare una visione di un futuro in cui l'agricoltura è in perfetta armonia con le esigenze del nostro pianeta e della sua popolazione. le necessità di sostenibilità, accessibilità e nutrizione. La coltivazione idroponica, con le sue innovative modalità di produzione, diventa così un pilastro per l'agricoltura del futuro, che mira a rispondere in modo efficace e rispettoso alle esigenze di una popolazione mondiale in crescita, in contesti sia urbani che rurali.

Espansione dell'Educazione Agricola

L'introduzione dell'idroponica nel curriculum educativo a vari livelli, dagli istituti primari alle università, può ampliare la comprensione e l'apprezzamento per le tecniche agricole sostenibili. L'apprendimento pratico attraverso l'idroponica stimola l'interesse degli studenti per la scienza, la tecnologia e l'ambiente, preparandoli a diventare i futuri leader nell'innovazione sostenibile. Questa educazione estesa può facilitare la diffusione di conoscenze e competenze necessarie per navigare le sfide ambientali e produttive del XXI secolo.

Miglioramento del Benessere Animale

L'applicazione dell'idroponica non si limita alla produzione vegetale; può estendersi alla creazione di foraggi freschi per l'alimentazione animale, migliorando il benessere e la qualità della vita di animali allevati in ambienti chiusi o in aree con scarse risorse foraggere. Questo approccio non solo migliora l'efficienza e la sostenibilità dell'allevamento ma contribuisce anche alla produzione di alimenti di origine animale di qualità superiore, rispondendo alla crescente domanda di pratiche etiche e sostenibili nel settore alimentare.

Innovazione nel Packaging e nella Logistica

Man mano che il settore dell'idroponica matura, emerge la necessità di innovare anche nel packaging e nella logistica dei prodotti coltivati idroponicamente.

L'adozione di materiali sostenibili, biodegradabili o riciclabili per il packaging, insieme a sistemi logistici che riducono l'impronta di carbonio del trasporto, può amplificare ulteriormente l'impatto positivo dell'idroponica sull'ambiente. Queste innovazioni nel post-raccolto e nella distribuzione sottolineano l'importanza di considerare l'intero ciclo di vita del prodotto, dalla semina al consumatore, nel perseguimento della sostenibilità.

Sviluppo di Mercati Locali e Globali

L'idroponica offre l'opportunità di sviluppare nuovi mercati, sia locali che globali, per prodotti freschi, sani e sostenibili. L'abilità di produrre alimenti di alta qualità in qualsiasi stagione e in una varietà di contesti geografici apre nuove nicchie di mercato e risponde alle esigenze di consumatori sempre più consapevoli delle questioni di sostenibilità e provenienza degli alimenti. Inoltre, la creazione di reti di coltivatori idroponici e di piattaforme di scambio conoscenze può facilitare l'accesso ai mercati e promuovere la resilienza e l'innovazione nel settore.

Collaborazione tra Settori per la Sostenibilità Integrata

Infine, l'idroponica richiama l'importanza di una collaborazione trasversale tra settori diversi – agricolo, tecnologico, educativo, ambientale e alimentare – per affrontare le sfide complesse della sostenibilità integrata. Attraverso partenariati strategici, è possibile accelerare l'adozione di pratiche sostenibili, condividere risorse e conoscenze, e costruire un sistema alimentare che sia resiliente, sostenibile e nutriente per tutti.

In conclusione, l'idroponica non rappresenta solo una serie di tecniche avanzate per la coltivazione di piante; essa incarna un approccio olistico e futuro alla produzione alimentare, che tiene conto dell'interazione tra tecnologia, ambiente, società ed economia. Man mano che continuiamo ad esplorare e a sfruttare le sue potenzialità, l'idroponica si dimostra sempre più un elemento chiave per costruire un futuro in cui la sostenibilità e l'abbondanza vanno di pari passo, garantendo l'accesso a cibo nutriente e sostenibile per le generazioni attuali e future.

Valorizzazione delle Tradizioni Agricole Attraverso l'Innovazione

L'adozione dell'idroponica offre l'opportunità unica di valorizzare e rinnovare le tradizioni agricole, integrando sapere antico con innovazioni moderne. Questa sinergia tra passato e futuro può facilitare la transizione verso pratiche più sostenibili senza rinunciare alla ricchezza delle conoscenze tradizionali, permettendo alle comunità di mantenere un legame con le proprie radici culturali mentre si adattano alle sfide ambientali contemporanee. La conservazione di varietà vegetali tradizionali, coltivate idroponicamente, può contribuire a preservare la biodiversità e offrire agli agricoltori nuovi modi di interagire con il loro patrimonio agricolo.

Potenziamento dell'Agroecologia Urbana

L'integrazione dell'idroponica nell'agroecologia urbana rappresenta un passo avanti verso la creazione di sistemi alimentari urbani resilienti e sostenibili. Attraverso l'uso di spazi verticali e la riduzione dell'impronta di carbonio della produzione alimentare, l'idroponica può trasformare i paesaggi urbani in aree produttive che contribuiscono alla sicurezza alimentare, alla biodiversità e al benessere dei cittadini. Gli spazi verdi idroponici possono diventare hub comunitari dove le persone si incontrano, apprendono e condividono esperienze, rafforzando il tessuto sociale e promuovendo uno stile di vita più verde e connesso alla natura.

Sostenibilità dell'Acqua e Risorse Idriche

Nel contesto di una crescente scarsità di risorse idriche a livello globale, l'idroponica sottolinea l'importanza di strategie innovative per la gestione sostenibile dell'acqua. La capacità dei sistemi idroponici di utilizzare fino al 90% meno acqua rispetto all'agricoltura tradizionale in suolo è un esempio potente di come possiamo ridurre il consumo idrico nella produzione alimentare. Questo aspetto non solo migliora l'efficienza nell'uso delle risorse ma apre anche la strada a una maggiore resilienza delle comunità agricole di fronte alle sfide poste dai cambiamenti climatici e dalla variabilità idrica.

Contributo alla Lotta contro la Malnutrizione

Attraverso la produzione di alimenti freschi, nutrienti e accessibili, l'idroponica può giocare un ruolo cruciale nella lotta contro la malnutrizione e le carenze alimentari. La capacità di coltivare una vasta gamma di ortaggi e frutti in spazi ristretti e in qualsiasi periodo dell'anno permette una maggiore diversità dietetica e l'accesso a cibi ricchi di vitamine e minerali essenziali. Questo approccio può essere particolarmente vantaggioso in aree urbane densamente popolate o in regioni dove la produzione agricola è limitata da fattori ambientali.

Sfide e Opportunità nell'Adozione di Tecnologie Sostenibili

Mentre l'idroponica continua a evolversi, è fondamentale affrontare le sfide relative all'adozione di tecnologie sostenibili e all'accessibilità economica di queste soluzioni. La ricerca e lo sviluppo di tecnologie idroponiche a basso costo, l'educazione e la formazione degli agricoltori, e l'implementazione di politiche di supporto possono contribuire a superare queste barriere, rendendo l'idroponica una soluzione praticabile per un'ampia varietà di contesti. L'obiettivo è democratizzare l'accesso all'idroponica, permettendo a comunità diverse di beneficiare delle sue potenzialità in termini di sostenibilità e produzione alimentare.

Visione Futura dell'Idroponica nel Tessuto Globale

Guardando al futuro, l'idroponica si posiziona come una componente chiave nella visione di un mondo dove la produzione alimentare è sostenibile, resiliente e inclusiva. La continua innovazione, insieme all'impegno collettivo per l'adozione di pratiche agricole sostenibili, può portare a una trasformazione significativa nei sistemi alimentari globali. L'idroponica, con il suo approccio rivoluzionario alla coltivazione, offre non solo una risposta alle sfide ambientali e nutrizionali ma rappresenta anche un'opportunità per riconnetterci con il cibo che mangiamo, con la natura che ci circonda, e con le comunità in cui viviamo, lavoriamo e condividiamo le nostre esperienze.

In conclusione, l'idroponica rappresenta una svolta significativa nel campo dell'agricoltura, offrendo un modello di produzione alimentare che si distacca radicalmente dai metodi tradizionali basati sul suolo. Attraverso la selezione accurata di piante quali lattuga, erbe aromatiche, pomodori, fragole, e molte altre, l'idroponica dimostra la sua versatilità e capacità di adattarsi a diversi ambienti e esigenze nutrizionali. Questo sistema non solo massimizza l'efficienza nell'uso dell'acqua e dei nutrienti ma promuove anche una produzione alimentare più sostenibile e rispettosa dell'ambiente, riducendo l'uso di pesticidi e minimizzando l'impatto sulla terra.

La crescente integrazione dell'idroponica in contesti urbani e rurali evidenzia il suo potenziale nel combattere la malnutrizione, valorizzare le tradizioni agricole attraverso l'innovazione, e contribuire alla sovranità alimentare locale. La coltivazione idroponica si pone come un punto di incontro tra la tecnologia avanzata e la sostenibilità ambientale, aprendo nuove strade per l'educazione, la ricerca e lo sviluppo comunitario.

Le sfide legate all'adozione di questa tecnologia, come l'accessibilità economica e la necessità di una continua innovazione tecnologica, richiedono un impegno condiviso tra governi, istituti di ricerca, imprese e comunità. Superando queste barriere, l'idroponica può diventare un pilastro fondamentale per un futuro in cui la sicurezza alimentare è garantita per tutti, nel rispetto dei limiti del nostro pianeta.

Guardando avanti, l'idroponica invita a una riflessione più ampia sul nostro rapporto con l'ambiente e sulle pratiche agricole. La sua capacità di connettere le persone con il processo di crescita delle piante, di educare sul valore del cibo e sulla sua produzione, e di stimolare l'innovazione per un futuro sostenibile, rappresenta una promessa di trasformazione globale. L'idroponica non è solo un metodo di coltivazione; è un simbolo di speranza e un testimone della nostra capacità di reinventare le pratiche agricole per un mondo più verde, equo e nutrito.

In definitiva, l'espansione e l'evoluzione dell'idroponica nel tessuto globale dimostrano la crescente consapevolezza e azione verso sistemi alimentari sostenibili. Man mano che continuiamo a esplorare le sue potenzialità, l'idroponica si rivela come una componente chiave nella costruzione di un futuro in cui la sostenibilità, l'innovazione e la comunità si intrecciano per nutrire non solo il corpo ma anche l'anima della società umana.

6. Impostazione del tuo primo sistema idroponico: Una guida passo dopo passo su come allestire un semplice sistema idroponico a casa.

Impostare il tuo primo sistema idroponico può sembrare un'impresa complessa, ma seguendo questi passaggi passo dopo passo, scoprirai che è un processo accessibile e gratificante. Ecco una guida base per iniziare con un sistema idroponico semplice, ideale per principianti:

Passo 1: Scegli il Tipo di Sistema Idroponico

Per i principianti, un sistema a coltura in acqua profonda (DWC) o a Nutrient Film Technique (NFT) sono ottime scelte per la loro semplicità e basso costo di implementazione. Il DWC mantiene le radici delle piante immerse in una soluzione nutritiva ossigenata, mentre l'NFT fa scorrere una sottile pellicola di soluzione nutritiva su un canale in cui sono posizionate le radici delle piante.

Passo 2: Raccogli i Materiali Necessari

Per un sistema DWC avrai bisogno di:

- Un contenitore per l'acqua (vasca di coltivazione)
- Una pompa ad aria con pietra porosa per ossigenare l'acqua
- Cestini per piante o net pots
- Substrato inerte (per esempio, argilla espansa o perlite)
- Soluzione nutritiva idroponica
- Kit per la misurazione del pH e della conducibilità elettrica (EC)

Per un sistema NFT, oltre ai materiali sopra, avrai bisogno di:

- Un sistema di canalizzazione o tubi inclinati per il flusso della soluzione nutritiva
- Una pompa d'acqua per il ricircolo della soluzione

Passo 3: Allestimento del Sistema

1. **Prepara il contenitore**: Se stai utilizzando un sistema DWC, riempi il contenitore con acqua fino a circa due terzi. Per l'NFT, assicurati che i canali siano inclinati per consentire il flusso della

soluzione nutritiva e che ci sia un sistema di raccolta alla fine.

2. **Installa la pompa ad aria (DWC) o la pompa d'acqua (NFT)**: Nel DWC, posiziona la pietra porosa attaccata alla pompa ad aria nel fondo del contenitore per fornire ossigenazione. Nell'NFT, collega la pompa d'acqua per assicurare un flusso continuo di soluzione nutritiva attraverso i canali.

3. **Prepara i cestini e il substrato**: Riempire i cestini per piante con il substrato inerte scelto. Questo sosterrà le piante e aiuterà a mantenere le radici in posizione.

4. **Impianta le tue piante**: Trasferisci delicatamente le piantine nei cestini, assicurandoti che le radici siano in contatto con la soluzione nutritiva (DWC) o che possano raggiungere la pellicola di soluzione nutritiva che scorre (NFT).

Passo 4: Prepara la Soluzione Nutritiva

Segui le istruzioni fornite con la tua soluzione nutritiva idroponica per miscelarla correttamente con l'acqua. Assicurati di controllare e regolare il pH secondo le necessità, mirando a un intervallo tra 5.5 e 6.5 per la maggior parte delle piante.

Passo 5: Monitoraggio e Manutenzione

- **Controlla regolarmente il livello dell'acqua** e aggiungi più soluzione nutritiva o acqua per compensare l'evaporazione e l'assorbimento delle piante.

- **Monitora il pH e la conducibilità elettrica (EC)** della soluzione regolarmente, aggiustando quando necessario per mantenere le condizioni ottimali.

- **Osserva le tue piante** per segni di stress, carenze nutritive o problemi di salute e correggi la soluzione nutritiva di conseguenza.

Passo 6: Goditi la Crescita

Ora che il tuo sistema è in funzione, puoi goderti il processo di crescita. L'idroponica può accelerare significativamente il ciclo di vita delle tue piante, permettendoti di vedere risultati rapidi e gratificanti.

Ricorda, l'idroponica è un processo di apprendimento continuo. Ogni pianta e sistema potrebbe richiedere piccoli aggiustamenti lungo il cammino. Non scoraggiarti se incontri sfide iniziali; ogni errore è un'opportunità di apprendimento. Con pazienza e pratica, sarai in grado di coltivare con successo e sostenibilità un'ampia varietà di piante nel comfort di casa tua.

Ottimizzazione dell'Illuminazione

L'illuminazione gioca un ruolo cruciale nella coltivazione idroponica, specialmente in ambienti interni dove la luce solare naturale potrebbe essere limitata. La selezione di sistemi di illuminazione adeguati, come lampade a LED specifiche per la coltivazione o lampade a scarica ad alta intensità (HID), può influenzare notevolmente la crescita e la salute delle piante. Esperimenti con differenti spettri luminosi e programmi di illuminazione possono ottimizzare ulteriormente la fotosintesi e stimolare specifiche fasi del ciclo di vita delle piante, come la crescita vegetativa o la fioritura.

Gestione della Temperatura e dell'Umidità

Un controllo accurato della temperatura e dell'umidità nell'ambiente di coltivazione idroponica è fondamentale per prevenire malattie e stress delle piante. L'uso di termoigrometri, sistemi di ventilazione e deumidificatori può aiutare a mantenere condizioni ottimali, basate sulle esigenze specifiche delle piante selezionate per la coltivazione. Ad esempio, piante tropicali potrebbero richiedere ambienti più caldi e umidi, mentre altre piante potrebbero preferire condizioni più fresche e asciutte.

Sperimentazione e Adattamento

Data la varietà di sistemi idroponici e specie vegetali disponibili, l'esperimentazione diventa una componente chiave del successo a lungo termine.

Prova diverse combinazioni di piante, soluzioni nutritive e sistemi di coltivazione per scoprire ciò che funziona meglio nel tuo ambiente specifico. L'adattamento e la personalizzazione del tuo sistema idroponico in base alle osservazioni e ai risultati ottenuti ti permetteranno di massimizzare la produttività e la salute delle tue piante.

Creazione di un Diario di Coltivazione

Mantenere un diario dettagliato delle tue attività idroponiche, compresi i cambiamenti nella soluzione nutritiva, nei cicli di illuminazione, nella temperatura e nell'umidità, nonché le osservazioni sullo sviluppo delle piante, può fornire intuizioni preziose per miglioramenti futuri. Questo registro diventa uno strumento indispensabile per tracciare ciò che funziona, identificare le aree di miglioramento e pianificare le colture future.

Partecipazione a Comunità Idroponiche

Unirsi a comunità online o locali di appassionati di idroponica può arricchire enormemente la tua esperienza di coltivazione. Lo scambio di consigli, trucchi e soluzioni a problemi comuni con altri coltivatori offre un supporto inestimabile, apre a nuove idee e può anche ispirare progetti di coltivazione collaborativi. Inoltre, le comunità possono essere fonti preziose per scambi di semi, piante e materiali.

Responsabilità Ambientale e Riciclo

Nel gestire il tuo sistema idroponico, è importante considerare l'impatto ambientale delle tue pratiche. Ciò include la scelta di soluzioni nutritive ecocompatibili, il riciclo dell'acqua ove possibile, e il riutilizzo o il riciclaggio responsabile di substrati e materiali di coltivazione a fine ciclo. Queste pratiche non solo riducono l'impatto ecologico ma promuovono anche un'etica di sostenibilità e rispetto per l'ambiente naturale.

Valutazione Continua e Miglioramento

Infine, il processo di allestimento e gestione di un sistema idroponico è un viaggio di apprendimento continuo. Valutare regolarmente il progresso delle tue piante, apportare modifiche basate sui risultati e sull'esperienza acquisita, e rimanere aperti a nuove tecnologie e metodi sono fondamentali per il successo a lungo termine. L'obiettivo è creare un sistema di coltivazione idroponica che sia non solo produttivo e sostenibile ma anche fonte di soddisfazione e gioia personale.

Attraverso questi passaggi dettagliati e considerazioni, l'allestimento del tuo primo sistema idroponico diventa non solo un progetto agricolo ma un'opportunità per esplorare la scienza, l'innovazione e la sostenibilità all'interno della tua casa, contribuendo attivamente a un futuro più verde e sostenibile.

Integrazione con Sistemi Domotici

L'avanzamento della tecnologia domotica offre opportunità straordinarie per integrare e automatizzare la gestione del tuo sistema idroponico. Sensori intelligenti possono monitorare costantemente fattori critici come la temperatura, l'umidità, i livelli di pH e EC della soluzione nutritiva, e la luminosità, attivando automaticamente sistemi di irrigazione, illuminazione artificiale, riscaldamento o ventilazione per mantenere condizioni ottimali. L'integrazione di queste tecnologie non solo semplifica la gestione quotidiana del sistema idroponico ma permette anche di ottimizzare le risorse e migliorare i risultati di crescita, rendendo l'idroponica una pratica accessibile anche a chi non può dedicare molto tempo alla manutenzione manuale.

Valorizzazione delle Risorse Locali

Nell'allestire il tuo sistema idroponico, esplorare e valorizzare le risorse locali può contribuire alla sostenibilità e all'efficienza del progetto. Ciò può includere l'uso di acqua piovana raccolta per integrare o sostituire l'acqua di rubinetto, l'acquisto di soluzioni nutritive e materiali da fornitori locali per ridurre l'impronta di carbonio legata al trasporto, e l'impiego di materiali riciclati o riutilizzati per costruire o migliorare il sistema. Questo approccio non solo riduce i costi e l'impatto ambientale ma promuove anche una maggiore connessione e responsabilità nei confronti della comunità e dell'ambiente circostante.

Coinvolgimento Familiare e Comunitario

L'installazione di un sistema idroponico in casa offre un'ottima opportunità per coinvolgere familiari e amici nel processo di coltivazione. Insieme, potete imparare i principi di base dell'idroponica, sperimentare con diverse piante e soluzioni nutritive, e godervi il raccolto. Questa esperienza condivisa non solo arricchisce le relazioni ma promuove anche un maggiore apprezzamento per l'origine del cibo e l'importanza della sostenibilità ambientale. Estendere l'invito alla partecipazione a vicini e membri della comunità può ampliare ulteriormente l'impatto positivo, creando legami comunitari e diffondendo la conoscenza e l'interesse per l'idroponica e l'agricoltura urbana.

Educazione Continua e Ricerca Personale

Mentre procedi nel viaggio dell'idroponica, dedicare tempo all'educazione continua e alla ricerca personale è cruciale per il miglioramento e l'innovazione. Partecipare a workshop, leggere pubblicazioni scientifiche, seguire blog e canali specializzati, e scambiare esperienze con altri appassionati di idroponica sono modi eccellenti per rimanere aggiornati sulle ultime scoperte e tendenze nel campo. Questa costante ricerca di conoscenza non solo migliora le tue competenze come coltivatore idroponico ma può anche ispirarti a esplorare nuove idee, tecniche e progetti.

Riflessione sul Ruolo dell'Idroponica nel Benessere Personale

Infine, è importante riflettere sul ruolo che l'idroponica può giocare nel tuo benessere personale. Oltre ai vantaggi tangibili come la produzione di cibo fresco e sano, l'idroponica offre benefici intangibili come il sollievo dallo stress, la soddisfazione del vedere crescere le tue piante, e il senso di realizzazione che deriva dal creare un sistema di vita sostenibile all'interno della tua casa. Questi aspetti dell'idroponica contribuiscono a una maggiore consapevolezza ambientale, benessere psicologico e una connessione più profonda con il mondo naturale.

Attraverso questi passaggi dettagliati e considerazioni, allestire e gestire un sistema idroponico diventa non solo un'impresa agricola ma un percorso arricchente che tocca molti aspetti della vita quotidiana, dall'innovazione tecnologica alla sostenibilità, dall'educazione alla salute e al benessere. L'idroponica, pertanto, si rivela come una pratica profondamente trasformativa, con il potenziale di influenzare positivamente non solo il nostro approccio alla produzione alimentare ma anche il nostro modo di vivere e interagire con l'ambiente che ci circonda.

Sostenibilità a Lungo Termine e Riduzione dell'Impronta Ecologica

Mentre si avanza nella coltivazione idroponica, diventa essenziale considerare la sostenibilità a lungo termine del sistema. Questo include la valutazione dell'impronta ecologica attraverso l'uso efficiente delle risorse, la minimizzazione dei rifiuti e l'integrazione di fonti di energia rinnovabile. L'adozione di pratiche sostenibili non solo garantisce che il tuo sistema idroponico contribuisca positivamente all'ambiente ma favorisce anche la resilienza e la sostenibilità economica della tua operazione di coltivazione. Esplorare metodi per recuperare e riutilizzare la soluzione nutritiva in eccesso, ridurre il consumo energetico e utilizzare materiali sostenibili e riciclabili per il sistema possono essere passi significativi verso una coltivazione più verde.

Adattamento ai Cambiamenti e Flessibilità del Sistema

L'adattamento e la flessibilità sono chiavi fondamentali nel successo a lungo termine di un sistema idroponico. Man mano che acquisisci esperienza, potresti scoprire che alcune piante o configurazioni funzionano meglio rispetto ad altre nel tuo ambiente specifico. Essere disposti ad adattare e modificare il tuo sistema, che si tratti di cambiare le varietà di piante, di sperimentare con diversi tipi di soluzioni nutritive o di aggiornare l'equipaggiamento, può portare a miglioramenti significativi nella produttività e nella sostenibilità del tuo giardino idroponico. Questo processo di apprendimento continuo e adattamento consente non solo di ottimizzare le risorse ma anche di personalizzare la tua esperienza di coltivazione in base alle tue preferenze e ai tuoi obiettivi.

Promozione della Biodiversità attraverso la Collezione di Piante

Mentre sperimenti con la coltivazione idroponica, hai l'opportunità unica di promuovere la biodiversità attraverso la selezione di piante. Coltivare una vasta gamma di specie e varietà non solo arricchisce il tuo giardino idroponico con un mosaico di colori, sapori e profumi ma contribuisce anche alla conservazione delle piante meno comuni o a rischio. Questa diversità biologica può offrire benefici ecologici, come l'attrazione di impollinatori se alcune piante vengono tenute all'aperto, e promuovere un ecosistema di coltivazione più resiliente e bilanciato.

Contributo alla Comunità e Condivisione delle Conoscenze

All'avanzare nel tuo viaggio idroponico, considera il potenziale di condividere le tue conoscenze e esperienze con la comunità. Ciò può assumere molte forme, dall'insegnamento di workshop sull'idroponica, alla donazione di cibo fresco prodotto a enti di beneficenza locali, alla partecipazione a progetti comunitari di giardinaggio urbano. La condivisione delle tue competenze non solo aiuta a educare altri sulla sostenibilità e sull'agricoltura urbana ma rafforza anche il legame con la tua comunità, promuovendo un ambiente più collaborativo e solidale.

Riflessione sulle Implicazioni Etiche

Mentre esplori le possibilità dell'idroponica, è importante riflettere anche sulle implicazioni etiche della tua pratica di coltivazione. Questo include considerazioni sul benessere delle piante, sull'uso responsabile delle risorse e sull'impatto della tua coltivazione sull'ambiente e sulla società. Adottare un approccio etico all'idroponica significa impegnarsi in pratiche di coltivazione che rispettino l'ambiente e contribuiscano positivamente al benessere della comunità e del pianeta.

Esplorazione dell'Idroponica come Modalità di Vita

Infine, l'idroponica può trascendere il suo ruolo come hobby o pratica di coltivazione per diventare una parte integrante del tuo stile di vita. L'impegno nella coltivazione idroponica può influenzare le tue scelte quotidiane, promuovendo uno stile di vita più sostenibile e consapevole. Che si tratti di fare scelte alimentari più consapevoli, di ridurre il proprio impatto ambientale o di impegnarsi in pratiche di vita sostenibile, l'idroponica offre un percorso per esplorare e incarnare i principi di sostenibilità, innovazione e connessione con la natura nel tessuto della vita quotidiana.

Attraverso la pratica dell'idroponica, hai l'opportunità di imparare, crescere e contribuire a un futuro più sostenibile, sperimentando direttamente l'interconnessione tra l'ambiente, l'alimentazione e il benessere. Questo viaggio, ricco di scoperte e soddisfazioni, non solo arricchisce la tua vita ma può anche ispirare coloro che ti circondano a considerare nuove possibilità per coltivare un mondo più verde e vivibile.

Innovazione e Personalizzazione dei Sistemi Idroponici

Man mano che progredisci nella coltivazione idroponica, esplorare l'innovazione e la personalizzazione del tuo sistema diventa un aspetto fondamentale per migliorare l'efficienza e adattarsi alle tue specifiche esigenze. Sperimentare con nuovi design, materiali più sostenibili e configurazioni del sistema può non solo ottimizzare la crescita delle piante ma anche rendere il tuo spazio di coltivazione più funzionale e esteticamente gradevole. Incorporare sensori smart per monitorare in tempo reale i parametri critici e utilizzare software di gestione per automatizzare le operazioni può elevare il tuo sistema idroponico a nuovi livelli di precisione e produttività.

Implementazione di Pratiche Rigenerative

Andando oltre la sostenibilità, l'implementazione di pratiche rigenerative nell'idroponica mira a rinnovare e arricchire l'ambiente e le risorse che utilizza. Questo può includere il recupero di nutrienti da scarti organici, l'utilizzo di energia pulita per alimentare i sistemi e il supporto alla biodiversità attraverso la selezione di piante. Le pratiche rigenerative rappresentano un passo avanti verso un'impronta ecologica positiva, contribuendo attivamente alla salute degli ecosistemi locali e globali.

Coltivazione Condivisa e Reti di Scambio

Creare e partecipare a reti di coltivazione condivisa può aprire nuove possibilità per lo scambio di piante, semi, conoscenze e risorse all'interno della comunità di idroponica. Queste reti possono facilitare l'accesso a varietà di piante diverse, incoraggiare la collaborazione su progetti comuni e stimolare l'innovazione attraverso la condivisione di esperienze e soluzioni a sfide comuni. La coltivazione condivisa promuove un senso di appartenenza e supporto reciproco, arricchendo l'esperienza di coltivazione individuale con la forza della comunità.

Promozione dell'Accesso Globale all'Idroponica

Mentre esplori e approfondisci la tua pratica idroponica, diventa importante considerare come promuovere l'accesso globale a queste tecnologie e conoscenze. Lavorare con organizzazioni non profit, iniziative educative e programmi di sviluppo per portare l'idroponica in comunità svantaggiate o aree colpite da insicurezza alimentare può avere un impatto significativo. Questi sforzi non solo aiutano a combattere la fame e promuovere la sicurezza alimentare ma incoraggiano anche l'adozione di pratiche agricole sostenibili a livello globale.

Riflessione sulla Filosofia dell'Idroponica

Infine, immergersi nell'idroponica offre l'opportunità di riflettere su una filosofia di vita che abbraccia la sostenibilità, l'innovazione e la cura per il nostro pianeta. Questa pratica può diventare un'espressione di un impegno personale verso uno stile di vita che riconosce l'importanza della nostra interdipendenza con la natura e l'urgenza di agire responsabilmente per il benessere delle future generazioni. L'idroponica, in questo senso, trascende la mera tecnica di coltivazione per diventare un simbolo di speranza e un impegno attivo verso la costruzione di un futuro più sostenibile e giusto.

Attraverso questi approfondimenti e considerazioni, diventa chiaro che l'idroponica non è solo una modalità di coltivazione; è un viaggio di scoperta, innovazione e contributo a un mondo più sostenibile. Man mano che continui a esplorare, adattare e condividere la tua esperienza nell'idroponica, contribuisci a plasmare non solo il tuo ambiente immediato ma anche il panorama globale dell'agricoltura sostenibile. La tua pratica idroponica diventa così un ponte verso un futuro in cui la tecnologia e la natura collaborano armoniosamente per nutrire l'umanità in modi rispettosi e rigenerativi.

Ampliamento dell'Approccio Olistico alla Salute delle Piante

Nel perfezionare il tuo sistema idroponico, considera un approccio olistico alla salute delle piante che integri pratiche di prevenzione delle malattie, nutrizione bilanciata e gestione dello stress ambientale. Comprendere i segnali che le piante inviano può guidarti nell'adattare le condizioni ambientali e nelle scelte di nutrimento per promuovere una crescita vigorosa e sana. L'adozione di soluzioni biologiche per il controllo dei parassiti e l'uso di soluzioni nutritive organiche possono rafforzare ulteriormente la resilienza delle piante e minimizzare l'impatto ambientale del tuo sistema idroponico.

Esplorazione di Sistemi Idroponici Avanzati e Sperimentali

Man mano che acquisisci esperienza, esplora sistemi idroponici avanzati e sperimentali che potrebbero offrire maggiore efficienza o risolvere specifiche sfide di coltivazione. Tecnologie come l'aeroponica, che nebulizza direttamente la soluzione nutritiva sulle radici esposte, o sistemi idroponici automatizzati che regolano in modo dinamico l'ambiente di crescita in base ai dati in tempo reale, rappresentano il futuro dell'idroponica. L'esplorazione e l'adozione di queste tecnologie possono non solo migliorare i tuoi risultati di coltivazione ma anche contribuire all'evoluzione del campo dell'idroponica stessa.

Coinvolgimento in Ricerca e Sviluppo

Partecipare attivamente alla ricerca e allo sviluppo nell'ambito dell'idroponica può non solo arricchire la tua conoscenza e esperienza ma anche contribuire al progresso del settore. Collaborare con università, istituti di ricerca e altre organizzazioni per testare nuove varietà di piante, soluzioni nutritive innovative e tecnologie di coltivazione può accelerare l'innovazione e aiutare a scoprire soluzioni sostenibili ai problemi agricoli globali.

Promozione della Giustizia Alimentare e Sociale

La tua pratica idroponica può diventare uno strumento potente per promuovere la giustizia alimentare e sociale, fornendo accesso a cibo nutriente nelle comunità svantaggiate e sensibilizzando sulle questioni di sovranità alimentare. Lavorando a stretto contatto con organizzazioni comunitarie, programmi educativi e iniziative sociali, puoi contribuire a ridurre le disparità alimentari e promuovere sistemi alimentari più equi ed inclusivi.

Riflessione sull'Etica Ambientale e sulla Sostenibilità

Infine, la continuazione del tuo viaggio nell'idroponica richiede una riflessione costante sull'etica ambientale e sulla sostenibilità delle tue pratiche. Considerare l'impatto a lungo termine delle tue scelte di coltivazione, dal consumo di risorse alla generazione di rifiuti, e impegnarsi in pratiche che supportano la salute del pianeta sono essenziali. Adottando un approccio consapevole e responsabile, il tuo sistema idroponico non solo produce cibo ma diventa anche un'espressione del tuo impegno per un futuro più sostenibile.

Attraverso l'approfondimento continuo, la sperimentazione e la condivisione della tua esperienza idroponica, contribuisci non solo alla tua crescita personale ma anche al progresso collettivo verso pratiche agricole più innovative e sostenibili. L'idroponica, con il suo potenziale di rivoluzionare il modo in cui coltiviamo e pensiamo al cibo, si posiziona come un pilastro chiave nella ricerca di soluzioni alle sfide ambientali e sociali del nostro tempo, offrendo una visione di speranza e possibilità per le generazioni future.

In conclusione, il percorso per allestire e mantenere un sistema idroponico a casa si rivela essere molto più di una semplice pratica agricola; è un'avventura complessa e arricchente che intreccia sostenibilità, innovazione tecnologica, impegno ambientale e crescita personale. Questo viaggio non si limita alla produzione di cibo fresco e nutriente ma si espande verso l'esplorazione di nuovi orizzonti nella coltivazione sostenibile, la condivisione della conoscenza e la promozione di un futuro più verde.

Attraverso la selezione attenta del sistema idroponico più adatto, la raccolta dei materiali necessari, l'allestimento accurato del sistema, la preparazione e il monitoraggio della soluzione nutritiva, e infine, la cura e la gestione delle piante, i coltivatori idroponici intraprendono un percorso di scoperta continua. Ogni passo, dalla scelta delle piante alla gestione quotidiana del sistema, offre l'opportunità di imparare e crescere, non solo come coltivatori ma come custodi consapevoli dell'ambiente.

La capacità di innovare e personalizzare il proprio sistema idroponico, sperimentando con tecniche avanzate e soluzioni sostenibili, riflette il dinamismo e la flessibilità dell'idroponica come campo di studio e pratica. L'adozione di pratiche rigenerative, la creazione di reti di coltivazione condivisa e il coinvolgimento in iniziative di ricerca e sviluppo ampliano ulteriormente l'impatto e il significato di queste esperienze di coltivazione.

Impegnandosi attivamente nella promozione della giustizia alimentare, nella riflessione sull'etica ambientale e nella ricerca di un equilibrio sostenibile, i coltivatori idroponici possono trasformare i loro spazi di coltivazione in esempi viventi di un impegno verso un mondo più giusto e sostenibile. Questa pratica, radicata nella sperimentazione e nell'innovazione, diventa un simbolo di speranza e un mezzo per promuovere cambiamenti positivi nella nostra relazione con il cibo, l'ambiente e le comunità.

In definitiva, l'idroponica non è solo un metodo per coltivare piante senza suolo; è una manifestazione di un cambiamento culturale e ambientale verso la sostenibilità. Offre una visione di come potremmo vivere e nutrirci in armonia con la natura, esplorando le potenzialità della scienza e della tecnologia per creare sistemi alimentari resilienti e rispettosi dell'ambiente. Man mano che continuiamo a navigare e plasmare questo paesaggio in evoluzione, l'idroponica si afferma come un pilastro fondamentale nella ricerca di soluzioni sostenibili, illuminando la via verso un futuro in cui ogni goccia d'acqua, raggio di luce e seme contribuisce alla costruzione di un mondo più verde e vivibile.

7. Sistemi di illuminazione per l'idroponica: Discuti l'importanza della luce, i diversi tipi di luci utilizzabili (LED, lampade a scarica ad alta intensità) e come posizionarle correttamente.

L'illuminazione gioca un ruolo cruciale in ogni sistema idroponico, essendo uno dei fattori chiave che influenzano la crescita, la fioritura e la produzione delle piante. La luce non solo fornisce l'energia necessaria per la fotosintesi ma influisce anche sui cicli di vita delle piante, sulla loro morfologia e sulla produzione di frutti o fiori. Ecco perché la scelta e la corretta installazione del sistema di illuminazione sono essenziali per il successo della coltivazione idroponica.

Importanza della Luce

In natura, le piante si adattano ai cicli stagionali e giornalieri di luce per regolare processi come la germinazione, la crescita, la fioritura e la fruttificazione. In un ambiente idroponico, ricreare le condizioni di luce ottimali permette di controllare e massimizzare la crescita delle piante, indipendentemente dalle condizioni esterne o dalla stagione.

Tipi di Luci Utilizzabili

Lampade a LED (Light Emitting Diode): Le lampade a LED sono diventate popolari nell'idroponica per la loro efficienza energetica, la lunga durata e la capacità di produrre uno spettro luminoso specifico per le esigenze delle piante. I LED possono essere progettati per emettere luce in precise lunghezze d'onda, ottimizzando la fotosintesi e influenzando positivamente la crescita e lo sviluppo delle piante.

Lampade a Scarica ad Alta Intensità (HID): Le lampade HID, che includono le lampade al sodio ad alta pressione (HPS) e le lampade alogenuro metallico (MH), sono state per lungo tempo lo standard per la coltivazione indoor grazie alla loro intensa emissione luminosa. Le lampade MH sono particolarmente utili per la fase vegetativa delle piante, fornendo uno spettro di luce blu, mentre le lampade HPS, con il loro spettro di luce più rosso, sono ideali per la fioritura e la fruttificazione.

Posizionamento delle Luci

Il posizionamento corretto delle luci è essenziale per garantire che le piante ricevano una quantità adeguata di luce in modo uniforme. Ecco alcuni suggerimenti su come posizionare le luci nel tuo sistema idroponico:

- **Altezza:** Le luci dovrebbero essere posizionate ad un'altezza che distribuisca uniformemente la luce su tutte le piante, evitando zone d'ombra. L'altezza ottimale varia a seconda del tipo di luce e dell'intensità desiderata; le lampade LED possono essere posizionate più vicino alle piante rispetto alle lampade HID, che generano più calore.

- **Angolazione:** In alcuni casi, angolare le luci può aiutare a coprire in modo più uniforme l'area di coltivazione, specialmente se le piante sono disposte su più livelli o se il sistema idroponico occupa un ampio spazio orizzontale.

- **Durata dell'illuminazione:** La durata giornaliera di esposizione alla luce (fotoperiodo) dovrebbe essere adeguata alle esigenze specifiche delle piante coltivate. Molte piante richiedono tra le 12 e le 16 ore di luce al giorno, ma alcune possono beneficiare di periodi più lunghi o più brevi.

Considerazioni Aggiuntive

- **Calore:** Le lampade HID tendono a produrre molto calore, il quale, se non gestito correttamente, può danneggiare le piante. Assicurati di avere un'adeguata ventilazione o sistemi di raffreddamento se utilizzi queste lampade.

- **Efficienza Energetica:** Valuta l'efficienza energetica delle diverse opzioni di illuminazione. Le lampade a LED, pur avendo un costo iniziale più elevato, possono ridurre significativamente i costi energetici nel lungo termine.

In conclusione, la scelta e il posizionamento adeguati del sistema di illuminazione sono fondamentali per ottimizzare la crescita delle piante in un ambiente idroponico. Considerando attentamente le esigenze specifiche delle tue piante e le caratteristiche delle diverse opzioni di illuminazione, puoi creare un ambiente che favorisca una crescita sana e vigorosa, massimizzando il potenziale produttivo del tuo giardino idroponico.

Monitoraggio e Regolazione dell'Intensità Luminosa

Il monitoraggio dell'intensità luminosa attraverso l'uso di luxmetri o parmetri permette di valutare se le piante ricevono la quantità di luce adeguata alle loro specifiche esigenze. Alcune piante richiedono livelli di luce più intensi per prosperare, mentre altre possono soffrire di stress se esposte a luce troppo forte. Regolare l'intensità luminosa, sia tramite la distanza delle luci dalle piante sia attraverso l'uso di dimmer (nei casi dei LED), consente di adattare l'ambiente di crescita per ottimizzare la salute e la produttività delle piante.

Sfruttamento dello Spettro Luminoso Completo

Mentre le lampade LED consentono di selezionare specifiche lunghezze d'onda utili nelle varie fasi di crescita della pianta, è importante considerare l'importanza di uno spettro luminoso completo. L'uso di luci che coprono un ampio spettro può emulare più fedelmente la luce solare, supportando meglio i processi fisiologici complessi delle piante. La ricerca continua a esplorare come diverse lunghezze d'onda influenzano la crescita, il sapore, e persino le proprietà nutrizionali delle colture, offrendo opportunità per ottimizzare ulteriormente le condizioni di coltivazione.

Uso Strategico del Ciclo Luce-Buio

Il ciclo luce-buio, o fotoperiodo, non solo regola la fotosintesi ma anche altri processi biologici importanti nelle piante, come il ciclo di fioritura. Alcune piante sono fotoperiodo-dipendenti e richiedono periodi specifici di luce e oscurità per innescare la fioritura. La comprensione e l'applicazione strategica dei cicli luce-buio possono quindi essere utilizzate per stimolare la fioritura, accelerare la crescita, o persino controllare il tempo di raccolta delle piante coltivate idroponicamente.

Effetti Termici dell'Illuminazione

Mentre si considera l'importanza dell'illuminazione, non bisogna trascurare gli effetti termici associati all'uso di determinate lampade. Le lampade HID, ad esempio, possono aumentare significativamente la temperatura dell'area di coltivazione, influenzando l'umidità e la traspirazione delle piante. Gestire attentamente questi effetti termici, attraverso sistemi di ventilazione o l'uso di luci con minori emissioni di calore come i LED, è essenziale per mantenere un ambiente di crescita stabile e confortevole per le piante.

Riflessione su Efficienza Energetica e Impatto Ambientale

Nella selezione del sistema di illuminazione idroponico, riflettere sull'efficienza energetica e sull'impatto ambientale è fondamentale. Le lampade a LED, nonostante il costo iniziale più elevato, rappresentano una scelta più sostenibile a lungo termine per la loro maggiore efficienza energetica, minore produzione di calore, e durata più lunga. La scelta di fonti di energia rinnovabile per alimentare il sistema di illuminazione può ulteriormente ridurre l'impronta carbonica della tua operazione idroponica, allineandosi con gli obiettivi di sostenibilità ambientale.

In definitiva, l'illuminazione in un sistema idroponico non riguarda solo il fornire alle piante la luce necessaria per la fotosintesi; è un elemento complesso che interagisce con la fisiologia della pianta, l'ambiente di coltivazione e gli obiettivi di sostenibilità. Una pianificazione attenta, la scelta consapevole delle tecnologie di illuminazione, e un monitoraggio continuo e adattamento delle pratiche di illuminazione possono trasformare l'efficacia del tuo sistema idroponico, promuovendo una crescita ottimale delle piante e minimizzando l'impatto ambientale.

Innovazioni e Tendenze Future nell'Illuminazione Idroponica

Man mano che la tecnologia progredisce, l'illuminazione idroponica vede l'introduzione di innovazioni che potrebbero rivoluzionare ulteriormente le pratiche di coltivazione. L'intelligenza artificiale e l'apprendimento automatico iniziano a trovare applicazioni nel controllo dell'illuminazione, consentendo sistemi che si adattano dinamicamente ai bisogni specifici delle piante, modificando l'intensità luminosa, lo spettro e il fotoperiodo in risposta ai segnali di crescita delle piante. Queste tecnologie promettono di ottimizzare l'uso della luce in modo ancora più preciso, migliorando l'efficienza energetica e promuovendo tassi di crescita e qualità dei raccolti superiori.

Connettività e Automazione

La connettività IoT (Internet of Things) apre nuove frontiere per l'automazione dei sistemi di illuminazione idroponica, consentendo ai coltivatori di monitorare e controllare l'illuminazione da remoto tramite dispositivi smart. Questa integrazione può semplificare la gestione del sistema, permettendo aggiustamenti in tempo reale e fornendo dati preziosi per l'ottimizzazione continua. L'automazione avanzata supporta un approccio più olistico alla gestione dell'ambiente di coltivazione, dove luce, temperatura, umidità e nutrimento sono armonizzati per massimizzare la salute e la produttività delle piante.

Sostenibilità e Fonti Energetiche Alternative

L'evoluzione delle pratiche di illuminazione idroponica va di pari passo con un maggiore impegno verso la sostenibilità. L'uso di fonti energetiche rinnovabili, come il solare o l'eolico, per alimentare i sistemi di illuminazione riduce l'impronta carbonica della coltivazione idroponica e allinea le pratiche agricole con gli obiettivi di sostenibilità ambientale. La ricerca di soluzioni innovative, come l'uso di materiali fotovoltaici integrati o sistemi ibridi che combinano luce naturale e artificiale, può ulteriormente ridurre il consumo energetico e i costi operativi.

Educazione e Condivisione delle Conoscenze

Con la rapida evoluzione delle tecnologie di illuminazione, l'importanza dell'educazione e della condivisione delle conoscenze diventa sempre più evidente. Programmi educativi, workshop, webinar e piattaforme online giocano un ruolo cruciale nel diffondere informazioni aggiornate sui sistemi di illuminazione più efficienti e sostenibili. La condivisione delle esperienze tra la comunità di coltivatori idroponici, comprese le sfide e le soluzioni innovative, contribuisce a una crescita collettiva e stimola ulteriori innovazioni nel campo.

Etica e Responsabilità

Nell'adottare nuove tecnologie di illuminazione, è fondamentale considerare le implicazioni etiche e la responsabilità verso l'ambiente e la società. La scelta di soluzioni di illuminazione che minimizzino l'impatto ambientale, il supporto a fornitori che adottano pratiche di produzione sostenibili e l'impegno a ridurre gli sprechi sono tutti aspetti cruciali di un approccio etico all'idroponica. Questo impegno riflette una consapevolezza più ampia dell'impatto che le pratiche agricole hanno sul pianeta e sull'umanità, guidando scelte responsabili che promuovano la salute del nostro ambiente condiviso.

In conclusione, l'illuminazione nei sistemi idroponici rappresenta un campo dinamico e in rapida evoluzione, al crocevia tra innovazione tecnologica, sostenibilità ambientale e ottimizzazione della produzione. Mentre continuiamo a esplorare e adattare le tecnologie di illuminazione, ci avviciniamo a un futuro in cui la coltivazione idroponica non solo soddisfa le esigenze alimentari globali in modo sostenibile ma lo fa in armonia con l'ambiente, promuovendo un mondo più sano e resiliente per le generazioni future.

Verso un'Integrazione Completa con le Smart Homes

L'avanzamento delle smart homes offre opportunità inesplorate per l'integrazione completa dei sistemi idroponici con l'automazione domestica. Immagina un sistema idroponico che non solo si regola automaticamente in termini di illuminazione, nutrizione e irrigazione ma è anche sincronizzato con altri sistemi domestici per ottimizzare l'uso dell'energia, la qualità dell'aria e l'efficienza delle risorse. Questo livello di integrazione potrebbe consentire una gestione ancora più sofisticata e senza problemi delle colture idroponiche, rendendo l'agricoltura urbana una componente fluida e integrata della vita quotidiana.

Personalizzazione AI e Machine Learning

L'intelligenza artificiale (AI) e il machine learning stanno aprendo nuovi orizzonti nella personalizzazione dei sistemi di illuminazione idroponica. Con la capacità di apprendere dalle specifiche esigenze delle piante e adattarsi in tempo reale, questi sistemi potrebbero fornire la "ricetta" luminosa perfetta per ogni tipo di pianta, stagione o persino fase di crescita. Questo non solo massimizza l'efficienza ma promuove anche un ambiente di crescita ideale che può essere costantemente ottimizzato attraverso l'analisi dei dati raccolti.

Implicazioni del Bio-design

L'esplorazione del bio-design in relazione all'illuminazione idroponica apre possibilità entusiasmanti per creare sistemi che non solo sono funzionali ma anche esteticamente piacevoli e in armonia con l'ambiente domestico. L'integrazione di elementi naturali, l'uso di materiali sostenibili e il design ispirato alla natura possono contribuire a rendere i sistemi idroponici veri e propri elementi di arredo, che arricchiscono gli spazi abitativi e promuovono il benessere.

Sviluppo Sostenibile e Impatto Globale

Nel contesto dello sviluppo sostenibile, l'illuminazione idroponica assume un ruolo chiave nella riduzione dell'impatto ambientale dell'agricoltura. L'adozione di sistemi di illuminazione ad alta efficienza, alimentati da energie rinnovabili, può ridurre significativamente il consumo energetico e le emissioni di gas serra associate alla produzione alimentare. Questo, unito all'uso ottimizzato delle risorse idriche e alla riduzione della necessità di terreni agricoli, posiziona l'idroponica come una soluzione avanguardista per affrontare le sfide ambientali globali, contribuendo agli obiettivi di sviluppo sostenibile.

Collaborazioni Multidisciplinari

Il futuro dell'illuminazione idroponica si arricchisce attraverso collaborazioni multidisciplinari, che uniscono esperti di botanica, ingegneria, design, sostenibilità e tecnologia. Queste collaborazioni possono accelerare l'innovazione, portando a soluzioni creative che affrontano sia le esigenze delle piante sia quelle degli utenti. L'approccio olistico derivante da tali sinergie potrebbe risultare in sistemi di coltivazione idroponica che sono al contempo efficienti, sostenibili e integrati nella vita quotidiana delle persone.

Riflessione Etica e Responsabilità Sociale

Infine, la continua evoluzione dell'illuminazione idroponica richiede una riflessione etica e un impegno verso la responsabilità sociale. Considerare l'accessibilità delle tecnologie, promuovere l'equità nella distribuzione dei benefici dell'idroponica e garantire che l'innovazione proceda con rispetto per l'ambiente e le comunità sono fondamentali. In questo modo, l'idroponica non solo fornisce soluzioni tecniche ma si afferma come parte di un movimento più ampio verso la giustizia alimentare, la sostenibilità e il benessere collettivo.

In conclusione, l'illuminazione nei sistemi idroponici è un campo ricco di potenzialità, che interseca innovazione tecnologica, sostenibilità ambientale e design. Man mano che procediamo verso il futuro, l'attenzione alle esigenze delle piante, l'integrazione con la vita quotidiana, la responsabilità ambientale e sociale, e la collaborazione tra diverse discipline saranno essenziali per realizzare il pieno potenziale dell'illuminazione idroponica. Questi sforzi congiunti non solo promuoveranno sistemi di coltivazione più efficienti e sostenibili ma contribuiranno anche a un futuro in cui l'armonia tra tecnologia, natura e società è pienamente realizzata.

In definitiva, l'illuminazione nei sistemi idroponici rappresenta molto più di un semplice requisito tecnico per la coltivazione delle piante. È al centro di un approccio olistico che unisce scienza, tecnologia, design e sostenibilità, contribuendo a plasmare l'agricoltura del futuro. Man mano che esploriamo le infinite possibilità offerte dall'illuminazione avanzata, ci troviamo di fronte all'opportunità di non solo ottimizzare la crescita delle piante e massimizzare i raccolti ma anche di farlo in modo che sia in armonia con il nostro ambiente e le nostre comunità.

La scelta dei sistemi di illuminazione – dai LED altamente efficienti alle lampade a scarica ad alta intensità, ognuno con i propri vantaggi specifici – deve essere guidata da una comprensione profonda delle esigenze delle piante e degli obiettivi di sostenibilità. La corretta installazione e gestione di questi sistemi, attraverso il monitoraggio dell'intensità luminosa, l'adattamento ai cicli luce-buio, e la considerazione degli effetti termici, sono essenziali per creare un ambiente ottimale di crescita.

Guardando al futuro, l'innovazione continua in questo campo, spinta dall'intelligenza artificiale, dall'integrazione IoT e dalla ricerca di soluzioni sempre più sostenibili, promette di elevare ulteriormente l'efficacia e l'efficienza dell'illuminazione idroponica. Queste tecnologie avanzate non solo permettono una gestione più precisa e reattiva dell'illuminazione ma aprono anche la strada a sistemi di coltivazione completamente automatizzati, che possono essere integrati armoniosamente nelle nostre vite e nelle nostre case.

L'evoluzione dell'illuminazione idroponica richiede, tuttavia, una riflessione etica e un impegno verso la responsabilità sociale e ambientale. È fondamentale che, mentre adottiamo queste nuove tecnologie, rimaniamo consapevoli dell'impatto che hanno sul nostro pianeta e lavoriamo attivamente per ridurre l'impronta ecologica della nostra coltivazione. Questo significa non solo scegliere sistemi di illuminazione efficienti dal punto di vista energetico ma anche promuovere pratiche di produzione e consumo sostenibili che supportino la biodiversità e la giustizia alimentare.

In conclusione, l'illuminazione idroponica si posiziona all'avanguardia dell'innovazione agricola, offrendo un potente strumento per affrontare alcune delle sfide più urgenti del nostro tempo, dalla sicurezza alimentare al cambiamento climatico. Attraverso la continua ricerca, sperimentazione e collaborazione, possiamo sfruttare il potenziale dell'illuminazione idroponica per creare sistemi di coltivazione che non solo nutrano il corpo ma anche sostengano l'ambiente e arricchiscano lo spirito, guidandoci verso un futuro in cui l'armonia tra uomo, natura e tecnologia è pienamente realizzata.

8. Nutrienti e soluzioni idroponiche: Una panoramica sui nutrienti essenziali per le piante e come preparare e mantenere la soluzione nutritiva.

Le piante richiedono un'ampia varietà di nutrienti essenziali per crescere, svilupparsi e produrre raccolti. Nell'idroponica, dove le piante non ricevono nutrienti dal suolo, è fondamentale fornire questi elementi vitali attraverso una soluzione nutritiva. Comprendere quali nutrienti sono necessari e come preparare e mantenere la soluzione nutritiva è essenziale per il successo della coltivazione idroponica.

Nutrienti Essenziali per le Piante

I nutrienti necessari alle piante possono essere divisi in macroelementi (richiesti in grandi quantità) e microelementi (richiesti in piccole quantità).

Macroelementi:

- **Azoto (N):** Essenziale per la crescita delle foglie e la sintesi delle proteine.

- **Fosforo (P):** Importante per lo sviluppo delle radici e la fioritura.

- **Potassio (K):** Contribuisce alla fotosintesi, alla regolazione dell'acqua e alla resistenza alle malattie.

Secondari:

- **Calcio (Ca):** Necessario per la struttura cellulare delle piante e la crescita delle radici.

- **Magnesio (Mg):** Componente centrale della clorofilla, essenziale per la fotosintesi.

- **Zolfo (S):** Importante per la produzione di proteine e enzimi.

Microelementi:

- **Boro (B), Rame (Cu), Ferro (Fe), Cloro (Cl), Manganese (Mn), Molibdeno (Mo), Zinco (Zn):** Ognuno di questi elementi svolge ruoli critici in vari processi fisiologici, dalla fotosintesi alla sintesi delle proteine e alla resistenza allo stress.

Preparazione della Soluzione Nutritiva

1. **Acquisto o Preparazione:** Puoi acquistare soluzioni nutritive preformulate specifiche per l'idroponica o prepararle tu stesso miscelando i nutrienti nelle proporzioni corrette. Le soluzioni preformulate sono generalmente più convenienti per i principianti.

2. **Diluizione:** Se usi un concentrato, diluiscilo con acqua secondo le indicazioni del produttore. L'acqua deve essere pulita e, idealmente, priva di cloro e a pH neutro.

3. **Aggiustamento del pH:** La soluzione nutritiva dovrebbe avere un pH compreso tra 5,5 e 6,5. Misura il pH con strisce reattive o un misuratore digitale e aggiusta con soluzioni apposite per aumentare o diminuire il pH.

Mantenimento della Soluzione Nutritiva

- **Monitoraggio Regolare:** Controlla regolarmente il livello del pH e la conducibilità elettrica (EC) per assicurarti che i nutrienti siano nel range ottimale per le tue piante.

- **Rabbocco e Sostituzione:** Aggiungi acqua per compensare l'evaporazione e l'assorbimento delle piante. Cambia completamente la soluzione ogni

2-4 settimane per prevenire squilibri nutritivi e l'accumulo di sali.

- **Pulizia:** Mantieni puliti i contenitori e il sistema di irrigazione per prevenire la formazione di alghe e l'insorgenza di malattie.

Considerazioni Aggiuntive

- **Adattamento alle Fasi di Crescita:** Le esigenze nutritive delle piante possono variare nelle diverse fasi di crescita. Considera l'uso di soluzioni nutritive formulate specificamente per la crescita vegetativa o la fioritura/fruttificazione.

- **Osservazione delle Piante:** Osserva attentamente le tue piante per segni di carenze o eccessi di nutrienti, che possono manifestarsi attraverso variazioni nel colore delle foglie, nella struttura delle piante o nella crescita generale.

In conclusione, la gestione accurata della soluzione nutritiva è vitale per la coltivazione idroponica, richiedendo attenzione, monitoraggio regolare e aggiustamenti basati sulle esigenze specifiche delle piante. Adottando le migliori pratiche nella preparazione e manutenzione della soluzione nutritiva, puoi ottimizzare la salute delle tue piante, massimizzare la produttività e goderti i frutti (o le foglie) del tuo lavoro idroponico.

Uso Efficiente delle Risorse Idriche

L'idroponica si distingue per l'uso efficiente delle risorse idriche, una caratteristica particolarmente importante in aree soggette a siccità o con limitato accesso all'acqua. Implementare sistemi di raccolta dell'acqua piovana o di riciclo della soluzione nutritiva può ulteriormente ridurre il consumo idrico. Monitorare attentamente l'evaporazione e l'assorbimento da parte delle piante e regolare i livelli della soluzione nutritiva consente di massimizzare l'uso dell'acqua, sottolineando il ruolo dell'idroponica come tecnica agricola sostenibile.

Innovazioni nella Fornitura di Nutrienti

La ricerca continua e l'innovazione giocano un ruolo fondamentale nello sviluppo di nuove formulazioni di nutrienti che possono migliorare la crescita delle piante, l'efficienza dell'uso dei nutrienti e l'impatto ambientale. L'uso di nanotecnologie per veicolare i nutrienti direttamente alle radici o lo sviluppo di soluzioni nutritive organiche sono aree di interesse crescente. Questi progressi possono offrire metodi più precisi e meno invasivi per nutrire le piante, riducendo il rischio di eccessi o carenze nutritive.

Gestione Integrata dei Parassiti e delle Malattie

In un sistema idroponico, la prevenzione e la gestione integrata dei parassiti e delle malattie sono cruciali per mantenere un ambiente di crescita sano. L'adozione di pratiche come la quarantena per nuove piante, l'uso di soluzioni biologiche per il controllo dei parassiti e la sterilizzazione regolare del sistema possono prevenire l'insorgenza di problemi. Inoltre, mantenere un equilibrio ottimale dei nutrienti e monitorare le condizioni ambientali aiuta a ridurre lo stress delle piante, rendendole meno suscettibili a malattie e infestazioni.

Impatto Ambientale e Riciclaggio dei Materiali

Mentre l'idroponica è lodata per la sua efficienza e sostenibilità, è fondamentale considerare l'impatto ambientale legato all'uso e al riciclaggio dei materiali nel sistema. Scegliere materiali riciclabili o biodegradabili per i contenitori, i supporti per le piante e altri componenti del sistema può minimizzare l'impronta ecologica. La ricerca di fonti locali per materiali e nutrienti può inoltre ridurre le emissioni legate al trasporto, sostenendo un approccio più ecologico e sostenibile alla coltivazione idroponica.

Sostenibilità a Lungo Termine e Autonomia Alimentare

L'implementazione di sistemi idroponici può contribuire significativamente alla sostenibilità a lungo termine e all'autonomia alimentare, soprattutto in contesti urbani o in aree con terreni non coltivabili. Creare reti di coltivazione idroponica comunitarie o familiari non solo fornisce accesso a cibo fresco e nutriente ma promuove anche la resilienza comunitaria e riduce la dipendenza da sistemi alimentari industrializzati. Questi approcci possono trasformare spazi inutilizzati in aree produttive, contribuendo a ridurre il "deserto alimentare" urbano e a promuovere stili di vita più sostenibili.

Educazione e Divulgazione

L'educazione e la divulgazione svolgono un ruolo fondamentale nell'espansione dell'idroponica come pratica sostenibile. Organizzare workshop, seminari online e programmi scolastici sull'idroponica può ispirare nuove generazioni di coltivatori e sensibilizzare sulle questioni di sostenibilità alimentare. La condivisione di conoscenze e risorse attraverso piattaforme online e comunità locali amplifica l'impatto dell'idroponica, rendendola accessibile a un pubblico più ampio.

In conclusione, mantenere e preparare una soluzione nutritiva idroponica richiede una comprensione profonda dei bisogni delle piante e un impegno verso pratiche sostenibili e responsabili. Attraverso l'innovazione continua, la gestione attenta e l'adozione di un approccio olistico alla coltivazione, l'idroponica non solo può fornire una fonte affidabile di cibo fresco ma può anche diventare un pilastro di sistemi alimentari sostenibili, resilienza comunitaria e consapevolezza ambientale.

Approcci Innovativi alla Reintegrazione dei Nutrienti

Man mano che la coltivazione idroponica si evolve, si esplorano approcci innovativi per reintegrare i nutrienti in modo più efficiente e sostenibile. Una di queste innovazioni è l'uso di sistemi aquaponici, che integrano la coltivazione di piante con l'allevamento di pesci. In questi sistemi, i rifiuti prodotti dai pesci forniscono una fonte ricca di nutrienti naturali per le piante, che a loro volta purificano l'acqua, creando un ciclo chiuso che riduce la necessità di soluzioni nutritive sintetiche e migliora l'efficienza del sistema.

Personalizzazione delle Soluzioni Nutritive

La personalizzazione delle soluzioni nutritive in base alle specifiche esigenze delle piante coltivate diventa cruciale per ottimizzare la crescita e la resa. La mappatura dettagliata dei profili nutrienti, utilizzando analisi di laboratorio avanzate, permette di identificare le esigenze precise di ogni varietà di pianta in diverse fasi del suo ciclo di vita. Questa personalizzazione può portare a miglioramenti significativi nella salute delle piante, nella qualità dei frutti e nella riduzione dell'uso eccessivo di fertilizzanti.

Sfruttamento delle Tecnologie di Monitoraggio in Tempo Reale

L'adozione di sensori e sistemi di monitoraggio in tempo reale per la misurazione dei livelli di nutrienti, pH e ossigeno disciolto nella soluzione nutritiva rappresenta un altro passo avanti verso l'ottimizzazione dell'idroponica. Questi sistemi consentono aggiustamenti rapidi e precisi della composizione della soluzione nutritiva, assicurando che le piante ricevano esattamente ciò di cui hanno bisogno per ogni fase del loro sviluppo. L'integrazione con piattaforme di analisi dati e intelligenza artificiale può ulteriormente migliorare la capacità di prevedere e soddisfare le esigenze delle colture.

Riduzione dell'Impatto Ambientale

Nel contesto della sostenibilità, l'industria idroponica è sempre più concentrata sulla riduzione dell'impatto ambientale associato alla produzione e all'uso di soluzioni nutritive. Questo include lo sviluppo di fertilizzanti organici idrosolubili, l'ottimizzazione dei cicli di ricambio della soluzione per minimizzare gli sprechi e la ricerca di metodi per recuperare e riciclare i nutrienti in eccesso. L'obiettivo è ridurre l'impronta ecologica della coltivazione idroponica, rendendola un modello ancora più sostenibile di produzione alimentare.

Formazione e Sviluppo Comunitario

L'importanza della formazione e dello sviluppo comunitario nell'ambito dell'idroponica non può essere sottostimata. Programmi educativi mirati possono equipaggiare gli aspiranti coltivatori con le conoscenze necessarie per gestire in modo efficace i loro sistemi idroponici, dalla preparazione della soluzione nutritiva alla risoluzione dei problemi comuni. Inoltre, la creazione di reti comunitarie di supporto fornisce una piattaforma per lo scambio di esperienze e risorse, rafforzando la resilienza e l'autosufficienza delle comunità locali.

Riflessioni Finali sulla Soluzione Nutritiva nell'Idroponica

Mantenere una soluzione nutritiva idroponica equilibrata e ottimizzata è un aspetto fondamentale che va oltre la semplice fornitura di nutrienti essenziali alle piante. Rappresenta un equilibrio delicato tra scienza, tecnologia e sostenibilità, richiedendo un impegno costante verso l'apprendimento, l'innovazione e la responsabilità ambientale. Mentre l'idroponica continua a crescere in popolarità come metodo di coltivazione sostenibile, le pratiche associate alla gestione della soluzione nutritiva si evolvono in tandem, riflettendo l'impegno collettivo verso un futuro in cui la produzione alimentare possa essere sostenibile, efficiente e armoniosa con il nostro pianeta.

Impiego di Sistemi di Feedback e Apprendimento Automatico

L'integrazione di sistemi di feedback basati sull'apprendimento automatico nella gestione delle soluzioni nutritive idroponiche rappresenta un'avanzata frontiera tecnologica. Questi sistemi possono analizzare costantemente i dati relativi alla salute delle piante, ai livelli di nutrienti e alle condizioni ambientali, adattando automaticamente la composizione della soluzione nutritiva per ottimizzare le condizioni di crescita. Attraverso un processo iterativo di apprendimento e adattamento, queste tecnologie promettono di massimizzare l'efficienza nell'uso dei nutrienti e minimizzare gli sprechi, spostando l'idroponica verso un modello di precisione agricola sempre più sostenibile e produttivo.

Promozione della Biodiversità Attraverso la Selezione delle Colture

La selezione consapevole delle colture in sistemi idroponici può contribuire significativamente alla promozione della biodiversità. Coltivando una varietà di piante, non solo quelle con il più alto rendimento o valore commerciale, i coltivatori possono aiutare a preservare le specie meno comuni o a rischio, supportando gli ecosistemi naturali e promuovendo una dieta più varia e nutriente. Questo approccio può anche migliorare la resilienza del sistema idroponico, dato che la diversità delle colture può ridurre il rischio di malattie diffuse e parassiti.

Collaborazione Globale per l'Innovazione Nutritiva

La collaborazione tra ricercatori, agricoltori, aziende e organizzazioni non governative a livello globale può accelerare l'innovazione nel campo delle soluzioni nutritive idroponiche. Condividendo conoscenze, risorse e tecnologie, la comunità globale può affrontare collettivamente le sfide legate alla sostenibilità della coltivazione idroponica, come la riduzione dell'impronta di carbonio, l'ottimizzazione dell'uso dell'acqua e lo sviluppo di soluzioni nutritive più efficaci ed ecocompatibili. Queste collaborazioni possono anche favorire l'accesso all'idroponica in aree del mondo dove la sicurezza alimentare è una sfida critica, contribuendo agli sforzi globali di lotta contro la fame.

Educazione Pubblica e Sensibilizzazione

Accrescere la consapevolezza pubblica sull'importanza delle pratiche sostenibili nella coltivazione idroponica, inclusa la gestione delle soluzioni nutritive, è essenziale per promuovere un cambiamento a livello di sistema nei confronti della produzione alimentare. Campagne educative, mostre, e programmi scolastici possono svolgere un ruolo chiave nel sensibilizzare su come l'idroponica possa contribuire alla sostenibilità ambientale, alla sicurezza alimentare e alla resilienza climatica. L'educazione può anche ispirare i consumatori a fare scelte alimentari più consapevoli e sostenibili, influenzando positivamente la domanda di mercato per prodotti coltivati in modo responsabile.

Sfide e Opportunità nel Riciclo delle Soluzioni Nutritive

Il riciclo delle soluzioni nutritive in eccesso rappresenta sia una sfida che un'opportunità per la coltivazione idroponica. Da un lato, il riciclo può ridurre gli sprechi e migliorare l'efficienza nell'uso delle risorse; dall'altro, richiede sistemi attenti per evitare l'accumulo di patogeni o la degradazione dei nutrienti. La ricerca in questo campo può offrire nuove soluzioni per trattare e riutilizzare in modo sicuro le soluzioni nutritive, promuovendo cicli chiusi che beneficiano sia l'ambiente sia l'economia delle coltivazioni idroponiche.

In conclusione, la gestione delle soluzioni nutritive nell'idroponica si inserisce in un contesto più ampio di sforzi per realizzare un'agricoltura sostenibile e responsabile. Attraverso l'innovazione continua, la collaborazione globale e l'educazione pubblica, possiamo non solo ottimizzare le pratiche di coltivazione ma anche contribuire a un futuro in cui l'agricoltura lavora in armonia con l'ambiente, supportando la biodiversità, riducendo l'impatto sulle risorse naturali e fornendo alimenti sani e nutritivi per una popolazione mondiale in crescita.

Integrazione di Soluzioni Nutritive Circolari e Sostenibili

Esplorare ulteriormente il concetto di economia circolare applicato alle soluzioni nutritive idroponiche apre la strada a sistemi di coltivazione ancora più sostenibili. L'innovazione in processi che permettano il recupero di nutrienti da scarti organici urbani o industriali, trasformandoli in fertilizzanti idonei per l'idroponica, potrebbe ridurre la dipendenza da risorse non rinnovabili e minimizzare l'impatto ambientale dell'agricoltura. Questi approcci non solo contribuirebbero a chiudere il ciclo dei nutrienti ma potrebbero anche abbattere i costi di produzione per i coltivatori idroponici, rendendo questa pratica agricola accessibile a un pubblico più ampio.

Avanzamenti nella Diagnostica Vegetale

L'adozione di tecnologie avanzate per la diagnostica delle condizioni vegetali, come l'imaging iperspettrale o i sensori IoT per il monitoraggio dello stress idrico e nutrizionale, potrebbe offrire ai coltivatori idroponici strumenti preziosi per una gestione ottimale delle soluzioni nutritive. Queste tecnologie permettono di rilevare precocemente eventuali carenze o squilibri nutrizionali, consentendo interventi tempestivi che possono migliorare significativamente la salute e la produttività delle piante. L'integrazione di questi strumenti diagnostici con sistemi di automazione potrebbe rivoluzionare il modo in cui le soluzioni nutritive vengono gestite, trasformando l'idroponica in una pratica di precisione all'avanguardia.

Personalizzazione Massiva delle Soluzioni Nutritive

Guardando al futuro, la personalizzazione massiva delle soluzioni nutritive, basata su dati dettagliati relativi alle specifiche esigenze di ogni pianta e al suo stato di crescita, potrebbe diventare la norma. Questo livello di personalizzazione, supportato da big data e analisi predittiva, permetterebbe non solo di massimizzare l'efficienza di ogni singola pianta ma anche di ottimizzare l'uso delle risorse su scala del sistema idroponico. Tale approccio richiederebbe una comprensione approfondita delle interazioni tra piante, nutrienti e ambiente di crescita, nonché l'implementazione di sistemi di monitoraggio e distribuzione dei nutrienti altamente sofisticati.

Sostenibilità Ambientale e Valutazione del Ciclo di Vita

L'implementazione di valutazioni del ciclo di vita (Life Cycle Assessment, LCA) specifiche per le soluzioni nutritive idroponiche può offrire una comprensione più profonda dell'impatto ambientale complessivo di queste sostanze, dalla produzione al riciclo o smaltimento. Queste valutazioni possono aiutare a identificare aree chiave dove interventi mirati possono ridurre l'impronta ecologica della coltivazione idroponica, guidando lo sviluppo di soluzioni nutritive che siano non solo efficaci dal punto di vista agronomico ma anche rispettose dell'ambiente.

Coinvolgimento e Responsabilizzazione della Comunità

Infine, il coinvolgimento attivo delle comunità locali nel processo di gestione delle soluzioni nutritive idroponiche può giocare un ruolo cruciale nella promozione della sostenibilità e dell'autosufficienza alimentare. Attraverso programmi educativi, workshop pratici e iniziative di coltivazione condivisa, è possibile diffondere le conoscenze e le competenze necessarie per gestire in modo efficace le soluzioni nutritive, rendendo l'idroponica una pratica accessibile e sostenibile a livello locale. Questo approccio promuove non solo la sicurezza alimentare ma anche la resilienza comunitaria, creando sistemi di supporto locali che possono affrontare collettivamente le sfide legate all'agricoltura urbana e sostenibile.

In conclusione, la gestione delle soluzioni nutritive nell'idroponica si colloca al centro di un dinamico campo di ricerca, innovazione e pratica sostenibile. Man mano che progrediamo, l'approccio alla nutrizione delle piante in sistemi idroponici continua a evolversi, riflettendo un impegno sempre più marcato verso l'efficienza, la precisione e la sostenibilità ambientale. Attraverso l'esplorazione di nuove tecnologie, la collaborazione globale, e l'impegno comunitario, possiamo spingere i confini dell'idroponica verso un futuro in cui l'agricoltura è in perfetta armonia con il nostro ambiente, contribuendo alla costruzione di un mondo più sano, equo e sostenibile per tutti.

Concludendo, la gestione delle soluzioni nutritive in idroponica emerge non solo come una componente fondamentale per il successo della coltivazione ma anche come un campo ricco di potenzialità per l'innovazione e la sostenibilità. L'approfondita comprensione dei nutrienti essenziali, unita alla capacità di preparare, mantenere e ottimizzare la soluzione nutritiva, è cruciale per promuovere una crescita sana e produttiva delle piante in ambienti privi di suolo. Tuttavia, il valore di queste pratiche va oltre l'aspetto tecnico, radicandosi profondamente in un contesto più ampio di responsabilità ambientale e impegno sociale.

L'evoluzione continua delle tecniche di monitoraggio e personalizzazione delle soluzioni nutritive, guidata da avanzamenti in tecnologia come l'intelligenza artificiale, l'apprendimento automatico e i sistemi IoT, promette di rivoluzionare ulteriormente l'efficienza e l'efficacia dell'idroponica. Questi strumenti offrono la possibilità di adattare in modo preciso le condizioni di nutrimento alle esigenze specifiche di ogni pianta, massimizzando il potenziale produttivo e minimizzando l'impatto ambientale attraverso un uso più mirato e razionale delle risorse.

Allo stesso tempo, l'integrazione di principi di economia circolare, che mirano al recupero e al riciclo dei nutrienti, insieme all'impiego di valutazioni del ciclo di vita per comprendere e ridurre l'impronta ecologica della produzione idroponica, riflette un impegno crescente verso la sostenibilità. Queste iniziative sono essenziali per ridurre la dipendenza da risorse non rinnovabili e per minimizzare gli sprechi e l'inquinamento associati alla coltivazione.

Inoltre, l'importanza dell'educazione, della divulgazione e del coinvolgimento comunitario non può essere sottolineata abbastanza. Fornire alle persone le conoscenze e gli strumenti per gestire efficacemente le soluzioni nutritive idroponiche non solo democratizza l'accesso a questa forma di coltivazione ma promuove anche un senso di autonomia e resilienza alimentare. Attraverso il lavoro condiviso, le comunità possono costruire sistemi alimentari locali più sostenibili e resilienti, riducendo la loro dipendenza da catene di approvvigionamento lunghe e vulnerabili.

In conclusione, il cammino verso una gestione ottimale delle soluzioni nutritive in idroponica è un percorso di continua esplorazione e apprendimento, che si snoda attraverso l'innovazione tecnologica, l'etica ambientale e l'impegno collettivo. Man mano che ci avventuriamo ulteriormente in questo viaggio, rimane chiaro che il successo dell'idroponica - e della sostenibilità agricola in generale - dipenderà dalla nostra capacità di integrare questi avanzamenti tecnici con un profondo rispetto per l'ambiente e un impegno verso l'equità e la responsabilità sociale. In questo modo, l'idroponica non rappresenta solo una soluzione alla sicurezza alimentare ma si afferma come un modello per un futuro agricolo più verde, giusto e sostenibile.

9. Gestione dell'acqua nell'idroponica: Spiega come mantenere l'acqua a livelli ottimali, la sua importanza e come riciclare l'acqua nel sistema

La gestione dell'acqua nell'idroponica è fondamentale, non solo per garantire la salute e la produttività delle piante ma anche per promuovere un'agricoltura sostenibile. L'acqua, oltre a essere il mezzo attraverso cui i nutrienti vengono trasportati alle radici delle piante, è anche cruciale per la fotosintesi e per regolare la temperatura sia delle piante sia dell'ambiente circostante. Una gestione efficace dell'acqua richiede attenzione a diversi fattori chiave: la qualità dell'acqua, il mantenimento dei livelli ottimali, e le pratiche di riciclo e riutilizzo.

Mantenere l'Acqua a Livelli Ottimali

- **Monitoraggio costante:** L'uso di sensori per monitorare i livelli di acqua e la conducibilità elettrica (EC) può aiutare a mantenere la concentrazione ottimale di nutrienti, assicurando che le piante ricevano ciò di cui hanno bisogno senza incorrere in stress per eccesso o carenza idrica.

- **Regolazione del flusso:** Sistemi come l'irrigazione a goccia o la tecnica del film nutritivo (NFT) permettono un controllo preciso dell'acqua fornita alle piante, minimizzando lo spreco attraverso un flusso costante e misurato che soddisfa le esigenze idriche delle piante senza sovraccaricarle.

- **Manutenzione del sistema:** Pulire regolarmente filtri e tubi per evitare ostruzioni o accumuli che possono interrompere il flusso d'acqua e la distribuzione dei nutrienti.

Importanza dell'Acqua nell'Idroponica

L'acqua è vitale per:

- **Trasporto dei nutrienti:** Solubilizza i fertilizzanti e li trasporta alle radici, permettendo l'assorbimento.

- **Fotosintesi:** L'acqua è uno dei reagenti nel processo di fotosintesi, essenziale per la produzione di glucosio e ossigeno.

- **Regolazione termica:** Aiuta a mantenere la temperatura ottimale delle piante e del sistema, soprattutto in ambienti controllati come le serre.

Riciclo dell'Acqua nel Sistema

- **Raccolta e riutilizzo:** L'acqua in eccesso che non viene assorbita dalle piante può essere raccolta, filtrata e riutilizzata. Questo riduce il consumo complessivo di acqua e minimizza il rilascio di soluzioni nutritive nell'ambiente.

- **Trattamento dell'acqua:** Sistemi di purificazione, come osmosi inversa o filtrazione UV, possono essere utilizzati per trattare l'acqua riciclata o l'acqua di approvvigionamento iniziale, garantendo che sia libera da patogeni e contaminanti prima di essere reintrodotta nel sistema.

- **Bilanciamento della soluzione nutritiva:** Prima del riutilizzo, è cruciale riequilibrare la soluzione nutritiva nell'acqua riciclata, aggiustando il pH e i livelli di nutrienti per assicurarsi che soddisfino le esigenze specifiche delle piante al momento del riutilizzo.

Considerazioni Aggiuntive per la Sostenibilità

- **Riduzione dell'evaporazione:** Coprire i serbatoi di acqua e i canali di circolazione può ridurre significativamente l'evaporazione, conservando l'acqua.

- **Sensibilizzazione sul consumo idrico:** Educare i coltivatori sull'importanza della conservazione dell'acqua e sulle pratiche per un uso più efficiente può avere un impatto significativo sulla sostenibilità dell'idroponica.

- **Analisi dell'acqua:** Condurre test periodici sull'acqua per monitorare la presenza di sali accumulati e altri contaminanti può aiutare a prevenire problemi di salute delle piante legati alla qualità dell'acqua.

In conclusione, una gestione attenta e consapevole dell'acqua è essenziale per il successo dell'idroponica, sostenendo la crescita delle piante, massimizzando l'efficienza delle risorse e minimizzando l'impatto ambientale. Attraverso pratiche di monitoraggio, regolazione e riciclo dell'acqua, i coltivatori idroponici possono non solo ottimizzare la produttività delle loro coltivazioni ma anche contribuire a una forma di agricoltura veramente sostenibile e responsabile.

Implementazione di Sistemi Idroponici Chiusi

L'adozione di sistemi idroponici chiusi rappresenta un passo importante verso una gestione dell'acqua più sostenibile. In questi sistemi, l'acqua non utilizzata dalle piante viene raccolta, trattata e ricircolata, riducendo al minimo gli sprechi. Questo approccio non solo conserva una risorsa preziosa ma riduce anche la necessità di rifornimenti costanti di soluzioni nutritive fresche, ottimizzando ulteriormente l'uso dei nutrienti e minimizzando l'impatto ambientale.

Avanzamenti nella Tecnologia di Depurazione

Con l'evolversi della tecnologia di depurazione, diventa sempre più fattibile trattare e riciclare l'acqua all'interno dei sistemi idroponici con maggiore efficienza. Tecniche come la filtrazione a membrana, l'ozonizzazione e i sistemi avanzati di osmosi inversa possono rimuovere efficacemente i contaminanti, i patogeni e l'eccesso di sali dalla soluzione nutritiva, rendendola sicura per il riutilizzo. Questi avanzamenti tecnologici non solo promuovono una gestione sostenibile dell'acqua ma migliorano anche la sicurezza e la qualità delle coltivazioni idroponiche.

Valutazione del Ciclo Idrico

L'analisi dettagliata del ciclo idrico all'interno di un sistema idroponico può offrire insight preziosi per ottimizzare l'uso dell'acqua. La valutazione delle perdite per evaporazione, transpirazione e percolazione può aiutare a identificare aree di inefficienza, guidando l'implementazione di miglioramenti mirati. Ad esempio, l'ottimizzazione del design del sistema per ridurre l'area esposta all'aria può significativamente diminuire l'evaporazione, mentre l'uso di substrati idroponici con elevata capacità di ritenzione idrica può limitare le perdite per percolazione.

Gestione Integrata delle Risorse Idriche

Incorporare la gestione integrata delle risorse idriche (IWRM) nei progetti idroponici può portare a sistemi più resilienti e sostenibili. Questo approccio considera tutte le fonti d'acqua disponibili, compresa l'acqua piovana e le acque grigie trattate, e le integra nel sistema idroponico. Un tale modello richiede una pianificazione attenta e un'analisi delle risorse idriche locali, ma può ridurre significativamente la dipendenza dall'acqua potabile e minimizzare l'impronta idrica della coltivazione idroponica.

Implicazioni Socioeconomiche della Gestione Idrica

La gestione efficiente dell'acqua nell'idroponica ha anche implicazioni socioeconomiche importanti, in particolare in regioni con limitato accesso all'acqua. Migliorando l'efficienza idrica, i sistemi idroponici possono diventare una soluzione vitale per la produzione alimentare in aree aride o colpite da siccità. Inoltre, l'adozione di pratiche idroponiche sostenibili può supportare lo sviluppo economico locale, creando opportunità di lavoro e migliorando l'accesso a cibi freschi e nutrienti.

Educazione Ambientale e Coinvolgimento Comunitario

Infine, l'educazione ambientale e il coinvolgimento comunitario giocano un ruolo chiave nel promuovere pratiche di gestione idrica sostenibile nell'idroponica. Organizzare workshop, creare materiali educativi e coinvolgere le scuole in progetti di coltivazione idroponica possono sensibilizzare sull'importanza della conservazione dell'acqua e sulle tecniche sostenibili di coltivazione. Questi sforzi educativi possono ispirare un cambiamento positivo nelle pratiche agricole locali e promuovere una maggiore consapevolezza ambientale all'interno delle comunità.

In conclusione, una gestione efficace e sostenibile dell'acqua nell'idroponica richiede un approccio olistico che integra avanzamenti tecnologici, pratiche di riciclo e riutilizzo, strategie di conservazione e un forte impegno verso l'educazione e la sostenibilità ambientale. Attraverso queste pratiche, l'idroponica non solo può offrire un metodo di coltivazione efficiente e produttivo ma può anche contribuire significativamente alla sostenibilità delle risorse idriche a livello globale, affrontando alcune delle sfide ambientali più urgenti del nostro tempo.

Ottimizzazione del Consumo Idrico con Modelli Predittivi

L'implementazione di modelli predittivi avanzati può portare a una gestione idrica ancora più efficiente nell'idroponica. Utilizzando dati storici e algoritmi di apprendimento automatico, è possibile prevedere con maggiore precisione le esigenze idriche specifiche delle piante in vari stadi di crescita e condizioni ambientali. Questo approccio permette di ottimizzare il timing e la quantità di irrigazione, riducendo gli sprechi d'acqua e assicurando che le piante ricevano l'idratazione di cui hanno bisogno per prosperare, minimizzando al contempo l'impatto ambientale.

Integrazione di Pratiche di Permacultura

L'integrazione di principi di permacultura nei sistemi idroponici può offrire nuove prospettive per la gestione sostenibile dell'acqua. La permacultura, con il suo focus sulla creazione di sistemi agricoli sostenibili e autosufficienti, può ispirare pratiche di riciclo e riutilizzo dell'acqua che mimano i cicli naturali. Ad esempio, la raccolta dell'acqua piovana e il suo utilizzo nei sistemi idroponici non solo riducono la dipendenza dall'acqua potabile ma anche rafforzano la resilienza del sistema agli shock idrici esterni.

Sfruttamento delle Microbiote Acquatiche

La ricerca sul ruolo delle microbiote acquatiche nella promozione della salute delle piante e nell'ottimizzazione dell'uso dell'acqua apre nuove

frontiere nella gestione idrica idroponica.
L'introduzione controllata di specifici microbi benefici
nei sistemi idroponici può aiutare a migliorare
l'assorbimento dei nutrienti da parte delle piante,
ridurre la necessità di input chimici e potenzialmente
migliorare la qualità dell'acqua attraverso processi
naturali di purificazione. Questo approccio biologico
potrebbe portare a sistemi idroponici più resilienti e
autosufficienti.

Analisi del Risparmio Idrico e Impatto Economico

Condurre analisi dettagliate del risparmio idrico e del
suo impatto economico può fornire incentivi ulteriori
per l'adozione di pratiche di gestione idrica sostenibile
nell'idroponica. Valutare i costi associati al consumo
idrico, insieme ai benefici economici derivanti dal
risparmio d'acqua e dalla riduzione degli sprechi, può
aiutare a quantificare il valore delle innovazioni in
questo campo. Queste analisi possono supportare la
decisione degli investimenti in tecnologie e pratiche
sostenibili, evidenziando il ritorno economico oltre a
quello ambientale.

Promozione di Normative e Politiche di Supporto

L'elaborazione e la promozione di normative e
politiche di supporto possono accelerare l'adozione di
pratiche di gestione idrica efficiente e sostenibile in
ambito idroponico. Collaborare con enti governativi,
organizzazioni ambientali e gruppi di interesse per

sviluppare linee guida, incentivi fiscali e sostegni finanziari per l'adozione di tecnologie idroponiche rispettose delle risorse idriche può motivare sia i coltivatori esistenti sia quelli potenziali ad adottare pratiche più sostenibili. Questo quadro normativo e di supporto può facilitare una transizione più ampia verso metodi di coltivazione che siano non solo produttivi ma anche armoniosi con l'ambiente.

In sintesi, la gestione dell'acqua nell'idroponica rappresenta un complesso equilibrio tra il soddisfacimento delle esigenze delle piante, l'ottimizzazione delle risorse e la minimizzazione dell'impato ambientale. Attraverso l'innovazione continua, l'integrazione di conoscenze multidisciplinari e il sostegno di politiche favorevoli, è possibile avanzare verso sistemi idroponici che incarnano i principi della sostenibilità, contribuendo significativamente agli sforzi globali di conservazione dell'acqua e alla costruzione di un futuro agricolo più resiliente e sostenibile.

Approfondimento nell'Utilizzo di Tecnologie Emergenti

L'esplorazione e l'implementazione di tecnologie emergenti rappresentano un campo in rapida espansione che promette di rivoluzionare ulteriormente la gestione dell'acqua nell'idroponica. Dall'intelligenza artificiale che predice i bisogni idrici delle piante in tempo reale alla robotica che automatizza il dosaggio e la distribuzione dell'acqua, queste innovazioni possono non solo migliorare l'efficienza idrica ma anche ridurre il lavoro manuale necessario alla manutenzione dei sistemi idroponici. L'integrazione di queste tecnologie richiede un impegno verso la ricerca e lo sviluppo, così come investimenti iniziali, ma il potenziale per miglioramenti significativi nella sostenibilità e nella produttività è immenso.

Valorizzazione dell'Acqua come Risorsa Condivisa

Nel contesto della gestione idrica nell'idroponica, c'è una crescente consapevolezza dell'importanza di trattare l'acqua non solo come una risorsa agricola ma come un bene comune essenziale per la vita. Questa prospettiva incoraggia pratiche che vanno oltre la conservazione individuale, promuovendo iniziative comunitarie per la gestione sostenibile dell'acqua. Ad esempio, la creazione di sistemi idroponici comunitari che utilizzano e riciclano l'acqua collettivamente può servire non solo a produrre cibo ma anche a educare e coinvolgere le comunità locali nell'importanza della conservazione dell'acqua.

Sviluppo di Cultivar Resistenti alla Siccità

Parallelamente alla gestione ottimale dell'acqua, la ricerca genetica e la selezione delle piante giocano un ruolo fondamentale. Sviluppare e utilizzare cultivar resistenti alla siccità o a basso fabbisogno idrico può ridurre notevolmente il consumo di acqua nei sistemi idroponici. Questo approccio, che richiede una profonda conoscenza botanica e investimenti nella ricerca genetica, può portare alla coltivazione di piante che non solo sopravvivono ma prosperano con meno acqua, contribuendo alla resilienza globale dei sistemi alimentari di fronte ai cambiamenti climatici.

Impatto dell'Educazione Sostenibile

L'educazione gioca un ruolo cruciale nell'incoraggiare pratiche di gestione idrica sostenibile. Programmi educativi focalizzati sull'idroponica e sulla conservazione dell'acqua possono ispirare le future generazioni di agricoltori, scienziati e cittadini consapevoli a adottare e sviluppare pratiche che rispettino le risorse naturali. Attraverso workshop, corsi online, progetti scolastici e altre iniziative educative, è possibile diffondere conoscenze e abilità essenziali che contribuiranno alla costruzione di una società più sostenibile.

Collaborazioni Multidisciplinari per la Sostenibilità

La collaborazione tra discipline diverse è fondamentale per affrontare le sfide associate alla gestione dell'acqua nell'idroponica. L'unione di competenze in campo agronomico, ecologico, ingegneristico e sociale può portare a soluzioni innovative che considerino tutti gli aspetti della sostenibilità. Attraverso partenariati tra università, industrie, governi e organizzazioni non governative, è possibile creare una rete di conoscenza e supporto che accelera il progresso verso pratiche di gestione dell'acqua efficienti e rispettose dell'ambiente.

In sintesi, la continua esplorazione e innovazione nella gestione dell'acqua nell'idroponica si rivela un pilastro fondamentale per l'avanzamento di un'agricoltura sostenibile e resiliente. Affrontando questa sfida con un approccio olistico, che integra tecnologia avanzata, consapevolezza ambientale, ricerca genetica e impegno educativo, possiamo lavorare insieme per garantire che l'acqua – una delle nostre risorse più preziose – sia utilizzata in modo saggio, preservata per le generazioni future e gestita come una risorsa condivisa vitale per la nostra comunità globale.

Espansione della Consapevolezza Ecologica

La crescente consapevolezza ecologica incentiva i coltivatori idroponici a considerare l'intero ecosistema del loro sistema di coltivazione. L'integrazione di pratiche che non solo mirano alla conservazione dell'acqua ma anche alla protezione della biodiversità locale, alla conservazione dei suoli e alla riduzione dell'inquinamento, contribuisce a un approccio più olistico e sostenibile all'agricoltura. Promuovere la biodiversità all'interno e attorno ai sistemi idroponici, ad esempio, attraverso la creazione di spazi verdi che attraggano impollinatori e altri organismi utili, può migliorare la salute dell'ecosistema e la resilienza delle colture.

Adozione di Normative Ambientali

L'elaborazione e l'adozione di normative ambientali specifiche per la gestione dell'acqua nell'idroponica possono fornire un quadro chiaro e sostenibile per i coltivatori. Queste normative possono includere linee guida sull'uso efficiente dell'acqua, sul trattamento e riciclo delle acque di scarto, e sul controllo dell'inquinamento. Incoraggiare pratiche che vanno oltre il mero rispetto delle normative, verso un impegno attivo nella conservazione delle risorse idriche, può stimolare l'innovazione e la responsabilità ambientale all'interno della comunità idroponica.

Tecniche Avanzate di Analisi dell'Acqua

L'impiego di tecniche avanzate di analisi dell'acqua, che consentono di monitorare non solo la presenza di nutrienti ma anche di contaminanti potenziali, sostanze tossiche e patogeni, è fondamentale per garantire la sicurezza e la sostenibilità dei sistemi idroponici. Questi strumenti analitici, combinati con tecnologie di purificazione e trattamento all'avanguardia, possono aiutare a mantenere una qualità dell'acqua ottimale, riducendo i rischi per le piante e per l'ambiente.

Promozione di Modelli di Consumo Sostenibile

Incoraggiare e sostenere modelli di consumo sostenibile tra i consumatori è essenziale per aumentare la domanda di prodotti coltivati in sistemi idroponici sostenibili. Campagne informative che evidenziano i benefici ambientali della produzione idroponica, come la riduzione dell'uso dell'acqua e l'assenza di pesticidi chimici, possono motivare i consumatori a scegliere questi prodotti. Questo, a sua volta, può stimolare ulteriori investimenti in pratiche di coltivazione ecocompatibili e rafforzare il mercato per l'agricoltura sostenibile.

Sviluppo di Comunità Resilienti

Il ruolo della gestione dell'acqua nell'idroponica nella costruzione di comunità resilienti non può essere sottolineato abbastanza. Sviluppando sistemi idroponici che utilizzano l'acqua in modo efficiente e sostenibile, le comunità possono diventare più autosufficienti e meno vulnerabili a shock esterni, come siccità o interruzioni della catena di approvvigionamento. Inoltre, i sistemi idroponici possono essere utilizzati come strumenti educativi per insegnare ai membri della comunità l'importanza della conservazione dell'acqua e delle pratiche agricole sostenibili, rafforzando il legame tra le persone e il loro ambiente.

Innovazione Continua e Collaborazione Globale

Infine, il percorso verso una gestione ottimale dell'acqua nell'idroponica richiede un impegno continuo verso l'innovazione, la ricerca e la collaborazione a livello globale. Condividere conoscenze, esperienze e risorse tra coltivatori, ricercatori e policy maker da diverse parti del mondo può accelerare lo sviluppo di soluzioni sostenibili e adattabili a vari contesti ambientali e sociali. Lavorando insieme, possiamo superare le sfide attuali e future nella gestione dell'acqua, promuovendo sistemi di coltivazione che siano non solo produttivi ed efficienti dal punto di vista delle risorse ma anche in armonia con l'ambiente e benefici per le comunità a livello globale.

In sintesi, una gestione sostenibile e responsabile dell'acqua nell'idroponica rappresenta un complesso intreccio di innovazione tecnologica, consapevolezza ecologica, e cooperazione comunitaria. Questo approccio non solo mira a ottimizzare l'uso dell'acqua e garantire la sicurezza alimentare ma anche a promuovere pratiche che rispettino e proteggano le risorse naturali, contribuendo allo sviluppo di sistemi alimentari resilienti e sostenibili.

La chiave per il progresso in questo campo è l'adozione di un approccio multidisciplinare che integri le ultime innovazioni tecnologiche con una profonda comprensione delle dinamiche ecologiche e sociali. L'impiego di strumenti analitici avanzati, lo sviluppo di cultivar resilienti, l'introduzione di normative ambientali supportive, e l'attivazione di iniziative di sensibilizzazione e educazione possono accelerare la transizione verso pratiche di gestione idrica più efficienti e sostenibili nell'idroponica.

Inoltre, la promozione di una cultura di consumo consapevole e sostenibile è fondamentale per creare una domanda di mercato che supporti e valorizzi i sistemi di coltivazione idroponica responsabili. La collaborazione globale e il condividere le conoscenze e le migliori pratiche tra diversi attori e regioni sono essenziali per affrontare le sfide comuni e realizzare il potenziale dell'idroponica come strumento per la sostenibilità ambientale e la resilienza comunitaria.

Infine, l'innovazione continua, guidata da una ricerca impegnata e da una forte volontà di collaborazione, resterà il motore principale del miglioramento nella gestione dell'acqua nell'idroponica. Attraverso l'impegno collettivo e la ricerca di soluzioni innovative, possiamo aspirare a costruire un futuro in cui l'agricoltura idroponica non solo soddisfi le esigenze alimentari della popolazione globale ma lo faccia in modo che nutra non solo il corpo ma anche l'ambiente e le comunità in cui viviamo. Questo futuro, sostenuto da un uso saggio e rispettoso delle nostre preziose risorse idriche, è un obiettivo che possiamo raggiungere insieme, impegnandoci in una gestione dell'acqua nell'idroponica che sia veramente sostenibile, efficace e inclusiva.

10. Controllo del pH e della conducibilità elettrica (EC): Istruzioni su come monitorare e regolare i livelli di pH e EC per la salute delle piante.

Il controllo del pH e della conducibilità elettrica (EC) nel sistema idroponico è vitale per garantire l'ottimale assorbimento dei nutrienti e, di conseguenza, la salute e la produttività delle piante. Il pH misura l'acidità o l'alcalinità della soluzione nutritiva, mentre l'EC misura la quantità di sali disciolti in essa, indicando indirettamente la concentrazione dei nutrienti. Ecco come monitorare e regolare questi parametri cruciali:

Monitoraggio del pH

1. **Frequenza del Controllo:** Il pH della soluzione nutritiva dovrebbe essere controllato regolarmente, almeno una volta al giorno, poiché piccole fluttuazioni possono avere un impatto significativo sull'assorbimento dei nutrienti.

2. **Intervallo Ottimale:** La maggior parte delle piante idroponiche cresce meglio in una soluzione con pH tra 5.5 e 6.5. Questo intervallo permette un ottimale assorbimento di tutti i nutrienti essenziali.

3. **Strumenti di Misura:** Utilizza un pHmetro digitale per una misurazione accurata. Assicurati che lo strumento sia calibrato correttamente secondo le istruzioni del fabbricante.

4. **Regolazione del pH:** Se il pH è troppo alto (alcalino) o troppo basso (acido), può essere

regolato aggiungendo soluzioni apposite per aumentare o diminuire il pH. Aggiungi le soluzioni regolatrici gradualmente e misura frequentemente fino a raggiungere il livello desiderato.

Monitoraggio della Conducibilità Elettrica (EC)

1. **Frequenza del Controllo:** L'EC dovrebbe essere monitorata regolarmente, idealmente ogni giorno insieme al pH, per garantire che la concentrazione di nutrienti rimanga ottimale per la crescita delle piante.

2. **Livelli Ottimali:** I livelli ottimali di EC variano a seconda del tipo di pianta e della fase di crescita. Generalmente, un EC tra 1.2 e 2.0 mS/cm è adatto per la maggior parte delle piante idroponiche, ma è importante consultare guide specifiche per ogni tipo di coltura.

3. **Strumenti di Misura:** Un conduttimetro o EC metro digitale può essere utilizzato per misurare l'EC della soluzione nutritiva. Come per il pHmetro, assicurati che il dispositivo sia calibrato correttamente.

4. **Regolazione dell'EC:** Se l'EC è troppo alta, indica una concentrazione eccessiva di nutrienti, che può essere dannosa per le piante. In questo caso, aggiungere acqua pura per diluire la soluzione. Se l'EC è troppo bassa, indica una

carenza di nutrienti, e può essere necessario aggiungere una soluzione nutritiva concentrata.

Considerazioni Aggiuntive

- **Acqua di Partenza:** La qualità dell'acqua utilizzata per preparare la soluzione nutritiva influisce sia sul pH sia sull'EC. Acqua troppo dura o troppo morbida può richiedere aggiustamenti prima dell'uso.

- **Effetti Reciproci:** La regolazione del pH può influenzare l'EC e viceversa. Dopo aver regolato uno dei due parametri, controlla nuovamente entrambi per assicurarti che rimangano entro gli intervalli desiderati.

- **Registrazione dei Dati:** Tenere un registro dei valori di pH e EC nel tempo può aiutare a identificare tendenze o problemi ricorrenti, facilitando l'ottimizzazione del sistema idroponico.

Implementando una routine di monitoraggio e regolazione accurata del pH e dell'EC, i coltivatori idroponici possono massimizzare la salute e la produttività delle loro piante, assicurando che ricevano esattamente ciò di cui hanno bisogno per crescere forti e sane. Questa pratica, unita a una gestione attenta degli altri aspetti del sistema idroponico, costituisce la base per un'agricoltura sostenibile e ad alta resa.

Implementazione di Sistemi di Controllo Automatici

Per ottimizzare ulteriormente la gestione del pH e dell'EC, i coltivatori possono avvalersi di sistemi di controllo automatici. Questi sistemi utilizzano sensori per monitorare continuamente i livelli di pH e EC, regolandoli automaticamente tramite l'aggiunta di soluzioni regolatrici o di acqua pura. L'automazione riduce il carico di lavoro manuale e minimizza il rischio di fluttuazioni estreme, mantenendo l'ambiente di crescita delle piante costantemente ottimale.

Sfide Legate alle Fluttuazioni Ambientali

Le condizioni ambientali, come la temperatura e l'umidità, possono influenzare significativamente il pH e l'EC della soluzione nutritiva. Per esempio, temperature elevate possono aumentare i tassi di evaporazione, concentrando i nutrienti e alzando l'EC. È importante monitorare l'ambiente di coltivazione e apportare regolazioni alla soluzione nutritiva in risposta a cambiamenti significativi delle condizioni ambientali.

Utilizzo di Buffer per Stabilizzare il pH

L'aggiunta di sostanze tampone alla soluzione nutritiva può aiutare a stabilizzare il pH, riducendo la necessità di interventi frequenti. Questi composti chimici resistono ai cambiamenti di pH aggiungendo o assorbendo ioni idrogeno secondo necessità. L'uso di buffer è particolarmente utile in sistemi idroponici di grandi dimensioni o in quelli soggetti a rapide fluttuazioni di pH.

Considerazioni sulla Composizione della Soluzione Nutritiva

La composizione della soluzione nutritiva stessa può influenzare la facilità con cui pH ed EC possono essere controllati. Soluzioni nutritive bilanciate, progettate per mantenere stabilità di pH e concentrazioni nutrienti ottimali, possono facilitare la gestione del sistema. Alcuni nutrienti hanno effetti tampone sul pH, mentre altri possono contribuire a variazioni dell'EC; conoscere queste interazioni è fondamentale per un'efficace gestione della soluzione nutritiva.

Integrazione di Pratiche di Monitoraggio Preventivo

Oltre al monitoraggio regolare, l'integrazione di pratiche preventive può ridurre la frequenza e l'entità delle regolazioni necessarie. Questo include la sterilizzazione degli strumenti di misurazione e dei sistemi di irrigazione per prevenire l'introduzione di patogeni che potrebbero alterare la composizione della soluzione nutritiva. La prevenzione attraverso la manutenzione può contribuire significativamente alla stabilità a lungo termine del pH e dell'EC.

Formazione e Supporto per Coltivatori

Fornire formazione e risorse di supporto ai coltivatori idroponici, specialmente a quelli meno esperti, è essenziale per assicurare una gestione efficace del pH e dell'EC. Workshop, guide online, e consulenze personalizzate possono aiutare a diffondere conoscenze fondamentali e migliori pratiche, consentendo ai coltivatori di affrontare con maggiore sicurezza le sfide legate alla nutrizione delle piante in ambiente idroponico.

Collaborazioni per l'Innovazione

Infine, le collaborazioni tra istituzioni di ricerca, aziende del settore e coltivatori possono accelerare l'innovazione nel controllo del pH e dell'EC. Queste partnership possono portare allo sviluppo di nuove tecnologie, soluzioni regolatrici più efficaci e strategie di gestione avanzate, contribuendo a migliorare continuamente le pratiche idroponiche a beneficio dell'intero settore.

Attraverso l'implementazione di queste strategie avanzate e l'adozione di un approccio proattivo alla gestione del pH e dell'EC, i coltivatori idroponici possono non solo ottimizzare la salute e la produttività delle loro piante ma anche contribuire allo sviluppo sostenibile dell'agricoltura idroponica, affrontando efficacemente le sfide presenti e future in questo ambito dinamico.

Implementazione di Tecnologie IoT per il Monitoraggio in Tempo Reale

L'adozione di tecnologie basate sull'Internet delle Cose (IoT) sta rivoluzionando il monitoraggio del pH e dell'EC, consentendo ai coltivatori di ottenere dati in tempo reale e di intervenire prontamente per regolare la soluzione nutritiva. Sensori IoT possono trasmettere continuamente informazioni a un'applicazione o un dashboard, offrendo una panoramica dettagliata delle condizioni attuali della soluzione e facilitando una gestione precisa e tempestiva.

Approfondimento nelle Relazioni Nutrienti-pH

La relazione tra il pH della soluzione nutritiva e l'assorbimento dei nutrienti da parte delle piante è complessa e varia in base ai diversi elementi. Ad esempio, un pH troppo basso o troppo alto può limitare la disponibilità di certi nutrienti essenziali, causando carenze anche in presenza di concentrazioni adeguate nella soluzione. Comprendere queste dinamiche è fondamentale per ottimizzare la nutrizione delle piante e prevenire problemi di crescita legati a squilibri nel pH.

Gestione Integrata dei Dati

La raccolta e l'analisi integrata dei dati relativi al pH, all'EC e ad altri parametri cruciali del sistema idroponico, come la temperatura e l'umidità, possono fornire insight preziosi per una gestione olistica dell'ambiente di coltivazione. L'uso di software avanzati di analisi dei dati e piattaforme di gestione agricola può aiutare i coltivatori a identificare pattern, prevedere esigenze future delle piante e ottimizzare le strategie di irrigazione e nutrizione.

Miglioramento Continuo tramite Feedback Biologico

Oltre ai dati fisico-chimici, l'incorporazione di feedback biologico, come la risposta delle piante a variazioni nel pH e nell'EC, può guidare il miglioramento continuo delle pratiche di gestione. Tecniche di imaging avanzato e analisi della crescita delle piante possono indicare la salute e il benessere delle colture, fornendo un ulteriore strato di informazioni per affinare le condizioni della soluzione nutritiva.

Sostenibilità e Riduzione dell'Impatto Ambientale

Nel contesto della sostenibilità globale, la gestione responsabile del pH e dell'EC va di pari passo con la riduzione dell'impatto ambientale della coltivazione idroponica. L'ottimizzazione dell'uso dei nutrienti e la minimizzazione degli scarichi possono contribuire significativamente a limitare l'eutrofizzazione e la contaminazione delle risorse idriche locali. Adottare un approccio etico e sostenibile nella gestione delle soluzioni nutritive è fondamentale per promuovere un'agricoltura idroponica rispettosa dell'ambiente.

Coinvolgimento della Comunità e Condivisione delle Conoscenze

Infine, il coinvolgimento attivo della comunità idroponica e la condivisione delle conoscenze e delle migliori pratiche possono accelerare l'adozione di metodi efficaci per il controllo del pH e dell'EC. Forum online, workshop, conferenze e pubblicazioni scientifiche sono solo alcune delle piattaforme attraverso cui coltivatori, ricercatori e appassionati possono scambiarsi informazioni, risolvere problemi comuni e innovare insieme.

In conclusione, la gestione avanzata del pH e dell'EC in idroponica rappresenta un pilastro fondamentale per il successo della coltivazione, richiedendo un approccio olistico che integri innovazione tecnologica, comprensione scientifica e responsabilità ambientale. Attraverso l'implementazione di strategie sofisticate, il monitoraggio preciso e la collaborazione comunitaria, è possibile non solo ottimizzare la salute delle piante e la produttività dei raccolti ma anche contribuire positivamente alla sostenibilità dell'agricoltura idroponica nel contesto più ampio degli ecosistemi e della società.

Ricerca e Sviluppo di Nuovi Additivi per la Regolazione del pH

La ricerca continua nello sviluppo di nuovi additivi per la regolazione del pH potrebbe offrire ai coltivatori idroponici soluzioni più efficaci e meno invasive per mantenere l'equilibrio acido-base ideale.
L'esplorazione di composti organici naturali o di nuove formulazioni chimiche progettate per reagire in modo più stabile e prevedibile all'interno della soluzione nutritiva potrebbe ridurre la frequenza degli aggiustamenti necessari e minimizzare lo stress delle piante legato a fluttuazioni brusche del pH.

Tecnologie Portatili per il Monitoraggio in Loco

L'avvento di dispositivi portatili per il monitoraggio del pH e dell'EC consente ai coltivatori di effettuare misurazioni precise direttamente in loco, senza la necessità di inviare campioni a laboratori esterni. Questi dispositivi, spesso collegabili a smartphone o tablet tramite app dedicate, possono fornire analisi immediate, facilitando una gestione reattiva e informata delle soluzioni nutritive. L'accessibilità e la facilità d'uso di queste tecnologie portatili le rendono strumenti preziosi per coltivatori di ogni livello.

Approcci Olistici alla Salute delle Piante

Oltre al monitoraggio del pH e dell'EC, adottare un approccio olistico alla salute delle piante che consideri tutti gli aspetti dell'ambiente di coltivazione, dalla qualità dell'aria alla luce, può migliorare significativamente l'efficacia della gestione idroponica. Integrare la regolazione del pH e dell'EC con pratiche di controllo dell'ambiente che assicurino condizioni ottimali per la fotosintesi, la respirazione e la traspirazione delle piante porta a un sistema di coltivazione più resiliente e produttivo.

Strategie di Adattamento al Cambiamento Climatico

Con l'intensificarsi degli impatti del cambiamento climatico, sviluppare strategie di adattamento per la gestione del pH e dell'EC che tengano conto di condizioni ambientali in evoluzione diventa cruciale.

Questo può includere l'adattamento dei sistemi idroponici a temperature esterne più variabili, l'uso di soluzioni nutritive formulate per resistere a condizioni di stress idrico o termico e la selezione di varietà di piante più tolleranti a variazioni del pH e dell'EC.

Collaborazione Internazionale per la Condivisione delle Risorse

La collaborazione internazionale tra istituzioni di ricerca, aziende agricole e comunità di coltivatori potrebbe accelerare il progresso nella gestione ottimale del pH e dell'EC. Creare una rete globale di condivisione delle conoscenze e delle risorse, inclusi dati di ricerca, innovazioni tecnologiche e best practice, potrebbe aiutare a superare sfide comuni e promuovere l'adozione di pratiche sostenibili su scala mondiale.

Sviluppo di Protocolli Personalizzati per Diverse Colture

Riconoscendo che diverse piante hanno esigenze uniche in termini di pH e EC, lo sviluppo di protocolli personalizzati per specifiche colture può ottimizzare ulteriormente la salute delle piante e la produttività dei raccolti. La raccolta di dati dettagliati su come varie specie rispondono a fluttuazioni del pH e dell'EC può guidare la creazione di guide di gestione tailor-made che considerino le specificità biologiche di ciascuna pianta.

Promozione della Resilienza attraverso la Diversità

Infine, incoraggiare la diversità all'interno dei sistemi idroponici, sia in termini di varietà di piante coltivate sia nella scelta di metodi di gestione del pH e dell'EC, può contribuire a costruire sistemi più resilienti e adattabili. La diversificazione delle strategie di gestione aiuta a mitigare i rischi associati a possibili fallimenti di un singolo approccio e supporta una maggiore stabilità dell'ecosistema di coltivazione nel suo complesso.

Questi sviluppi e approcci rappresentano solo una parte del panorama in evoluzione della gestione del pH e dell'EC in idroponica, sottolineando l'importanza di un impegno continuo verso l'innovazione, la sostenibilità e l'adattabilità. Attraverso queste pratiche avanzate e la ricerca di soluzioni sempre più efficaci ed efficienti, i coltivatori possono non solo assicurare la salute ottimale delle loro piante ma anche contribuire positivamente alla sostenibilità ambientale e alla resilienza dei sistemi alimentari globali.

Integrazione di Soluzioni Basate su IA per la Predizione e la Prevenzione

L'intelligenza artificiale (IA) e il machine learning offrono opportunità senza precedenti per migliorare il monitoraggio e la regolazione del pH e dell'EC. Attraverso l'analisi dei dati raccolti da sensori nel sistema idroponico, algoritmi di IA possono predire le tendenze future e fornire raccomandazioni preventive per evitare squilibri prima che influenzino negativamente le piante. Questa anticipazione permette interventi mirati e tempestivi, riducendo la necessità di correzioni drastiche che potrebbero stressare le piante.

Sviluppo di Biomarcatori per il Monitoraggio della Salute delle Piante

La ricerca sui biomarcatori nelle piante apre nuove strade per il monitoraggio diretto della risposta delle piante agli ambienti di coltivazione, inclusi i livelli di pH e EC. Identificare segnali biologici specifici che indicano stress o ottimale assorbimento dei nutrienti potrebbe consentire un approccio più sofisticato alla regolazione della soluzione nutritiva, basato direttamente sul benessere delle piante piuttosto che su misurazioni ambientali indirette.

Approcci Eco-compatibili per la Modificazione del pH e dell'EC

Mentre la regolazione del pH e dell'EC è spesso ottenuta attraverso l'aggiunta di soluzioni chimiche, esiste un crescente interesse per metodi più eco-compatibili. Questo include l'utilizzo di composti organici naturali o di processi biologici che possono modulare il pH e l'EC senza l'aggiunta di sostanze potenzialmente nocive. Ad esempio, alcune pratiche sperimentali esplorano l'uso di microbi benefici che, attraverso i loro processi metabolici, possono influenzare positivamente l'equilibrio della soluzione nutritiva.

Ottimizzazione dell'Uso dell'Acqua attraverso la Gestione del pH e dell'EC

La gestione efficace del pH e dell'EC non solo assicura l'ottimale assorbimento dei nutrienti ma può anche contribuire all'efficienza idrica. Mantenendo i livelli ideali, si riduce la necessità di risciacqui frequenti del sistema, che spesso richiedono grandi quantità d'acqua. Inoltre, una migliore salute delle piante conduce a un uso più efficiente dell'acqua assorbita, ottimizzando il consumo idrico complessivo del sistema idroponico.

Collaborazioni Trasversali per Innovazioni Sostenibili

Le collaborazioni tra università, industrie e organizzazioni agricole giocano un ruolo chiave nello sviluppo di nuove tecnologie e metodi per il monitoraggio e la regolazione del pH e dell'EC. Queste partnership possono accelerare la ricerca applicata e la commercializzazione di soluzioni innovative, promuovendo pratiche di coltivazione più sostenibili e efficaci. Attraverso il lavoro congiunto, è possibile sfruttare una vasta gamma di competenze e risorse per affrontare le sfide comuni e migliorare la resilienza e la produttività dei sistemi idroponici.

Formazione Continua e Aggiornamento delle Competenze

Per mantenere il passo con le innovazioni nel campo della gestione del pH e dell'EC, è essenziale che i coltivatori idroponici partecipino a programmi di formazione continua e aggiornino regolarmente le loro competenze. Workshop, corsi online, webinar e altre risorse educative possono fornire informazioni aggiornate sulle migliori pratiche, nuove ricerche e tecnologie emergenti. Questo impegno nell'apprendimento continuo assicura che i coltivatori siano ben equipaggiati per gestire i loro sistemi idroponici in modo efficace, ottimizzando la salute delle piante e la produttività delle colture.

Attraverso l'adozione di queste strategie avanzate, il settore dell'idroponica può continuare a evolversi, adattandosi alle nuove scoperte scientifiche e alle esigenze ambientali. Il monitoraggio e la regolazione proattivi del pH e dell'EC, supportati da tecnologie innovative e pratiche sostenibili, non solo migliorano la qualità e la quantità dei raccolti ma contribuiscono anche alla creazione di sistemi alimentari resilienti e responsabili.

Potenziamento della Diagnostica Predittiva

L'evoluzione della diagnostica predittiva nel contesto dell'idroponica può rivoluzionare ulteriormente come i coltivatori monitorano e regolano il pH e l'EC. Utilizzando modelli basati su dati storici e attuali, gli strumenti predittivi possono anticipare le esigenze di regolazione prima che i livelli diventino sub-ottimali, consentendo interventi mirati che mantengono costantemente l'ambiente di coltivazione entro i parametri desiderati. Questo non solo migliora la salute e il rendimento delle piante ma ottimizza anche l'uso delle risorse, riducendo gli sprechi di acqua e nutrienti.

Sviluppo di Substrati Innovativi

La ricerca su substrati innovativi che possono influenzare o moderare il pH e l'EC apre nuove possibilità per la gestione passiva di questi parametri critici. Sviluppare substrati che reagiscono ai cambiamenti nella soluzione nutritiva, ad esempio, rilasciando ioni tampone o legando selettivamente alcuni nutrienti, potrebbe aiutare a stabilizzare il pH e l'EC senza interventi esterni continui. Questi substrati avanzati offrirebbero ai coltivatori un ulteriore strato di controllo, riducendo la necessità di monitoraggio e regolazione costanti.

Integrazione di Sistemi di Feedback Ambientale

L'integrazione di sistemi di feedback ambientale che considerano variabili come la temperatura, l'umidità e la concentrazione di CO_2, oltre al pH e all'EC, può fornire un quadro più completo delle condizioni di coltivazione. Questi sistemi complessi permetterebbero di adattare dinamicamente la soluzione nutritiva non solo in base alla composizione chimica ma anche in risposta alle condizioni ambientali, ottimizzando ulteriormente l'assorbimento dei nutrienti e la crescita delle piante.

Utilizzo di Dati Satellitari e Geospaziali

Per le operazioni di coltivazione idroponica su larga scala, l'utilizzo di dati satellitari e geospaziali per monitorare le condizioni ambientali potrebbe offrire vantaggi significativi nella gestione del pH e dell'EC. Questi dati possono fornire informazioni preziose su fattori esterni che potrebbero influenzare l'equilibrio della soluzione nutritiva, come variazioni stagionali nel clima o nell'approvvigionamento idrico, consentendo ai coltivatori di anticipare e rispondere proattivamente a potenziali sfide.

Coinvolgimento e Supporto da Parte delle Istituzioni Governative

Il coinvolgimento attivo e il supporto delle istituzioni governative possono svolgere un ruolo cruciale nell'accelerare l'adozione di pratiche avanzate di monitoraggio e regolazione del pH e dell'EC. Fornendo incentivi finanziari, risorse per la ricerca e lo sviluppo, e facilitando l'accesso a tecnologie innovative, i governi possono incoraggiare i coltivatori idroponici a implementare soluzioni sostenibili che migliorino la produttività e riducano l'impatto ambientale.

Promozione della Consapevolezza Pubblica e del Consumo Responsabile

Infine, aumentare la consapevolezza pubblica sull'importanza della sostenibilità nell'idroponica, inclusa la gestione responsabile del pH e dell'EC, è fondamentale per costruire una domanda di mercato per prodotti coltivati in modo etico e ambientalmente sostenibile. Campagne di sensibilizzazione, etichettatura dei prodotti e iniziative educative possono aiutare a informare i consumatori sui benefici dell'idroponica sostenibile, incentivando scelte di consumo che supportano pratiche di coltivazione responsabili.

Attraverso queste iniziative continue, l'interazione tra tecnologia avanzata, ricerca innovativa, politiche di supporto e consapevolezza pubblica crea un ecosistema dinamico che favorisce un approccio olistico e sostenibile alla gestione del pH e dell'EC in idroponica. Questo impegno collettivo non solo garantisce la salute ottimale delle piante e la massimizzazione dei raccolti ma contribuisce anche agli sforzi più ampi di promuovere pratiche agricole che siano in armonia con l'ambiente e supportino il benessere delle comunità globali.

Approcci Personalizzati Basati su Intelligenza Artificiale

L'adozione di sistemi basati sull'intelligenza artificiale (IA) che possono imparare dalle specificità di ogni pianta o coltura offre una strada promettente per personalizzare ulteriormente la gestione del pH e dell'EC. Questi sistemi di IA possono analizzare grandi quantità di dati provenienti da sensori in tempo reale, identificando pattern specifici e adattando i protocolli di nutrizione a esigenze individuali, migliorando così la salute complessiva della pianta e l'efficienza nella gestione delle risorse.

Rafforzamento della Resilienza Climatica attraverso la Gestione Adattiva

Nel contesto del cambiamento climatico, la capacità di adattare rapidamente la gestione del pH e dell'EC a condizioni esterne in cambiamento diventa essenziale per rafforzare la resilienza delle colture idroponiche. Sviluppare strategie di gestione adattiva che tengano conto di previsioni climatiche a breve e lungo termine può aiutare i coltivatori a prevenire stress delle piante dovuto a variazioni ambientali impreviste, garantendo una produzione costante nonostante l'instabilità climatica.

Innovazioni nei Materiali per una Regolazione Naturale

La ricerca sui materiali innovativi che possono assorbire o rilasciare ioni in risposta a variazioni specifiche nel pH o nell'EC potrebbe offrire nuove soluzioni per una regolazione più naturale e meno invasiva di questi parametri. Questi materiali, una volta integrati nei sistemi idroponici, potrebbero agire come regolatori automatici, mantenendo l'equilibrio desiderato senza la necessità di continui interventi manuali, riducendo così il carico di lavoro per i coltivatori e migliorando la sostenibilità dei sistemi.

Creazione di Comunità di Pratica per la Condivisione della Conoscenza

L'istituzione di comunità di pratica tra coltivatori idroponici, ricercatori e professionisti del settore può facilitare la condivisione di conoscenze, esperienze e innovazioni nella gestione del pH e dell'EC. Queste comunità, supportate da piattaforme online e incontri regolari, possono diventare incubatrici di idee innovative, promuovendo un apprendimento collettivo e accelerando l'adozione di pratiche sostenibili su scala più ampia.

Valutazione Ambientale e Sociale Integrata

Incorporare valutazioni ambientali e sociali integrate nei protocolli di gestione del pH e dell'EC consente di comprendere meglio l'impatto delle pratiche idroponiche oltre gli aspetti puramente agronomici. Questo approccio può aiutare a identificare pratiche che non solo massimizzano la salute delle piante e la produttività ma fanno anche avanzare gli obiettivi di sostenibilità ambientale e equità sociale, guidando verso un'agricoltura idroponica che contribuisce positivamente alle comunità e all'ambiente.

Miglioramento Continuo attraverso il Ciclo di Feedback

L'adozione di un approccio di miglioramento continuo, basato su cicli regolari di feedback e revisione, può aiutare i coltivatori a perfezionare costantemente le loro strategie di gestione del pH e dell'EC.

Implementando sistemi di monitoraggio che forniscono dati in tempo reale e utilizzando questi dati per informare le decisioni operative, i coltivatori possono creare un processo dinamico di apprendimento e adattamento che risponde in modo flessibile alle esigenze delle piante e alle condizioni ambientali.

Attraverso l'esplorazione di questi approcci avanzati e la continua ricerca di soluzioni innovative, la gestione del pH e dell'EC in idroponica si evolve verso sistemi sempre più precisi, efficienti e sostenibili. Questo impegno verso l'innovazione e la sostenibilità non solo garantisce il benessere delle piante e l'ottimizzazione della produzione ma contribuisce anche agli sforzi globali per un futuro agricolo più resiliente, responsabile e in armonia con l'ambiente naturale.

Sviluppo di Sensori di Nuova Generazione per il Monitoraggio Ambientale

L'avanzamento tecnologico nel campo dei sensori ambientali promette di migliorare notevolmente la precisione del monitoraggio del pH e dell'EC, integrando la capacità di rilevare in tempo reale altri fattori critici che influenzano la salute delle piante, come i livelli di ossigeno disciolto, la presenza di specifici nutrienti e i potenziali patogeni nell'acqua. Questi sensori di nuova generazione, più sensibili e capaci di comunicare attraverso reti IoT, potrebbero automatizzare ulteriormente la gestione della soluzione nutritiva, rendendo i sistemi idroponici ancora più efficienti e riducendo la necessità di interventi manuali.

Utilizzo di Database Globali per la Conoscenza Condivisa

La creazione e il mantenimento di database globali che raccolgono dati sulle migliori pratiche di gestione del pH e dell'EC, insieme alle risposte specifiche delle diverse varietà di piante a vari regimi di nutrienti, potrebbero diventare strumenti preziosi per i coltivatori di tutto il mondo. L'accesso a una vasta raccolta di informazioni basate sull'evidenza consentirebbe di confrontare le proprie esperienze con quelle di altri coltivatori, facilitando l'identificazione di strategie ottimali e promuovendo un apprendimento continuo attraverso la condivisione di successi e sfide.

Approfondimenti Biochimici per la Modulazione dei Nutrienti

La biochimica offre approfondimenti preziosi su come i diversi nutrienti vengono assorbiti e utilizzati dalle piante a vari livelli di pH e EC. Approfondire la comprensione delle vie metaboliche e dei meccanismi di trasporto dei nutrienti a livello cellulare potrebbe guidare lo sviluppo di soluzioni nutritive più mirate e efficienti, che massimizzano l'assorbimento dei nutrienti minimizzando gli sprechi e l'impatto ambientale. La ricerca in questo campo potrebbe anche rivelare modi per migliorare la resistenza delle piante allo stress abiotico attraverso l'ajustamento della soluzione nutritiva.

Politiche Pubbliche per il Supporto dell'Idroponica Sostenibile

Le politiche pubbliche possono svolgere un ruolo fondamentale nel supportare lo sviluppo e l'adozione di pratiche sostenibili di gestione del pH e dell'EC nell'idroponica. Incentivi fiscali per l'adozione di tecnologie avanzate di monitoraggio e regolazione, sovvenzioni per la ricerca in agricoltura sostenibile e normative che promuovono l'uso responsabile delle risorse idriche e dei nutrienti sono esempi di come i governi possono incentivare la transizione verso pratiche agricole più sostenibili.

Educazione Ambientale Integrata nei Programmi Scolastici

Incorporare l'educazione ambientale, con un focus sull'agricoltura sostenibile e la gestione responsabile delle risorse, nei programmi scolastici potrebbe preparare le future generazioni a diventare custodi attenti dell'ambiente. Istruire gli studenti sui principi dell'idroponica, inclusa la gestione ottimale del pH e dell'EC, e sulle implicazioni ambientali delle diverse pratiche agricole, potrebbe ispirare un interesse precoce per l'agricoltura sostenibile e l'innovazione tecnologica in questo campo.

Creazione di Piattaforme Interattive per la Simulazione

Lo sviluppo di software e piattaforme interattive che consentono la simulazione di vari scenari di gestione del pH e dell'EC potrebbe fornire ai coltivatori uno strumento potente per prevedere le risposte delle piante a modifiche della soluzione nutritiva prima di implementarle nel mondo reale. Queste simulazioni, basate su modelli matematici complessi e dati empirici, potrebbero aiutare a ottimizzare le strategie di nutrizione delle piante, riducendo il rischio e aumentando l'efficacia della gestione della soluzione nutritiva.

Attraverso l'adozione e l'integrazione di questi approcci avanzati, la gestione del pH e dell'EC in idroponica si muove verso un futuro in cui la precisione, l'efficienza e la sostenibilità vanno di pari passo. Questi sforzi collettivi non solo promettono di migliorare la salute delle piante e la produttività dei raccolti ma rappresentano anche passi importanti verso la realizzazione di sistemi alimentari più resilienti e responsabili, capaci di affrontare le sfide ambientali e sociali del nostro tempo.

In sintesi, l'evoluzione della gestione del pH e della EC in idroponica rappresenta un esempio emblematico di come l'innovazione tecnologica, l'approfondimento scientifico, e l'impegno verso la sostenibilità possono convergere per ottimizzare la produzione agricola in maniera responsabile e attenta all'ambiente. La precisione nel monitoraggio e nella regolazione di questi parametri critici non solo assicura una nutrizione ottimale per le piante, massimizzando la salute delle colture e la resa dei raccolti, ma svolge anche un ruolo fondamentale nel minimizzare l'impronta ecologica dell'agricoltura idroponica.

L'adozione di sensori avanzati e sistemi basati sull'intelligenza artificiale permette un monitoraggio in tempo reale e una regolazione precisa del pH e della EC, riducendo la necessità di interventi manuali e aumentando l'efficienza dell'uso delle risorse. Questi sistemi tecnologici, integrati con un'approfondita comprensione biochimica delle interazioni tra nutrienti e piante, offrono la possibilità di formulare soluzioni nutritive su misura che rispondono esattamente alle esigenze delle colture.

In parallelo, l'importanza della ricerca e dello sviluppo continua a emergere, con studi che esplorano nuovi additivi per la regolazione del pH, substrati innovativi, e strategie adattive che tengono conto dell'impatto del cambiamento climatico sulla gestione delle risorse idriche e nutrienti. Questa ricerca, spesso condotta in collaborazione trasversale tra diversi settori e discipline, sottolinea il valore dell'approccio olistico e della condivisione della conoscenza per affrontare le sfide comuni.

La promozione di politiche pubbliche che sostengono l'idroponica sostenibile e l'integrazione dell'educazione ambientale nei programmi scolastici rappresentano passi essenziali verso la sensibilizzazione e la preparazione delle future generazioni all'importanza di pratiche agricole responsabili. Queste iniziative educative e politiche non solo incoraggiano l'adozione di pratiche sostenibili ma rafforzano anche il legame tra la comunità agricola e il pubblico più ampio, promuovendo un consumo consapevole e sostenibile.

Infine, la creazione di piattaforme interattive e l'utilizzo di dati satellitari e geospaziali per una gestione adattiva evidenziano il potenziale delle tecnologie emergenti per anticipare e rispondere alle sfide ambientali, ottimizzando la gestione del pH e della EC in funzione delle condizioni esterne in continua evoluzione.

Attraverso un impegno continuo verso l'innovazione, la collaborazione, e la sostenibilità, la gestione del pH e della EC in idroponica si proietta verso un futuro in cui l'agricoltura idroponica non solo soddisfa le esigenze alimentari globali ma lo fa in modo che rispetta e preserva l'ambiente naturale, contribuendo alla costruzione di un sistema alimentare globale resiliente, equo e sostenibile.

11. Manutenzione del sistema idroponico: Suggerimenti su come mantenere il sistema pulito e funzionante senza problemi.

Mantenere un sistema idroponico pulito e funzionante è essenziale per garantire una crescita ottimale delle piante e prevenire problemi come malattie, infestazioni e malfunzionamenti dell'equipaggiamento. Ecco alcuni suggerimenti chiave per una manutenzione efficace:

Pulizia Regolare

- **Programmare pulizie regolari:** Stabilire un calendario per pulire a fondo tutto il sistema, inclusi i serbatoi di nutrienti, le tubature, i diffusori d'aria e i supporti delle piante. La frequenza può variare a seconda del tipo di sistema, ma una pulizia approfondita ogni pochi mesi è consigliata.

- **Utilizzare soluzioni di pulizia adatte:** Per la maggior parte delle parti del sistema, l'acqua calda e un detergente delicato, o soluzioni specifiche per l'idroponica, sono sufficienti. Assicurati di risciacquare bene per rimuovere eventuali residui di detergente.

Controllo e Sostituzione dei Componenti

- **Verifica regolarmente le pompe e i filtri:** Assicurati che le pompe funzionino correttamente e che i filtri non siano ostruiti. Una manutenzione preventiva può prevenire guasti che potrebbero interrompere il flusso di acqua e nutrienti alle piante.

- **Sostituire parti usurate:** Componenti come tubi, gocciolatori e spugne possono usurarsi o danneggiarsi nel tempo. Controllali regolarmente e sostituiscili all'occorrenza per mantenere il sistema efficiente.

Monitoraggio della Salute delle Piante

- **Osservare le piante per segni di stress o malattia:** La prevenzione è fondamentale per evitare la diffusione di patogeni nel sistema. Rimuovi prontamente le piante malate o infette per proteggere le altre.

- **Bilancia regolarmente la soluzione nutritiva:** Assicurati che il pH e l'EC della soluzione siano nei range ottimali per le tue piante, regolando secondo necessità.

Prevenzione delle Alghe

- **Limitare l'esposizione alla luce dei serbatoi e delle tubature:** Le alghe prosperano alla luce. Utilizzare serbatoi opachi e coprire le tubature può prevenire la loro crescita.

- **Mantenere puliti i serbatoi:** Pulire regolarmente i serbatoi e aggiungere, se necessario, prodotti specifici che inibiscono la crescita delle alghe senza danneggiare le piante.

Gestione delle Risorse Idriche

- **Monitorare i livelli dell'acqua:** Assicurati che ci sia sempre una quantità adeguata di soluzione nutritiva nel sistema, aggiungendo acqua per compensare l'evaporazione e l'assorbimento delle piante.

- **Riciclare l'acqua quando possibile:** Se il tuo sistema lo consente, considera il riciclo dell'acqua

di drenaggio per ridurre gli sprechi e sostenere
pratiche di coltivazione più sostenibili.

Ispezione e Pulizia dei Supporti delle Piante

- **Pulire o sostituire i supporti delle piante:**
  Materiali come la lana di roccia o i cubi di cocco
  possono ospitare patogeni se non vengono gestiti
  correttamente. Alcuni possono essere puliti e
  riutilizzati, mentre altri dovrebbero essere
  sostituiti tra un ciclo di coltivazione e l'altro.

Documentazione e Monitoraggio

- **Tieni un registro delle attività di
  manutenzione:** Documentare quando e come
  esegui la manutenzione del sistema può aiutarti a
  ottimizzare il calendario delle pulizie e delle
  sostituzioni, migliorando l'efficienza generale del
  sistema.

Implementando queste pratiche di manutenzione, i
coltivatori possono assicurare che i loro sistemi
idroponici rimangano puliti, efficienti e produttivi. Una
manutenzione regolare non solo contribuisce alla
salute e al benessere delle piante ma può anche
prolungare la vita utile del sistema idroponico,
rendendolo più sostenibile ed economico nel lungo
termine.

Implementazione di Sistemi di Sorveglianza

L'introduzione di sistemi di sorveglianza, come
videocamere collegate a smartphone o computer, può

fornire un controllo in tempo reale del sistema idroponico, anche a distanza. Questo consente di monitorare l'ambiente di coltivazione per segni visibili di problemi, come l'accumulo di residui, la crescita eccessiva di alghe o la presenza di parassiti, facilitando un intervento rapido anche quando non si è fisicamente presenti.

Uso di Agenti di Pulizia Biocompatibili

Nell'ottica di mantenere una pratica di coltivazione il più sostenibile e sicura possibile, l'utilizzo di agenti di pulizia biocompatibili per la manutenzione del sistema idroponico diventa una scelta preferibile. Questi prodotti, meno aggressivi rispetto ai detergenti chimici convenzionali, riducono il rischio di danneggiare le piante o di alterare negativamente l'equilibrio microbico benefico essenziale per la salute delle piante.

Ottimizzazione del Flusso d'Acqua

Regolare e ottimizzare il flusso d'acqua nel sistema idroponico è fondamentale per prevenire zone di stagnazione che possono diventare focolai per lo sviluppo di malattie o la proliferazione di alghe. Assicurarsi che l'acqua circoli efficacemente, raggiungendo tutte le radici delle piante, aiuta a mantenere l'ossigenazione ottimale e a ridurre l'accumulo di sali e altri residui.

Gestione Integrata dei Parassiti

Adottare un approccio di gestione integrata dei parassiti (IPM) aiuta a prevenire infestazioni che possono compromettere la salute del sistema idroponico. Questo approccio include la prevenzione attraverso la progettazione attenta del sistema, il monitoraggio regolare della presenza di parassiti, e l'uso di controlli biologici o metodi fisici per la gestione delle infestazioni, riducendo la necessità di interventi chimici.

Revisione Periodica dei Protocolli di Sicurezza

Una revisione periodica dei protocolli di sicurezza del sistema idroponico assicura che tutte le componenti, dall'impianto elettrico ai sistemi di supporto delle piante, siano in condizioni ottimali e non rappresentino un rischio per la sicurezza dell'operatore o delle piante stesse. Questo include la verifica dell'integrità dei materiali, la funzionalità dei dispositivi di sicurezza e la corretta etichettatura dei prodotti chimici utilizzati.

Sviluppo di un Piano di Risposta alle Emergenze

Avere un piano di risposta alle emergenze, che includa scenari come guasti dell'equipaggiamento, interruzioni di corrente o infestazioni gravi, può minimizzare i tempi di inattività e limitare i danni al sistema idroponico e alle piante. Questo piano dovrebbe dettagliare le azioni da intraprendere in caso di varie emergenze, i contatti di servizi di assistenza tecnica, e le procedure per il ripristino del sistema.

Formazione e Aggiornamento Continui

La formazione continua e l'aggiornamento delle competenze per chi gestisce il sistema idroponico sono essenziali per mantenere il passo con le migliori pratiche, le innovazioni tecnologiche e le tendenze dell'agricoltura idroponica. Partecipare a seminari, workshop e corsi online può fornire informazioni preziose su nuovi metodi di manutenzione, soluzioni sostenibili e tecnologie avanzate.

Incorporando questi approcci avanzati nella routine di manutenzione, i coltivatori idroponici possono non solo assicurare la longevità e l'efficienza del loro sistema ma anche contribuire a un ambiente di coltivazione più sano e produttivo. Attraverso una manutenzione consapevole e proattiva, è possibile affrontare tempestivamente le sfide operative, garantendo la sostenibilità e il successo a lungo termine dei sistemi idroponici.

Integrazione di Strumenti di Diagnostica Avanzata

L'adozione di strumenti diagnostici avanzati può svolgere un ruolo cruciale nel rilevare precocemente problemi che potrebbero richiedere manutenzione. Ad esempio, l'uso della termografia per identificare surriscaldamenti in pompe e altri componenti elettrici, o sensori di umidità per monitorare le condizioni del substrato, possono prevenire guasti e ottimizzare l'irrigazione. Questi strumenti, integrati in un sistema di monitoraggio centralizzato, offrono ai coltivatori la possibilità di intervenire rapidamente prima che i problemi diventino critici.

Implementazione di Protocolli di Sterilizzazione

La sterilizzazione periodica del sistema idroponico, soprattutto nelle parti che entrano in contatto diretto con la soluzione nutritiva e le radici delle piante, è fondamentale per prevenire l'insorgenza di patogeni. L'uso di metodi di sterilizzazione che non lasciano residui tossici, come la luce UV, l'ozono, o soluzioni a base di perossido di idrogeno, può essere particolarmente efficace nel mantenere l'ambiente di coltivazione libero da agenti patogeni senza compromettere la sicurezza delle piante.

Manutenzione Predittiva Basata sui Dati

L'analisi dei dati raccolti dai sensori nel tempo può facilitare lo sviluppo di un approccio di manutenzione predittiva, permettendo ai coltivatori di prevedere quando determinati componenti del sistema potrebbero richiedere attenzione prima che si verifichino effettivi guasti. Questo approccio si basa sulla correlazione tra modelli di dati e la longevità o il ciclo di vita di pompe, filtri, e altri elementi critici, ottimizzando così i tempi di manutenzione e riducendo i periodi di inattività.

Ottimizzazione del Design del Sistema per la Manutenzione

Progettare o aggiornare i sistemi idroponici con un focus sulla facilità di manutenzione può significativamente ridurre il carico di lavoro e migliorare l'efficacia delle operazioni di pulizia e riparazione. Ciò include la creazione di accessi facilitati a serbatoi e sistemi di tubazioni, l'uso di componenti modulari facilmente sostituibili e la scelta di materiali che resistono alla formazione di depositi e alghe.

Collaborazione con Esperti di Manutenzione

Stabilire collaborazioni con esperti di manutenzione specializzati in sistemi idroponici può fornire un supporto prezioso per la diagnosi e la risoluzione di problemi complessi. Questi professionisti possono offrire consulenza su strategie di manutenzione ottimali, assistenza tecnica per la riparazione di componenti avanzati e formazione per il personale interno su procedure di manutenzione specialistiche.

Adozione di Pratiche di Sostenibilità Ambientale

Integrare considerazioni di sostenibilità nelle pratiche di manutenzione, come il riciclo dell'acqua di scarto, l'uso di energie rinnovabili per alimentare il sistema e la scelta di materiali riciclabili o biodegradabili, riflette un impegno verso la riduzione dell'impronta ecologica dell'idroponica. Queste pratiche non solo migliorano l'efficienza del sistema ma contribuiscono anche a promuovere un'agricoltura più verde e responsabile.

Valutazione Continua dell'Impatto sulla Produzione

Monitorare l'impatto delle pratiche di manutenzione sulla produzione e sulla salute delle piante consente ai coltivatori di valutare l'efficacia delle loro strategie. Attraverso l'analisi continua dei rendimenti di coltura e la qualità del prodotto, è possibile apportare aggiustamenti mirati alle pratiche di manutenzione per massimizzare la produttività e garantire la produzione di colture di alta qualità.

Incorporando questi approcci avanzati nella routine di manutenzione, i coltivatori possono navigare le sfide dell'idroponica con maggiore fiducia e competenza, assicurando non solo la longevità e l'efficacia del loro sistema ma anche il sostegno a pratiche agricole che valorizzano la salute delle piante, l'efficienza delle risorse e la responsabilità ambientale. Questo impegno continuo verso l'innovazione e la sostenibilità nel campo dell'idroponica pone le basi per sistemi di coltivazione resilienti, produttivi e armoniosi con il nostro ambiente.

Promozione della Biodiversità all'Interno del Sistema Idroponico

Integrare la biodiversità all'interno dei sistemi idroponici può contribuire a un ambiente di coltivazione più resiliente e autosufficiente. La diversificazione delle specie vegetali non solo migliora la stabilità del sistema ma può anche ridurre la pressione delle malattie e dei parassiti, grazie agli effetti sinergici tra le diverse piante. Inoltre, l'introduzione di organismi benefici, come certi tipi di batteri e funghi che promuovono la salute delle radici e migliorano l'assorbimento dei nutrienti, può ridurre la necessità di interventi chimici per il controllo dei patogeni, favorendo un approccio più naturale alla manutenzione del sistema.

Utilizzo di Materiali Sostenibili per la Costruzione e la Manutenzione

La selezione di materiali sostenibili per la costruzione e la manutenzione del sistema idroponico non solo è importante per ridurre l'impatto ambientale ma anche per garantire la sicurezza e la salubrità delle piante. Materiali riciclati, riciclabili o provenienti da risorse rinnovabili, che non rilasciano sostanze tossiche nel sistema, dovrebbero essere preferiti. Inoltre, l'impiego di tecniche di costruzione che minimizzano gli sprechi e promuovono l'efficienza energetica contribuisce alla creazione di sistemi idroponici più verdi e sostenibili.

Monitoraggio e Ottimizzazione del Consumo Energetico

Data l'importanza dell'energia per il funzionamento dei sistemi idroponici, specialmente per l'illuminazione, la ventilazione e il pompaggio dell'acqua, il monitoraggio e l'ottimizzazione del consumo energetico sono fondamentali. L'adozione di soluzioni energetiche efficienti, come l'illuminazione LED, sistemi di pompaggio a basso consumo e l'uso di energia rinnovabile, può ridurre significativamente l'impronta carbonica del sistema idroponico. Inoltre, l'implementazione di sensori e sistemi automatizzati per la gestione energetica può aiutare a ridurre ulteriormente i consumi, adattando l'uso dell'energia alle effettive esigenze del sistema.

Sviluppo di Protocolli di Risposta Rapida per Emergenze

Elaborare protocolli dettagliati di risposta rapida per gestire tempestivamente emergenze come interruzioni di corrente, guasti dei sistemi di controllo o attacchi di malattie può essere decisivo per minimizzare i danni. Questi protocolli dovrebbero includere procedure chiare, contatti di supporto tecnico e piani per il ripristino rapido del sistema, assicurando così che le piante subiscano il minor stress possibile durante e dopo l'emergenza.

Valorizzazione del Ruolo dell'Acqua di Riciclo

Approfondire le strategie per il riciclo e il riutilizzo dell'acqua all'interno del sistema idroponico non solo è una pratica sostenibile ma può anche migliorare l'efficienza generale del sistema. Il trattamento dell'acqua di riciclo, attraverso metodi fisici, chimici o biologici, per rimuovere patogeni, sali in eccesso e altri contaminanti, permette di ridurre il consumo di acqua fresca e di nutrienti, promuovendo al contempo una coltivazione più rispettosa dell'ambiente.

Implementazione di Sistemi di Feedback Continuo

Infine, l'istituzione di sistemi di feedback continuo tra coltivatori, tecnici, ricercatori e fornitori può creare un ciclo virtuoso di miglioramento e innovazione. Questi feedback, raccolti attraverso piattaforme digitali, incontri di settore o reti professionali, permettono di condividere esperienze, sfide e successi, facilitando l'adattamento e l'ottimizzazione continua delle pratiche di manutenzione. In questo modo, la comunità idroponica può evolversi insieme, affrontando in modo collaborativo le sfide emergenti e sfruttando le nuove opportunità per la sostenibilità e l'efficienza dei sistemi idroponici.

Attraverso l'implementazione di queste strategie avanzate, i coltivatori possono non solo mantenere i loro sistemi idroponici puliti e funzionanti senza problemi ma anche contribuire a un futuro in cui l'agricoltura idroponica è riconosciuta non solo per la sua efficienza produttiva ma anche per il suo impegno verso pratiche ecologicamente sostenibili e responsabili.

Rafforzamento della Formazione e della Certificazione

L'espansione dei programmi di formazione e certificazione specifici per la manutenzione dei sistemi idroponici può giocare un ruolo cruciale nel garantire che i coltivatori abbiano le competenze e le conoscenze necessarie per gestire efficacemente i loro impianti.

Questi programmi dovrebbero coprire una vasta gamma di tematiche, dalla gestione quotidiana del sistema alle tecniche avanzate di risoluzione dei problemi, e dovrebbero essere aggiornati regolarmente per riflettere le migliori pratiche correnti e le innovazioni tecnologiche nel campo.

Utilizzo di Sistemi di Gestione Integrata

Sviluppare e implementare sistemi di gestione integrata che combinino il monitoraggio e la regolazione del clima, dei nutrienti, dell'acqua e della salute delle piante, può offrire ai coltivatori un controllo più completo e automatizzato del loro ambiente di coltivazione. Questi sistemi, spesso basati su piattaforme software che consentono un monitoraggio centralizzato, possono semplificare significativamente la manutenzione quotidiana, riducendo il carico di lavoro e aumentando l'efficienza operativa.

Innovazione nel Riciclaggio dei Materiali di Supporto

L'innovazione nel riciclaggio e nel riutilizzo dei materiali di supporto utilizzati nei sistemi idroponici, come substrati e supporti per piante, può contribuire significativamente alla sostenibilità ambientale. Esplorare materiali biodegradabili o facilmente riciclabili, che possano essere reintegrati nel sistema o nell'ambiente senza impatto negativo, riduce la produzione di rifiuti e promuove un ciclo di vita più sostenibile per i materiali utilizzati.

Approcci Multidisciplinari alla Risoluzione dei Problemi

Incoraggiare un approccio multidisciplinare alla manutenzione dei sistemi idroponici, coinvolgendo esperti di botanica, ingegneria, microbiologia e sostenibilità, può portare a soluzioni innovative e comprehensive ai problemi di manutenzione. Questa collaborazione tra discipline diverse arricchisce la comprensione dei sistemi idroponici e stimola lo sviluppo di metodi di manutenzione che sono sia efficaci che rispettosi dell'ambiente.

Sviluppo di Comunità Online per il Supporto Peer-to-Peer

La creazione e il sostegno di comunità online dedicate alla coltivazione idroponica possono fornire una piattaforma vitale per lo scambio di consigli, esperienze e soluzioni tra coltivatori. Queste comunità, attraverso forum di discussione, blog, e social media, permettono ai membri di cercare supporto peer-to-peer, offrendo una risorsa preziosa per risolvere problemi comuni e condividere innovazioni nel campo della manutenzione idroponica.

Integrazione di Principi di Economia Circolare

L'integrazione di principi di economia circolare nei sistemi idroponici, mirando a ridurre, riutilizzare e riciclare non solo l'acqua e i nutrienti ma anche altri materiali e risorse, enfatizza un approccio olistico alla sostenibilità. Questo approccio incoraggia non solo una manutenzione più efficiente ed ecologica ma promuove anche l'idea di un sistema idroponico che funzioni in armonia con il suo ambiente circostante, minimizzando gli sprechi e valorizzando le risorse al massimo.

Attraverso l'adozione di queste strategie avanzate, la manutenzione dei sistemi idroponici si evolve in una pratica che non solo assicura la longevità e l'efficienza operativa dell'impianto ma si allinea anche con un impegno più ampio verso l'innovazione sostenibile e la responsabilità ambientale. In questo modo, i coltivatori idroponici possono non solo affrontare con successo le sfide pratiche della manutenzione quotidiana ma anche contribuire a modellare un futuro in cui l'agricoltura idroponica sia riconosciuta come un pilastro chiave di un sistema alimentare globale resiliente, produttivo e sostenibile.

In conclusione, la manutenzione efficace di un sistema idroponico trascende la semplice pulizia e riparazione fisica, evolvendosi in un complesso insieme di pratiche che abbracciano l'innovazione tecnologica, la sostenibilità ambientale, la collaborazione multidisciplinare e la responsabilità sociale. Mantenere un sistema idroponico pulito e funzionante senza problemi richiede un approccio olistico che considera ogni aspetto della coltivazione idroponica, dalla selezione dei materiali e dalla gestione delle risorse idriche e nutrienti, fino all'integrazione di tecnologie avanzate per il monitoraggio e la regolazione dell'ambiente di crescita.

L'adozione di sensori avanzati e l'impiego di sistemi basati sull'intelligenza artificiale migliorano notevolmente la capacità dei coltivatori di monitorare in tempo reale le condizioni critiche, permettendo interventi rapidi e mirati che riducono lo stress per le piante e ottimizzano l'uso delle risorse. Parallelamente, la promozione dell'uso di materiali sostenibili, l'implementazione di protocolli di risposta rapida per emergenze e l'ottimizzazione del consumo energetico sono esempi tangibili di come la manutenzione idroponica possa contribuire a un futuro più verde e sostenibile.

La formazione continua e l'aggiornamento delle competenze sono indispensabili in questo contesto in evoluzione, garantendo che i coltivatori siano sempre al passo con le migliori pratiche e le ultime innovazioni. Inoltre, la creazione di comunità online e la collaborazione con esperti di diverse discipline arricchiscono la base di conoscenze disponibili, facilitando la condivisione di esperienze e soluzioni innovative.

Integrare principi di economia circolare e promuovere la biodiversità all'interno dei sistemi idroponici non solo migliora la resilienza e la produttività ma sottolinea anche l'importanza di operare in armonia con l'ambiente naturale. Questo approccio responsabile e sostenibile alla manutenzione idroponica non solo assicura la salute e il benessere delle colture ma contribuisce anche agli sforzi globali per un'agricoltura più sostenibile e un mondo più sano.

Attraverso l'impegno, l'innovazione e la collaborazione, i coltivatori idroponici possono superare le sfide della manutenzione quotidiana, massimizzando l'efficacia e la sostenibilità dei loro sistemi. Questo impegno collettivo verso pratiche di manutenzione migliorate rappresenta un passo fondamentale verso la realizzazione di un sistema alimentare globale che non solo nutre la popolazione in crescita ma lo fa in modo che rispetta e preserva le risorse naturali per le future generazioni.

12. Risolvere i problemi comuni: Affronta problemi comuni nell'idroponica, come alghe, radici marce e carenze di nutrienti, e come risolverli.

I sistemi idroponici, pur offrendo molti vantaggi rispetto alla coltivazione tradizionale in suolo, possono comunque presentare sfide specifiche, tra cui la crescita di alghe, la marciume radicale e le carenze di nutrienti. Ecco come identificare e affrontare questi problemi comuni:

Alghe

Causa: Le alghe si sviluppano tipicamente in ambienti umidi e ricchi di nutrienti, soprattutto se esposti alla luce solare diretta o a luci di coltivazione intense.

Soluzioni:

- **Limitare l'esposizione alla luce**: Coprire i serbatoi di nutrienti e le linee di irrigazione con materiali opachi per prevenire l'esposizione alla luce.

- **Manutenzione regolare**: Pulire regolarmente il sistema per rimuovere eventuali alghe formate e prevenire la loro crescita.

- **Controllo dell'acqua**: Mantenere l'acqua in movimento può aiutare a prevenire la crescita di alghe; considerare l'aggiunta di agenti anti-alghe sicuri per le piante se necessario.

Radici Marce

Causa: La marciume radicale è spesso il risultato di una cattiva ossigenazione dell'acqua, unita alla presenza di funghi patogeni come Pythium.

Soluzioni:

- **Migliorare l'ossigenazione**: Assicurarsi che il sistema fornisca sufficiente ossigeno alle radici, ad esempio utilizzando pietre porose per l'ariazione o sistemi di ricircolo dell'acqua.

- **Sterilizzazione**: Utilizzare soluzioni sterilizzanti o tecniche UV per l'acqua per eliminare i patogeni senza danneggiare le piante.

- **Rimozione delle piante infette**: Rimuovere e distruggere le piante con marciume radicale per prevenire la diffusione della malattia.

Carenze di Nutrienti

Causa: Le carenze di nutrienti possono derivare da una soluzione nutritiva sbilanciata, da un pH inadeguato che impedisce l'assorbimento dei nutrienti o da un sistema di distribuzione dei nutrienti inefficiente.

Soluzioni:

- **Bilanciamento della soluzione nutritiva**: Assicurarsi che la soluzione nutritiva sia completa e bilanciata per le esigenze specifiche delle piante coltivate.

- **Regolazione del pH**: Monitorare e regolare regolarmente il pH della soluzione nutritiva per mantenere un intervallo in cui i nutrienti sono più facilmente assorbibili dalle piante.

- **Diagnosi di carenze**: Imparare a riconoscere i segni di carenze specifiche di nutrienti (es. clorosi, necrosi) per poter aggiustare la composizione della soluzione nutritiva in modo mirato.

Gestione Integrata dei Problemi

Affrontare questi problemi richiede un approccio integrato che include monitoraggio costante, manutenzione regolare e interventi tempestivi. La prevenzione è spesso la chiave per evitare che questi problemi diventino gravi e impattino significativamente sulla produzione. Adottare buone pratiche di gestione idroponica, come mantenere pulito il sistema, utilizzare acqua e nutrienti di alta qualità, e monitorare attentamente le condizioni di crescita, può ridurre notevolmente la probabilità di incontrare questi problemi comuni.

Inoltre, la formazione continua e lo scambio di conoscenze con altri coltivatori attraverso comunità online, workshop e conferenze possono fornire insight preziosi e strategie aggiornate per la risoluzione dei problemi in idroponica. Essere proattivi nel cercare soluzioni innovative e sostenibili consente ai coltivatori di migliorare continuamente le loro pratiche e di navigare con successo le sfide associate alla coltivazione idroponica.

Gestione del Flusso d'Acqua e Prevenzione del Ristagno

Un problema comune in idroponica è il ristagno dell'acqua, che può favorire lo sviluppo di patogeni e la comparsa di radici marce. Un flusso d'acqua ottimale e costante è cruciale per garantire che le radici ricevano un'adeguata ossigenazione.

Soluzioni:

- **Rivisitazione del design del sistema:** Assicurarsi che il design del sistema idroponico promuova un flusso d'acqua continuo, evitando zone in cui l'acqua può ristagnare.

- **Impiego di pompe adatte**: Utilizzare pompe di circolazione dell'acqua di dimensioni adeguate per il sistema, assicurando una distribuzione uniforme della soluzione nutritiva.

Monitoraggio e Bilanciamento dei Micronutrienti

Mentre le carenze di macronutrienti sono spesso evidenti e relativamente facili da correggere, le carenze di micronutrienti possono essere più insidiose ma altrettanto dannose per la salute delle piante.

Soluzioni:

- **Analisi dettagliata della soluzione nutritiva**: Effettuare analisi periodiche della soluzione nutritiva per monitorare i livelli non solo di macronutrienti ma anche di micronutrienti essenziali come ferro, manganese, zinco, rame, molibdeno e boro.

- **Integrazione mirata**: Aggiungere al bisogno integratori specifici per micronutrienti in base ai risultati delle analisi, seguendo le raccomandazioni per evitare tossicità dovute a un eccesso.

Controllo Ecologico dei Parassiti

I parassiti rappresentano una minaccia costante in idroponica, potendo diffondersi rapidamente in assenza di controlli naturali. L'uso di pesticidi chimici può avere effetti collaterali indesiderati, inclusi danni alle piante e impatto sull'ecosistema del sistema idroponico.

Soluzioni:

- **Predatori naturali**: Introdurre nell'ambiente predatori naturali che si nutrono dei parassiti comuni, come acari predatori per il controllo degli acari fitofagi o coccinellidi per gli afidi.

- **Metodi fisici**: Utilizzare trappole adesive, barriere fisiche o cambiamenti nelle condizioni ambientali (es. umidità, temperatura) per limitare la proliferazione dei parassiti senza l'uso di chimici.

Riduzione dello Stress Termico

Le piante in un sistema idroponico possono soffrire di stress termico se le temperature dell'acqua superano o scendono al di sotto dei range ottimali per la crescita. Temperature eccessivamente alte possono ridurre l'ossigeno disciolto nell'acqua, aumentando il rischio di radici marce e malattie.

Soluzioni:

- **Controllo della temperatura**: Monitorare e regolare la temperatura della soluzione nutritiva utilizzando riscaldatori o refrigeratori per mantenere un intervallo di temperatura ideale.

- **Isolamento dei serbatoi**: Utilizzare materiali isolanti per proteggere i serbatoi e le tubature da estremi termici, sia dal caldo che dal freddo.

Implementazione di Protocolli di Igiene

Mantenere elevati standard di igiene nel sistema idroponico è fondamentale per prevenire l'insorgere di malattie e infestazioni. Questo include la sterilizzazione degli attrezzi e delle superfici e l'adozione di buone pratiche di gestione.

Soluzioni:

- **Pulizia regolare**: Disinfettare regolarmente attrezzi, superfici di lavoro e componenti del sistema con soluzioni appropriate che non lasciano residui tossici.

- **Quarantena**: Isolare le nuove piante prima di introdurle nel sistema principale per evitare l'introduzione di malattie o parassiti.

Incorporando queste strategie avanzate e rimanendo vigili sui segni di stress o malattia, i coltivatori idroponici possono affrontare efficacemente i problemi comuni, mantenendo sistemi resilienti e produttivi. La chiave è l'adozione di un approccio proattivo alla gestione del sistema, con una forte enfasi sulla prevenzione, il monitoraggio costante e l'intervento tempestivo, garantendo così la salute delle piante e la sostenibilità a lungo termine del sistema idroponico.

Utilizzo Strategico della Luce per Prevenire la Crescita delle Alghe

Una gestione attenta dell'esposizione alla luce non solo può ottimizzare la fotosintesi, ma anche prevenire efficacemente la crescita indesiderata delle alghe. Questo riguarda particolarmente i serbatoi di soluzione nutritiva e le aree del sistema che possono essere esposte alla luce diretta.

Soluzioni:

- **Schermatura**: Applicare rivestimenti riflettenti o schermanti intorno ai serbatoi e alle tubature per ridurre l'esposizione alla luce.

- **Illuminazione controllata**: Adottare sistemi di illuminazione che massimizzino la luce disponibile per le piante ma minimizzino la dispersione verso le aree dove le alghe potrebbero crescere.

Introduzione di Soluzioni Nutritive Equilibrate per Prevenire Carenze

La formulazione di una soluzione nutritiva equilibrata è fondamentale non solo per prevenire le carenze ma anche per evitare l'accumulo di sali che può derivare da un eccesso di nutrienti, il quale può danneggiare le radici.

Soluzioni:

- **Formulazioni personalizzate**: Sviluppare soluzioni nutritive personalizzate basate su analisi specifiche delle esigenze delle piante coltivate, tenendo conto della loro fase di crescita.

- **Rotazione della soluzione nutritiva**: Cambiare regolarmente la soluzione nutritiva per prevenire l'accumulo di sali e garantire che le piante ricevano un bilanciamento costante di nutrienti.

Implementazione di Misurazioni Precise per il pH e l'EC

L'ottimizzazione del pH e dell'EC è cruciale per facilitare l'assorbimento dei nutrienti. Un controllo preciso di questi parametri può significativamente ridurre il rischio di carenze nutrizionali.

Soluzioni:

- **Tecnologia avanzata**: Utilizzare strumenti digitali di alta precisione per monitorare il pH e l'EC, permettendo regolazioni fini e tempestive.

- **Calibrazione regolare**: Assicurarsi che tutti gli strumenti di misura siano regolarmente calibrati secondo le specifiche del produttore per mantenere l'accuratezza delle letture.

Approcci Olistici alla Gestione delle Malattie

La prevenzione e il controllo delle malattie in un sistema idroponico richiedono un approccio olistico che consideri tutte le variabili ambientali e di gestione che possono influenzare la salute delle piante.

Soluzioni:

- **Integrazione di pratiche agricole biologiche**: Utilizzare estratti di piante o microbi benefici per rafforzare la resistenza delle piante alle malattie.

- **Ambiente controllato**: Ottimizzare le condizioni ambientali, come la temperatura e l'umidità, per sostenere la salute delle piante e rendere l'ambiente meno ospitale per i patogeni.

Educazione Continua e Collaborazione Comunitaria

Il successo nella risoluzione dei problemi comuni in idroponica si basa in gran parte sulla capacità di rimanere informati sulle ultime ricerche, sulle innovazioni tecnologiche e sulle migliori pratiche condivise all'interno della comunità di coltivatori.

Soluzioni:

- **Partecipazione a forum e workshop**: Impegnarsi attivamente in comunità online e offline per scambiare conoscenze e esperienze.

- **Collaborazione con istituti di ricerca**: Partecipare a studi o progetti congiunti con università o centri di ricerca agricola per sfruttare le ultime scoperte scientifiche applicate all'idroponica.

L'implementazione continua di queste pratiche avanzate nel contesto di una gestione olistica e proattiva del sistema idroponico non solo affronta efficacemente i problemi comuni ma pone anche le basi per un approccio sostenibile e ad alta resa alla coltivazione idroponica. Questo approccio integrato, che abbraccia sia l'innovazione tecnologica sia i principi di sostenibilità ambientale e collaborazione comunitaria, assicura che i coltivatori possano superare le sfide operative mantenendo al contempo un impegno verso pratiche di coltivazione rispettose dell'ambiente e benefiche per la società.

Valorizzazione delle Soluzioni Eco-compatibili per il Controllo dei Parassiti

L'adozione di metodi di controllo dei parassiti che siano sia efficaci che rispettosi dell'ambiente è cruciale nell'idroponica. L'uso di pesticidi chimici può essere ridotto o eliminato attraverso l'impiego di soluzioni eco-compatibili.

Soluzioni:

- **Estratti naturali e oli essenziali**: Sperimentare con estratti di piante e oli essenziali che hanno proprietà repellenti o insetticide contro specifici parassiti, offrendo un'alternativa naturale ai pesticidi sintetici.

- **Insetti utili**: Favorire o introdurre consapevolmente insetti utili che agiscono come predatori naturali dei parassiti comuni in idroponica. Questo metodo di controllo biologico contribuisce all'equilibrio ecologico del sistema.

Monitoraggio Ambientale Avanzato per la Prevenzione delle Malattie

La prevenzione delle malattie inizia con un monitoraggio attento e continuo dell'ambiente di coltivazione. I sistemi di monitoraggio avanzato possono aiutare a identificare precocemente le condizioni che potrebbero favorire lo sviluppo di malattie.

Soluzioni:

- **Sensori ambientali**: Installare sensori per il monitoraggio di temperatura, umidità, e livelli di CO_2, permettendo agli operatori di adeguare rapidamente le condizioni ambientali per evitare stress alle piante che potrebbero renderle più suscettibili alle malattie.

- **Software di gestione dati**: Utilizzare software che analizzi i dati raccolti dai sensori per prevedere tendenze e fornire allarmi precoci quando le condizioni ambientali si discostano dai parametri ottimali.

Implementazione di Sistemi di Filtrazione dell'Acqua

Data l'importanza dell'acqua nei sistemi idroponici, la sua qualità può avere un impatto significativo sulla salute delle piante. Sistemi di filtrazione efficaci possono rimuovere impurità, patogeni e sali in eccesso, prevenendo problemi di radici marce e carenze di nutrienti.

Soluzioni:

- **Filtrazione UV e a osmosi inversa**: Implementare sistemi di filtrazione che utilizzino la luce UV o l'osmosi inversa per sterilizzare l'acqua senza l'uso di sostanze chimiche, mantenendo un ambiente di coltivazione pulito e sicuro.

Adozione di Pratiche di Riduzione dello Stress Fisico e Chimico

Minimizzare lo stress fisico e chimico sulle piante attraverso pratiche di gestione attente può prevenire molti problemi comuni in idroponica, come il sovraccarico di nutrienti o le lesioni fisiche che possono esporre le piante a malattie.

Soluzioni:

- **Regimi di nutrizione bilanciati**: Assicurarsi che la soluzione nutritiva sia bilanciata non solo in termini di NPK ma anche di micronutrienti, evitando fluttuazioni estreme che potrebbero stressare le piante.

- **Manipolazione delicata**: Adottare tecniche di manipolazione e potatura che riducano al minimo il danno fisico alle piante e alle radici, riducendo la vulnerabilità a infezioni e parassiti.

Promozione dell'Educazione Continua e della Formazione Specializzata

L'istruzione e la formazione continua sono essenziali per permettere ai coltivatori di rimanere aggiornati sulle ultime scoperte scientifiche, sulle innovazioni tecnologiche e sulle migliori pratiche nel campo dell'idroponica.

Soluzioni:

- **Accesso a risorse educative**: Creare opportunità di apprendimento attraverso webinar, corsi online, workshop e conferenze che coprano argomenti avanzati nella gestione idroponica, compresa la risoluzione dei problemi comuni.

- **Certificazioni professionali**: Incoraggiare i coltivatori a ottenere certificazioni professionali in idroponica che validino le loro competenze e conoscenze, elevando lo standard di qualità e sicurezza nell'industria idroponica.

Adottando questi approcci innovativi e sostenibili, i coltivatori idroponici possono affrontare in modo efficace i problemi comuni, migliorando la resilienza e la produttività dei loro sistemi. Questo non solo beneficia la salute e il benessere delle piante ma promuove anche pratiche di coltivazione che sono in armonia con l'ambiente, sostenendo gli sforzi verso un'agricoltura più sostenibile e responsabile a livello globale.

Integrare la Robotica e l'Automazione per la Manutenzione Preventiva

L'uso della robotica e dell'automazione nei sistemi idroponici rappresenta un'avanzata frontiera tecnologica che può rivoluzionare la manutenzione preventiva. I robot possono eseguire compiti ripetitivi con alta precisione, come la rimozione delle alghe, il controllo delle radici per segni di marciume o la distribuzione equilibrata dei nutrienti, riducendo il carico di lavoro manuale e aumentando l'efficienza del sistema.

Soluzioni:

- **Automazione del monitoraggio**: Impiegare sistemi automatizzati per il monitoraggio continuo di pH, EC, e altri parametri vitali, consentendo aggiustamenti in tempo reale per mantenere condizioni ottimali di crescita.

- **Robot per la potatura e la raccolta**: Sviluppare o adottare soluzioni robotiche per la potatura delle piante o la raccolta dei frutti, minimizzando lo stress fisico sulle piante e riducendo il rischio di trasmissione di malattie.

Sostenere la Ricerca per lo Sviluppo di Varietà Resistenti

La ricerca genetica e la biotecnologia offrono opportunità significative per lo sviluppo di varietà di piante specificamente adattate o resistenti ai problemi comuni in idroponica, come la resistenza al marciume radicale o la tolleranza agli sbalzi di pH.

Soluzioni:

- **Collaborazioni tra istituti di ricerca e coltivatori**: Promuovere partnership tra università, centri di ricerca e agricoltori per sviluppare e testare nuove varietà di piante con caratteristiche migliorate.

- **Partecipazione a programmi di breeding**: Incentivare la partecipazione dei coltivatori a programmi di selezione genetica e breeding per identificare e propagare varietà performanti in ambienti idroponici.

Migliorare la Qualità dell'Acqua attraverso Soluzioni Innovative

Data l'importanza cruciale dell'acqua nella coltivazione idroponica, investire in soluzioni innovative per migliorare la sua qualità può avere un impatto significativo sulla prevenzione di problemi come radici marce e carenze di nutrienti.

Soluzioni:

- **Tecnologie di purificazione all'avanguardia**: Esplorare l'uso di nuove tecnologie di purificazione, come i sistemi avanzati di osmosi inversa o la filtrazione a nanotubi di carbonio, per eliminare contaminanti e patogeni.

- **Riciclo dell'acqua con trattamenti biologici**: Implementare sistemi di riciclo che utilizzano trattamenti biologici, come i biofiltri o i letti di fitodepurazione, per purificare l'acqua di riuso in modo sostenibile.

Creazione di un Ambiente di Crescita Olistico

Considerare l'ambiente di crescita in termini olistici, comprendendo non solo gli aspetti fisici come l'acqua e i nutrienti, ma anche il benessere generale delle piante, può offrire nuove prospettive nella prevenzione dei problemi.

Soluzioni:

- **Design del sistema basato sul benessere delle piante**: Ottimizzare il design del sistema idroponico per promuovere non solo l'efficienza ma anche il benessere delle piante, ad esempio attraverso la creazione di microambienti che imitano le condizioni naturali ottimali.

- **Applicazione di principi di agroecologia**: Integrare principi di agroecologia e permacultura, come la biodiversità e le interazioni simbiotiche tra piante e microorganismi, per costruire sistemi idroponici più resilienti e autosufficienti.

Attraverso l'applicazione di queste soluzioni innovative e la continua esplorazione di nuove strategie, i coltivatori idroponici possono affrontare con successo i problemi comuni, garantendo sistemi di coltivazione resilienti, produttivi e sostenibili. L'adozione di un approccio olistico e multidisciplinare, che tenga conto della salute delle piante, dell'efficienza delle risorse e dell'impatto ambientale, segna la strada verso un futuro in cui l'idroponica gioca un ruolo centrale nell'agricoltura sostenibile e nella sicurezza alimentare globale.

Adozione di Pratiche di Agricoltura Precisa

L'agricoltura precisa, che sfrutta dati e tecnologie avanzate per ottimizzare il benessere delle piante e l'efficienza della risorsa, può essere estremamente utile nella gestione di un sistema idroponico. Monitorare con precisione le condizioni di crescita consente interventi mirati che possono prevenire problemi prima che insorgano.

Soluzioni:

- **Sensoristica avanzata**: Utilizzare sensori IoT per monitorare in tempo reale variabili come umidità, temperatura, concentrazione di nutrienti e pH, consentendo una gestione precisa dell'ambiente di crescita.

- **Analisi dei dati e modellazione predittiva**: Applicare algoritmi di machine learning ai dati raccolti per identificare pattern e prevedere le esigenze delle piante, ottimizzando le risorse e prevenendo lo stress delle piante.

Valorizzazione dell'Equilibrio Microbico

L'equilibrio microbico nel sistema idroponico gioca un ruolo cruciale nel sostenere la salute delle piante e prevenire le malattie. Un sistema idroponico sano dovrebbe ospitare una comunità microbica equilibrata che può contribuire all'assorbimento dei nutrienti e alla protezione contro i patogeni.

Soluzioni:

- **Introduzione controllata di microbi benefici**: Utilizzare inoculi di microrganismi benefici, come batteri promotori della crescita delle piante e funghi micorrizici, per rafforzare la salute delle radici e migliorare la nutrizione delle piante.

- **Gestione dell'igiene e della disinfezione**: Implementare pratiche di igiene che mantengano l'equilibrio microbico desiderato, evitando la sterilizzazione eccessiva che può danneggiare le comunità microbiche utili.

Miglioramento del Benessere delle Piante tramite Illuminazione Ottimizzata

L'illuminazione gioca un ruolo chiave nella fotobiologia delle piante e nel loro ciclo di crescita. L'uso ottimizzato dell'illuminazione può migliorare significativamente la salute delle piante, riducendo il rischio di malattie e migliorando la resa.

Soluzioni:

- **Sistemi di illuminazione dinamici:** Implementare sistemi di illuminazione LED che possano essere adattati per imitare i cicli naturali di luce e oscurità e per fornire spettri luminosi specifici che promuovono la crescita ottimale delle piante.

- **Analisi della risposta delle piante:** Monitorare la risposta delle piante a vari regimi di illuminazione per identificare le condizioni ottimali che riducono lo stress e promuovono una crescita vigorosa.

Ricerca Continua e Sviluppo di Nuovi Substrati

Il substrato utilizzato in idroponica può avere un impatto significativo sulla salute delle radici e sulla prevenzione delle malattie. La ricerca volta allo sviluppo di nuovi substrati che promuovano un'adeguata aerazione, drenaggio e supporto nutrizionale può contribuire a ridurre problemi comuni come il marciume radicale.

Soluzioni:

- **Materiali innovativi**: Esplorare l'uso di nuovi materiali per substrati che offrano un equilibrio ideale tra ritenzione idrica e drenaggio, supportando al contempo l'attività microbica benefica.

- **Substrati riutilizzabili e sostenibili**: Sviluppare substrati che possano essere facilmente rigenerati o riutilizzati per più cicli di coltivazione, riducendo i rifiuti e supportando pratiche di coltivazione sostenibile.

Attraverso queste strategie avanzate e un impegno continuo verso l'innovazione e la sostenibilità, i coltivatori idroponici possono affrontare efficacemente i problemi comuni, migliorando la resilienza e la produttività dei loro sistemi. L'adozione di un approccio proattivo, che enfatizza la prevenzione, il monitoraggio costante, e l'ottimizzazione basata sui dati, non solo garantisce la salute delle piante ma promuove anche una coltivazione idroponica responsabile e rispettosa dell'ambiente.

Approfondimento nell'Analisi del Ciclo di Vita dei Nutrienti

Un'analisi approfondita e continua del ciclo di vita dei nutrienti all'interno del sistema idroponico può rivelare intuizioni preziose per prevenire carenze o eccessi. Comprendere come i nutrienti vengono assorbiti, utilizzati e riciclati dalle piante aiuta a ottimizzare la formulazione e il dosaggio della soluzione nutritiva.

Soluzioni:

- **Bilanciamento dinamico dei nutrienti**: Adattare la composizione della soluzione nutritiva in base alle fasi di crescita specifiche delle piante, garantendo che tutti i nutrienti siano disponibili nelle proporzioni appropriate quando necessario.

- **Monitoraggio dei livelli residui**: Analizzare regolarmente i livelli di nutrienti residui nel sistema per regolare l'apporto nutritivo e prevenire l'accumulo di sali nocivi.

Sviluppo di Strumenti Diagnostici per la Salute delle Piante

L'avanzamento tecnologico nello sviluppo di strumenti diagnostici portatili o integrati può fornire ai coltivatori la capacità di rilevare precocemente i segnali di stress o malattia nelle piante. Questi strumenti possono variare da sensori che misurano indicatori fisiologici delle piante a software di analisi delle immagini che identificano visivamente i problemi.

Soluzioni:

- **Tecnologie wearable per piante**: Sperimentare con dispositivi indossabili per piante che monitorano parametri vitali come tasso di traspirazione, fotosintesi e segnali di stress idrico.

- **Analisi delle immagini e IA**: Utilizzare sistemi di visione artificiale abbinati a algoritmi di intelligenza artificiale per diagnosticare precocemente carenze di nutrienti, malattie o infestazioni di parassiti attraverso l'analisi visiva delle condizioni delle piante.

Miglioramento delle Strategie di Aerazione

Una corretta aerazione della soluzione nutritiva è fondamentale per prevenire la marciume radicale e promuovere un'efficace assorbimento dei nutrienti. Esplorare nuove tecnologie e strategie per migliorare l'ossigenazione dell'acqua può avere un impatto significativo sulla salute generale delle piante.

Soluzioni:

- **Sistemi di aerazione avanzati**: Implementare sistemi di ossigenazione innovativi, come l'aerazione a microbolle o l'ossigenazione super saturata, per aumentare l'efficienza dell'ossigenazione senza aumentare il rischio di erosione delle radici o altri danni fisici.

- **Design ottimizzato del flusso d'acqua**: Progettare percorsi di flusso d'acqua che massimizzino il movimento e la turbolenza naturale, promuovendo una migliore distribuzione dell'ossigeno senza l'uso eccessivo di pompe o aeratori.

Incoraggiamento della Resilienza delle Piante tramite Simulazione di Stress Controllato

La simulazione controllata di stress abiotico, come variazioni moderate nella temperatura o nella disponibilità idrica, può indurre nelle piante una maggiore resilienza a stress futuri. Questa pratica, conosciuta come "hardening", deve essere applicata con cautela per evitare danni alle piante.

Soluzioni:

- **Programmi di hardening graduale**: Introdurre gradualmente le piante a condizioni di stress leggero per aumentare la loro tolleranza a fattori di stress simili in futuro, migliorando la robustezza generale della pianta.

- **Monitoraggio attento delle risposte delle piante**: Utilizzare sensori e strumenti diagnostici per monitorare la risposta delle piante allo stress indotto, assicurando che non superi la soglia di danno fisiologico.

Implementando queste metodologie avanzate e mantenendo un approccio proattivo e informato alla gestione dei sistemi idroponici, i coltivatori possono affrontare con successo i problemi comuni, migliorando la sostenibilità e la produttività delle loro colture. L'innovazione continua, unita a una solida comprensione delle dinamiche di crescita delle piante e dell'ecosistema idroponico, pone le basi per sistemi di coltivazione resiliente che non solo superano le sfide attuali ma sono anche preparati per le incertezze future.

In conclusione, affrontare i problemi comuni nell'idroponica richiede un'approccio olistico e innovativo che si estende ben oltre le soluzioni convenzionali. L'efficace gestione delle alghe, del marciume radicale, delle carenze di nutrienti e di altri problemi comuni dipende da una combinazione di prevenzione attenta, monitoraggio tecnologico avanzato e interventi tempestivi. Le soluzioni spaziano dall'ottimizzazione dell'uso della luce per prevenire la crescita delle alghe, all'introduzione di microbi benefici per promuovere un ambiente radicale sano, fino all'impiego di tecnologie di aerazione all'avanguardia per assicurare l'ossigenazione ottimale della soluzione nutritiva.

L'adozione di strumenti diagnostici avanzati, che consentono la rilevazione precoce di stress o malattie nelle piante, insieme all'applicazione di strategie di aerazione innovative e all'incoraggiamento della resilienza delle piante attraverso simulazioni di stress controllato, rappresentano solo alcune delle metodologie che possono trasformare la gestione dei sistemi idroponici. Inoltre, il bilanciamento dinamico dei nutrienti, basato su un'analisi approfondita del ciclo di vita dei nutrienti e supportato da tecnologie di monitoraggio preciso come sensori IoT e software di analisi dei dati, può ridurre significativamente il rischio di carenze o eccessi nutrizionali.

La collaborazione tra coltivatori, ricercatori e tecnologi gioca un ruolo cruciale nello sviluppo e nell'implementazione di queste soluzioni. La condivisione delle conoscenze e delle esperienze attraverso piattaforme comunitarie e professionali arricchisce ulteriormente il campo dell'idroponica, promuovendo pratiche di coltivazione innovative e sostenibili. Questo impegno collettivo verso la ricerca continua e l'adozione di pratiche migliorate è fondamentale per superare le sfide presenti e future, garantendo la resilienza e la sostenibilità dei sistemi idroponici.

In ultima analisi, un sistema idroponico ben gestito, che integra soluzioni innovative e sostenibili, non solo affronta efficacemente i problemi comuni ma contribuisce anche agli sforzi globali per un'agricoltura più efficiente e rispettosa dell'ambiente. Questo approccio proattivo e informato pone le basi per un futuro in cui l'idroponica può continuare a offrire soluzioni vitali per la sicurezza alimentare e la sostenibilità ambientale, beneficiando le generazioni attuali e future.

13. Automazione nel sistema idroponico: Introduzione a come l'automazione può semplificare la coltivazione idroponica, dagli irrigatori temporizzati ai sistemi di controllo del clima.

L'automazione rappresenta una rivoluzione nella coltivazione idroponica, trasformando sistemi che richiedono intensiva manodopera in operazioni efficienti, precise e, soprattutto, scalabili. Dall'irrigazione temporizzata ai sofisticati sistemi di controllo del clima, l'automazione apre nuove frontiere per ottimizzare la crescita delle piante, ridurre il consumo di risorse e migliorare la sostenibilità complessiva dei sistemi idroponici.

Irrigatori Temporizzati

Uno degli aspetti fondamentali dell'automazione in idroponica è l'uso di irrigatori temporizzati. Questi dispositivi permettono di fornire acqua e nutrienti alle piante in intervalli precisi e dosati, eliminando le congetture e riducendo il rischio di sovra o sottonutrizione. La programmazione può essere adattata alle specifiche esigenze delle diverse fasi di crescita delle piante, garantendo che ricevano esattamente ciò di cui hanno bisogno, quando ne hanno bisogno.

Sistemi di Controllo del Clima

L'automazione estende le sue capacità anche al controllo del clima all'interno delle strutture idroponiche. Sistemi automatizzati possono regolare temperatura, umidità, livelli di CO_2 e illuminazione basandosi su parametri preimpostati che riflettono le condizioni ideali per la crescita delle piante. Questi sistemi possono anche adattarsi a variazioni esterne, come cambiamenti climatici stagionali, per mantenere un ambiente di crescita ottimale tutto l'anno.

Monitoraggio e Regolazione dei Nutrienti

La gestione della soluzione nutritiva è un altro ambito in cui l'automazione ha un impatto significativo. Sensori avanzati possono monitorare in tempo reale il pH e la concentrazione di nutrienti nella soluzione, attivando automaticamente l'aggiunta di regolatori di pH o soluzioni nutritive concentrate per mantenere l'equilibrio desiderato. Questo sistema non solo assicura la disponibilità continua di nutrienti essenziali ma anche riduce il rischio di squilibri che possono compromettere la salute delle piante.

Automazione dell'Illuminazione

L'automazione dell'illuminazione permette di simulare i cicli naturali di luce e oscurità e di fornire spettri luminosi specifici per promuovere la crescita ottimale delle piante. L'uso di luci LED controllate da timer o sistemi intelligenti può migliorare significativamente l'efficienza energetica e ridurre i costi operativi, consentendo allo stesso tempo di adattare l'intensità e la durata dell'illuminazione alle esigenze specifiche del raccolto.

Sistemi di Monitoraggio Remoto

Infine, l'automazione in idroponica è strettamente legata all'evoluzione dei sistemi di monitoraggio remoto. Questi sistemi consentono ai coltivatori di tenere sotto controllo le condizioni del loro sistema idroponico da qualsiasi luogo, attraverso smartphone o computer. Gli allarmi in tempo reale possono avvisare i coltivatori di eventuali anomalie, permettendo un intervento rapido anche a distanza.

In conclusione, l'automazione nel sistema idroponico semplifica la coltivazione eliminando molti dei compiti ripetitivi e del lavoro manuale, permettendo ai coltivatori di concentrarsi sulla strategia e sull'ottimizzazione del raccolto. Attraverso l'uso di tecnologie avanzate, l'automazione promette non solo di migliorare l'efficienza e la produttività ma anche di spianare la strada verso pratiche di coltivazione più sostenibili e rispettose dell'ambiente.

Integrazione di Sistemi di Intelligenza Artificiale

L'integrazione di sistemi basati sull'intelligenza artificiale (IA) nella gestione dei sistemi idroponici porta l'automazione a un livello superiore. Queste tecnologie non solo automatizzano compiti, ma apprendono dai dati raccolti, ottimizzando continuamente i processi basati su pattern di crescita delle piante, consumo di nutrienti e altri fattori ambientali critici.

Soluzioni:

- **Predizione e adattamento**: L'IA può prevedere le esigenze delle piante basandosi su dati storici e attuali, adattando automaticamente la fornitura di nutrienti, l'irrigazione e le condizioni di luce per massimizzare l'efficienza e la produzione.

- **Diagnosi precoce di stress e malattie**: Sistemi avanzati di visione artificiale e di analisi dei dati possono rilevare precocemente segni di stress nelle piante o l'insorgenza di malattie, consentendo interventi rapidi prima che i problemi si diffondano o diventino gravi.

Automazione Basata su Cloud e IoT

L'adozione di tecnologie basate su cloud e IoT (Internet of Things) facilita una gestione centralizzata e remota dei sistemi idroponici, offrendo ai coltivatori la possibilità di monitorare e controllare i loro impianti da qualsiasi luogo. Questo approccio all'automazione migliora l'accessibilità e la reattività del sistema di coltivazione.

Soluzioni:

- **Dashboard di gestione centralizzata**: Piattaforme basate su cloud consentono la visualizzazione in tempo reale dei dati di monitoraggio, l'accesso a report analitici e la gestione delle impostazioni di automazione da remoto.

- **Aggiornamenti e controllo in tempo reale**: Attraverso dispositivi IoT, è possibile effettuare aggiustamenti immediati ai parametri di coltivazione, rispondendo rapidamente a cambiamenti nelle condizioni ambientali o nelle esigenze delle piante.

Sviluppo di Sistemi di Irrigazione Intelligente

L'evoluzione dei sistemi di irrigazione verso soluzioni più intelligenti e reattive rappresenta una componente chiave dell'automazione idroponica. Questi sistemi possono regolare automaticamente il flusso e la frequenza di irrigazione basandosi sull'umidità del substrato, il tasso di assorbimento dell'acqua da parte delle piante e altri fattori ambientali.

Soluzioni:

- **Sensori di umidità del substrato**: Utilizzare sensori avanzati per monitorare l'umidità reale nel substrato o nella zona radicale, permettendo un'irrigazione precisa che evita sia l'eccesso sia la carenza d'acqua.

- **Programmazione adattiva**: I sistemi di irrigazione possono adattarsi alle variazioni stagionali e alle specifiche esigenze idriche delle piante durante i diversi stadi di crescita, ottimizzando l'uso dell'acqua e promuovendo una crescita sana.

Miglioramento della Qualità dell'Aria con Automazione

Mantenere la qualità dell'aria ottimale è fondamentale in un ambiente idroponico chiuso. L'automazione può giocare un ruolo cruciale nel controllo della ventilazione, nella gestione dei livelli di CO_2 e nell'assicurare che le piante abbiano accesso a un'aria pulita e ricca di nutrienti.

Soluzioni:

- **Sistemi di ventilazione automatizzati**: Implementare sistemi di ventilazione che si adattano automaticamente per mantenere i livelli di CO_2 ottimali e garantire un adeguato ricambio d'aria, basandosi su sensori e algoritmi predittivi.

- **Purificazione dell'aria**: Utilizzare tecnologie di purificazione dell'aria integrate nel sistema idroponico per rimuovere sostanze nocive o patogeni dall'aria, riducendo il rischio di malattie delle piante.

L'automazione nel sistema idroponico rappresenta una pietra miliare verso la realizzazione di coltivazioni più efficienti, produttive e sostenibili. Attraverso l'adozione di queste tecnologie avanzate, i coltivatori possono non solo semplificare la gestione quotidiana dei loro sistemi ma anche contribuire significativamente alla ricerca di soluzioni agricole capaci di rispondere alle sfide globali di sicurezza alimentare e cambiamento climatico.

Personalizzazione dell'Automazione per Diverse Coltivazioni

L'automazione in idroponica non è un approccio "taglia unica". Diverse colture possono trarre vantaggio da programmi di automazione personalizzati che tengono conto delle loro specifiche esigenze idriche, nutritive, di illuminazione e climatiche. L'adattamento dell'automazione per rispondere in modo specifico alle esigenze di varietà di piante diverse può ottimizzare ulteriormente la crescita e la produttività.

Soluzioni:

- **Software di gestione adattivo**: Sviluppare o utilizzare software di gestione che possa essere facilmente personalizzato per diverse tipologie di colture, consentendo agli utenti di impostare parametri specifici per ogni tipo di pianta.

- **Moduli di automazione intercambiabili**: Creare sistemi idroponici che consentano la facile sostituzione o l'aggiunta di moduli di automazione, come diverse tipologie di sistemi di irrigazione o lampade di crescita, a seconda delle necessità specifiche delle colture.

Ottimizzazione dei Consumi Energetici con Automazione Intelligente

L'efficienza energetica è una considerazione critica in qualsiasi operazione idroponica, soprattutto quando si tratta di scalare o mantenere sostenibile la produzione. L'automazione offre soluzioni significative per ridurre il consumo energetico attraverso la gestione intelligente delle risorse.

Soluzioni:

- **Sistemi di illuminazione adattivi**: Implementare sistemi di illuminazione che regolano automaticamente intensità e durata in base alla disponibilità di luce naturale, riducendo il consumo energetico.

- **Gestione energetica basata su IA**: Utilizzare sistemi di gestione energetica che sfruttano l'intelligenza artificiale per ottimizzare l'uso dell'energia in tutto il sistema, spegnendo o riducendo l'alimentazione ai sistemi non essenziali durante i periodi di minore necessità.

Integrazione di Sistemi di Supporto alla Decisione

Mentre l'automazione può gestire molti aspetti operativi dei sistemi idroponici, l'integrazione di sistemi di supporto alla decisione basati sui dati può fornire ai coltivatori strumenti analitici preziosi per ottimizzare ulteriormente le loro operazioni.

Soluzioni:

- **Dashboard analitici**: Creare dashboard intuitivi che presentano dati complessi in formati facilmente interpretabili, aiutando i coltivatori a prendere decisioni informate sulla gestione delle colture.

- **Suggerimenti basati su IA**: Sfruttare l'intelligenza artificiale per analizzare i dati raccolti e fornire suggerimenti proattivi per l'ottimizzazione delle condizioni di crescita, come la regolazione dei cicli di irrigazione o dei programmi di fertilizzazione.

Promozione della Formazione e dell'Educazione sull'Automazione

Mentre l'automazione offre un enorme potenziale per migliorare l'efficienza e la sostenibilità dei sistemi idroponici, è essenziale che i coltivatori possiedano le conoscenze e le competenze necessarie per implementare e gestire efficacemente queste tecnologie.

Soluzioni:

- **Programmi di formazione specializzata**: Sviluppare programmi di formazione che coprano aspetti chiave dell'automazione idroponica, dalla configurazione e manutenzione dei sistemi alla gestione dei dati e all'analisi.

- **Risorse online e comunità**: Creare e mantenere piattaforme online dove i coltivatori possono accedere a tutorial, webinar, e forum di discussione sull'automazione idroponica, promuovendo un ambiente di apprendimento collaborativo.

Attraverso queste strategie evolute e l'adozione di un approccio proattivo all'innovazione, i sistemi idroponici automatizzati possono non solo affrontare le sfide odierne ma anche anticipare le esigenze future, garantendo produzioni agricole che sono non solo abbondanti e di alta qualità ma anche in armonia con i principi di sostenibilità e efficienza energetica. L'automazione, quando implementata con cognizione e flessibilità, apre nuovi orizzonti per l'idroponica, rendendola una componente sempre più vitale dell'agricoltura del futuro.

Avanzamenti nella Diagnostica Automatizzata delle Piante

Gli sviluppi futuri nell'automazione idroponica potrebbero includere sistemi avanzati di diagnostica automatizzata delle piante, capaci di identificare non solo stress fisici o chimici ma anche variazioni subtili nella crescita delle piante che potrebbero indicare problemi non ancora manifesti visivamente.

Soluzioni:

- **Sensori avanzati**: Lo sviluppo e l'integrazione di sensori che possono misurare la fluorescenza delle foglie o altri indicatori biologici per diagnosticare lo stato di salute delle piante prima che i problemi diventino evidenti.

- **Elaborazione delle immagini e riconoscimento pattern**: L'uso dell'elaborazione delle immagini e del riconoscimento dei pattern per identificare automaticamente segni precoci di malattie, carenze nutrizionali o stress idrico, permettendo interventi rapidi e mirati.

Integrazione Verticale con Sistemi Agricoli Intelligenti

Man mano che l'automazione idroponica matura, la sua integrazione in sistemi agricoli più ampi e intelligenti diventerà cruciale. Questo include la condivisione di dati tra diversi sistemi di coltivazione e la creazione di reti agricole intelligenti che possono ottimizzare la produzione su scala più ampia.

Soluzioni:

- **Piattaforme di gestione agricola integrate**: Sviluppare piattaforme che possono integrare dati da sistemi idroponici automatizzati con altre forme di agricoltura precisione, consentendo una gestione olistica delle risorse agricole.

- **Reti di sensori interconnesse**: Creare reti di sensori che coprono vasti spazi agricoli, fornendo dati in tempo reale su condizioni ambientali, salute delle piante e bisogni nutrizionali, facilitando una gestione coordinata e ottimizzata delle risorse.

Automazione Personalizzata per Microclimi Specifici

L'automazione offrirà in futuro soluzioni altamente personalizzabili che tengono conto dei microclimi specifici all'interno di un singolo sistema idroponico, consentendo la coltivazione ottimale di una varietà più ampia di piante, ciascuna con le sue esigenze ambientali e nutrizionali uniche.

Soluzioni:

- **Moduli di coltivazione indipendenti**: Progettare sistemi idroponici composti da moduli indipendenti, ciascuno con il proprio controllo ambientale e nutrizionale, per coltivare piante con esigenze diverse all'interno dello stesso sistema.

- **Adattamento dinamico**: Utilizzare algoritmi che possono adattare dinamicamente i parametri di coltivazione di ogni modulo in base alle specifiche esigenze delle piante e ai cambiamenti ambientali, massimizzando l'efficienza e la produttività.

Educazione Avanzata e Piattaforme di Condivisione della Conoscenza

Man mano che l'automazione diventa più complessa e integrata, l'importanza dell'educazione e della condivisione delle conoscenze aumenta. Coltivatori, ricercatori e tecnologi dovranno collaborare strettamente per esplorare il pieno potenziale dell'automazione idroponica.

Soluzioni:

- **Programmi educativi avanzati**: Offrire corsi avanzati e specializzati che coprano le ultime tendenze in automazione idroponica, analisi dei dati e gestione integrata dei sistemi agricoli.

- **Piattaforme collaborative online**: Sviluppare e mantenere piattaforme online che facilitino la collaborazione interdisciplinare e la condivisione di dati tra coltivatori, scienziati e ingegneri, promuovendo l'innovazione aperta e la crescita condivisa del settore.

L'integrazione di queste tecnologie avanzate e strategie nell'idroponica non solo semplificherà la gestione quotidiana dei sistemi di coltivazione ma aprirà anche nuove vie per aumentare la sostenibilità, l'efficienza e la resilienza delle produzioni agricole. Attraverso un approccio proattivo all'apprendimento e all'innovazione, l'automazione nel contesto idroponico continuerà a evolversi, offrendo soluzioni sempre più sofisticate per rispondere alle sfide globali dell'agricoltura moderna.

Sviluppo di Algoritmi Predittivi per la Gestione delle Risorse

L'uso di algoritmi predittivi in idroponica potrebbe rivoluzionare la gestione delle risorse, prevedendo accuratamente le esigenze future delle piante e ottimizzando l'uso di acqua, nutrienti e luce in base a queste previsioni. Ciò consentirebbe non solo di migliorare la sostenibilità dell'intero sistema ma anche di aumentare i rendimenti e la qualità delle colture.

Soluzioni:

- **Modellazione del ciclo di crescita delle piante**: Implementare algoritmi che utilizzino dati storici e in tempo reale per modellare il ciclo di crescita delle piante, prevedendo le loro esigenze in varie fasi e adattando di conseguenza l'approvvigionamento di risorse.

- **Ottimizzazione basata su scenari**: Sviluppare software che possa simulare diversi scenari di coltivazione, valutando l'impatto di variabili ambientali e pratiche di gestione, per identificare le strategie ottimali prima di applicarle fisicamente nel sistema.

Integrazione con Tecnologie di Acquaponica

L'integrazione dell'automazione idroponica con sistemi di acquaponica, dove la coltivazione di piante e l'allevamento di pesci si sostengono a vicenda, potrebbe aprire nuove vie per la creazione di sistemi agricoli chiusi altamente efficienti e sostenibili.

Soluzioni:

- **Automazione del bilanciamento dei nutrienti**: Sviluppare sistemi che regolino automaticamente i livelli di nutrienti nella soluzione idroponica, utilizzando i rifiuti dei pesci come fonte naturale di fertilizzante e regolando i livelli di ossigeno e azoto per sostenere sia le piante che la vita acquatica.

- **Monitoraggio integrato**: Implementare piattaforme di monitoraggio che tengano traccia della salute sia delle piante che dei pesci, garantendo che entrambi i sistemi rimangano in equilibrio e sani.

Personalizzazione dell'Esperienza di Coltivazione tramite Applicazioni Mobili

La personalizzazione e l'accessibilità dell'automazione idroponica potrebbero essere ulteriormente migliorate attraverso lo sviluppo di applicazioni mobili intuitive. Queste app potrebbero offrire ai coltivatori controlli dettagliati sulle loro operazioni idroponiche, consigli personalizzati basati su dati in tempo reale e alert per potenziali problemi.

Soluzioni:

- **App per la gestione della coltivazione**: Creare applicazioni mobili che consentano ai coltivatori di regolare facilmente i parametri di coltivazione, ricevere notifiche sulle esigenze delle piante o sugli allarmi di sistema, e accedere a una vasta libreria di risorse educative e di supporto.

- **Intelligenza artificiale e chatbot**: Integrare assistenti virtuali e chatbot nelle app mobili per fornire risposte immediate e consigli basati su IA alle domande dei coltivatori, facilitando la risoluzione dei problemi e la gestione delle colture.

Promozione della Trasparenza e della Tracciabilità

Man mano che l'automazione diventa più pervasiva nell'idroponica, cresce anche l'importanza della trasparenza e della tracciabilità delle pratiche di coltivazione. L'uso di tecnologie come la blockchain può offrire ai consumatori la certezza che le colture siano state coltivate in modo sostenibile e sicuro.

Soluzioni:

- **Registri basati su blockchain**: Implementare sistemi basati su blockchain per registrare e condividere informazioni su origine, trattamenti e pratiche di coltivazione delle piante, offrendo una trasparenza completa dalla semina al raccolto.

- **Certificazioni digitali**: Sviluppare certificazioni digitali per le colture idroponiche

che attestino il rispetto di standard di sostenibilità e sicurezza, accessibili istantaneamente dai consumatori tramite codici QR o app mobili.

L'evoluzione continua dell'automazione nel contesto idroponico non solo mira a risolvere le sfide attuali ma apre anche la strada a nuove possibilità per rendere l'agricoltura più efficiente, produttiva e sostenibile. L'integrazione di tecnologie avanzate, l'impegno nella ricerca e sviluppo e la collaborazione tra diversi stakeholder sono essenziali per sfruttare appieno il potenziale dell'automazione, guidando l'idroponica verso un futuro in cui può giocare un ruolo centrale nel soddisfare le crescenti esigenze alimentari globali in modo responsabile e innovativo.

Valorizzazione dell'Interoperabilità tra Sistemi

Man mano che l'automazione idroponica si evolve, diventa fondamentale garantire l'interoperabilità tra diversi sistemi e tecnologie. Questo non solo facilita la gestione integrata delle operazioni di coltivazione ma promuove anche l'efficienza attraverso l'uso condiviso di dati e risorse.

Soluzioni:

- **Standardizzazione dei protocolli di comunicazione**: Sviluppare e adottare standard aperti per la comunicazione tra dispositivi e sistemi di automazione idroponica, garantendo che le diverse tecnologie possano lavorare insieme senza problemi.

- **Piattaforme di gestione unificate**: Creare piattaforme software che possano aggregare dati da una varietà di sensori e dispositivi, fornendo una vista olistica delle operazioni idroponiche e facilitando decisioni basate su dati.

Sostenibilità Ambientale attraverso l'Automazione

L'automazione offre un'opportunità unica per migliorare la sostenibilità ambientale dei sistemi idroponici, riducendo il consumo di acqua, energia e altri input attraverso la gestione ottimizzata delle risorse.

Soluzioni:

- **Gestione intelligente dell'acqua**: Implementare sistemi di irrigazione che adattano automaticamente la quantità d'acqua erogata alle esigenze effettive delle piante, riducendo gli sprechi.

- **Ottimizzazione del consumo energetico**: Utilizzare sistemi di controllo che regolano l'uso di illuminazione, riscaldamento e ventilazione in base alle condizioni ambientali e alle fasi di crescita delle piante, minimizzando l'uso di energia.

Coinvolgimento della Comunità e Educazione Pubblica

L'automazione in idroponica non si limita agli aspetti tecnici; include anche l'importanza del coinvolgimento della comunità e dell'educazione pubblica. Sensibilizzare il pubblico sui vantaggi dell'idroponica e sull'importanza della sostenibilità può stimolare l'adozione e il supporto per queste innovazioni.

Soluzioni:

- **Workshop e dimostrazioni**: Organizzare eventi educativi che mostrano l'automazione idroponica in azione, evidenziando i benefici in termini di efficienza, produttività e sostenibilità.

- **Programmi scolastici**: Integrare l'idroponica e l'automazione nei curricoli scolastici, incoraggiando la prossima generazione a esplorare l'agricoltura sostenibile e le tecnologie innovative.

Sviluppo di Nuovi Modelli di Business

L'avanzamento dell'automazione apre nuove possibilità per modelli di business innovativi nell'idroponica, dalla vendita di kit idroponici automatizzati per hobbisti alla fornitura di servizi di consulenza tecnologica per imprese agricole su larga scala.

Soluzioni:

- **Kit idroponici automatizzati**: Sviluppare e commercializzare kit idroponici completi di

automazione per consentire anche ai principianti
di avviare facilmente la propria coltura
idroponica.

- **Servizi di consulenza e gestione remota**:
  Offrire servizi che utilizzano l'automazione e il
  monitoraggio remoto per aiutare i coltivatori
  commerciali a ottimizzare le loro operazioni,
  riducendo i costi e migliorando i rendimenti.

Attraverso queste iniziative e strategie innovative,
l'automazione nell'idroponica continua a spingere i
confini di ciò che è possibile, promuovendo non solo
l'efficienza e la produttività ma anche un futuro
agricolo più sostenibile e accessibile. L'accento sulla
ricerca e sviluppo, l'educazione, l'interoperabilità dei
sistemi e i modelli di business innovativi sono tutti
elementi chiave che guideranno l'evoluzione
dell'idroponica in un'era di agricoltura intelligente,
sostenibile e tecnologicamente avanzata.

Concludendo, l'integrazione dell'automazione nei
sistemi idroponici rappresenta una trasformazione
fondamentale nel campo dell'agricoltura sostenibile.
Dall'irrigazione temporizzata e sistemi di controllo del
clima automatizzati fino all'applicazione di algoritmi
predittivi e l'integrazione con tecnologie di intelligenza
artificiale, l'automazione sta riscrivendo le regole della
coltivazione idroponica. Queste innovazioni non solo
semplificano la gestione quotidiana dei sistemi
idroponici, ottimizzando l'uso delle risorse e
migliorando la produttività delle colture, ma aprono

anche la strada a un futuro in cui l'agricoltura può essere più efficiente, resiliente e in armonia con l'ambiente.

L'accento sull'interoperabilità dei sistemi, l'efficienza energetica, la sostenibilità ambientale e l'importanza dell'educazione e del coinvolgimento della comunità evidenzia un approccio olistico all'automazione. Questo approccio non solo affronta le sfide tecniche della coltivazione idroponica ma promuove anche un modello di agricoltura che è socialmente responsabile e accessibile a una più ampia varietà di persone.

Inoltre, lo sviluppo di nuovi modelli di business e l'espansione delle opportunità educative intorno all'automazione idroponica riflettono il potenziale di queste tecnologie di andare oltre la produzione agricola, influenzando positivamente le economie locali, il benessere sociale e la conservazione ambientale.

In sintesi, l'automazione nel contesto idroponico non è semplicemente un mezzo per migliorare l'efficienza o ridurre il lavoro manuale; è una pietra miliare verso la realizzazione di sistemi di coltivazione che possono sostenere la crescente popolazione globale in modo sostenibile. Con un impegno continuo verso l'innovazione, la collaborazione tra discipline e l'adozione responsabile delle nuove tecnologie, l'idroponica automatizzata ha il potenziale per essere al centro di un futuro agricolo che valorizza la produttività, la sostenibilità e l'inclusività.

La coltivazione biologica idroponica rappresenta un'innovativa convergenza tra l'efficienza dell'idroponica e i principi della sostenibilità e della produzione biologica. Questo approccio cerca di armonizzare i benefici dell'idroponica, quali la crescita accelerata delle piante e l'uso efficiente delle risorse, con l'impegno verso pratiche agricole ecocompatibili e l'uso di nutrienti derivati da fonti naturali e sostenibili.

Uso di Nutrienti Biologici

Nella coltivazione idroponica tradizionale, i nutrienti sono spesso forniti sotto forma di soluzioni minerali sintetiche. Tuttavia, nel contesto biologico, l'attenzione si sposta verso fonti nutrienti derivanti da materiali organici, come estratti vegetali, composti biologici fermentati, e altre fonti naturali che possono essere assorbite dalle piante senza il bisogno di suolo.

Soluzioni:

- **Estratti di alghe e compost**: L'utilizzo di estratti di alghe e tè di compost come fonte di nutrienti fornisce alle piante una vasta gamma di macro e micronutrienti essenziali, oltre a promuovere la biodiversità microbica benefica.

- **Amendamenti organici liquidi**: Sviluppare o utilizzare amendamenti organici liquidi, che possono essere facilmente integrati nei sistemi di irrigazione idroponica, garantendo che le piante ricevano un'alimentazione bilanciata e sostenibile.

Pratiche Sostenibili nell'Idroponica

La sostenibilità nell'idroponica biologica non si limita all'uso di nutrienti biologici; include anche la gestione efficiente delle risorse idriche, l'uso di energie rinnovabili, la riduzione dei rifiuti e la promozione della biodiversità.

Soluzioni:

- **Riutilizzo e riciclo dell'acqua**: Implementare sistemi che consentono il riciclo e la purificazione dell'acqua all'interno del sistema idroponico, riducendo significativamente il consumo d'acqua.

- **Energia rinnovabile**: Alimentare i sistemi idroponici con fonti di energia rinnovabile, come il solare o l'eolico, per ridurre l'impronta carbonica dell'operazione agricola.

- **Materiali sostenibili**: Utilizzare materiali riciclati o facilmente riciclabili per la costruzione e il mantenimento dei sistemi idroponici, minimizzando l'impatto ambientale dell'infrastruttura.

Sfide e Opportunità

Mentre la coltivazione biologica idroponica offre numerosi vantaggi in termini di sostenibilità e responsabilità ambientale, presenta anche alcune sfide, come la complessità nella gestione dei nutrienti organici liquidi e la necessità di monitoraggio costante per prevenire squilibri nutrizionali o la crescita di patogeni.

Soluzioni:

- **Monitoraggio avanzato**: Utilizzare sensori e sistemi di monitoraggio per tenere traccia dei livelli di nutrienti, pH, e altri parametri vitali, assicurando che l'ambiente di crescita rimanga ottimale.

- **Ricerca e sviluppo**: Investire nella ricerca e nello sviluppo di nuovi input biologici e tecniche di coltivazione idroponica che siano compatibili con i principi biologici, espandendo le possibilità per la coltivazione idroponica sostenibile.

La coltivazione biologica idroponica rappresenta un'area di grande potenziale e innovazione nel campo dell'agricoltura sostenibile. Con un impegno costante verso la ricerca, l'innovazione, e l'adozione di pratiche sostenibili, è possibile superare le sfide esistenti e realizzare sistemi idroponici che non solo producono cibo in modo efficiente e sicuro ma contribuiscono anche alla salute dell'ambiente e al benessere delle future generazioni.

Promozione della Biodiversità Microbica

Una componente chiave della coltivazione biologica idroponica è la promozione e il mantenimento di una biodiversità microbica sana all'interno del sistema. I microbi benefici giocano ruoli cruciali nella nutrizione delle piante, nella protezione contro patogeni e nell'ottimizzazione dell'assorbimento dei nutrienti.

Soluzioni:

- **Inoculazione del sistema con microrganismi benefici**: Introdurre consapevolmente microrganismi utili, come batteri fissatori di azoto e funghi micorrizici, per creare un ecosistema radicale più resiliente e produttivo.

- **Supporti di crescita bioattivi**: Sviluppare o utilizzare supporti di crescita che favoriscono la colonizzazione e l'attività di comunità microbiche benefiche, migliorando la salute complessiva delle piante.

Riduzione dell'Impatto Ambientale tramite Materiali Biodegradabili

L'uso di materiali biodegradabili per i componenti del sistema idroponico, come i supporti di crescita e altri elementi strutturali, può ridurre significativamente l'impronta ambientale della coltivazione idroponica, allineandosi con i principi di sostenibilità e riduzione dei rifiuti.

Soluzioni:

- **Ricerca su materiali innovativi**: Identificare e sperimentare l'uso di materiali biodegradabili che possano sostituire efficacemente i supporti tradizionali, senza compromettere la stabilità o l'efficienza del sistema.

- **Cicli di vita chiusi**: Progettare sistemi in cui i materiali biodegradabili possano essere compostati e riutilizzati all'interno dello stesso sistema agricolo, promuovendo cicli di vita chiusi e riducendo la dipendenza da input esterni.

Integrazione di Pratiche Permaculturali

L'integrazione di principi e pratiche della permacultura nella coltivazione idroponica biologica può offrire approcci innovativi alla progettazione di sistemi, alla gestione delle risorse e alla biodiversità, sostenendo la creazione di ecosistemi agricoli più resilienti e autosufficienti.

Soluzioni:

- **Design olistico**: Adottare un approccio olistico nella progettazione dei sistemi idroponici, considerando l'interazione tra vari elementi del sistema e l'ambiente circostante per creare cicli virtuosi di nutrienti e energia.

- **Policultura in idroponica**: Sperimentare con la coltivazione di mix diversificati di piante all'interno del sistema idroponico per imitare la diversità degli ecosistemi naturali, migliorando la resilienza e riducendo la necessità di input esterni.

Certificazione e Etichettatura dei Prodotti Biologici Idroponici

Mentre la coltivazione idroponica biologica guadagna popolarità, la certificazione e l'etichettatura diventano importanti per comunicare ai consumatori la qualità e la sostenibilità dei prodotti. Questo non solo garantisce trasparenza ma promuove anche pratiche agricole responsabili.

Soluzioni:

- **Standard di certificazione specifici**: Lavorare con enti di certificazione per sviluppare standard specifici che riconoscano le pratiche uniche della coltivazione biologica idroponica, facilitando l'etichettatura dei prodotti come biologici.

- **Trasparenza nella catena di approvvigionamento**: Implementare sistemi di tracciabilità che consentano ai consumatori di verificare l'origine e le pratiche di coltivazione dei prodotti idroponici biologici, aumentando la fiducia e il supporto per queste pratiche.

Attraverso l'adozione di queste strategie avanzate, i coltivatori possono navigare con successo le sfide uniche della coltivazione idroponica biologica, offrendo prodotti sostenibili che rispondono alla crescente domanda dei consumatori per alimenti prodotti in modo responsabile e etico. Questo approccio non solo sostiene la salute ambientale ma contribuisce anche a un futuro agricolo più sostenibile e resiliente, in cui la tecnologia e la tradizione lavorano insieme per nutrire il mondo in modo sostenibile.

Valorizzazione dell'Acqua come Risorsa Chiave

L'acqua, essendo al centro dell'idroponica, offre un terreno fertile per l'innovazione nel contesto della coltivazione biologica idroponica. Migliorare l'uso efficiente dell'acqua e garantire la sua qualità attraverso pratiche sostenibili diventa cruciale per ridurre l'impatto ambientale e sostenere sistemi di coltivazione resilienti.

Soluzioni:

- **Sistemi di raccolta e riutilizzo dell'acqua piovana**: Integrazione di sistemi di raccolta dell'acqua piovana per sfruttare le risorse naturali, riducendo la dipendenza dall'acqua di rete e minimizzando l'impronta idrica del sistema idroponico.

- **Trattamento e purificazione ecologici**: Applicare metodi di trattamento dell'acqua ecocompatibili, come la fitodepurazione, per rimuovere sostanze nocive e riutilizzare l'acqua in modo sicuro nel sistema, promuovendo un ciclo chiuso e sostenibile.

Miglioramento dell'Efficienza Energetica

L'efficienza energetica gioca un ruolo fondamentale nella sostenibilità dei sistemi idroponici biologici.

Ridurre il consumo energetico e sfruttare fonti rinnovabili contribuisce a creare un sistema di coltivazione più sostenibile.

Soluzioni:

- **Ottimizzazione del layout del sistema**: Progettare i sistemi idroponici per massimizzare l'uso della luce naturale e minimizzare la necessità di illuminazione artificiale, contribuendo a ridurre il consumo energetico.

- **Impiego di energie rinnovabili**: Integrare pannelli solari o sistemi eolici per alimentare i sistemi idroponici, riducendo la dipendenza da fonti energetiche non rinnovabili e minimizzando l'impronta di carbonio del sistema.

Costruzione di Comunità attraverso l'Idroponica Biologica

La coltivazione biologica idroponica non riguarda solo la produzione di alimenti; si tratta anche di costruire comunità e condividere conoscenze. Creare spazi dove le persone possono imparare, condividere esperienze e collaborare può rafforzare il legame tra agricoltura e società.

Soluzioni:

- **Programmi di educazione comunitaria**: Avviare programmi e workshop che insegnano le tecniche di coltivazione biologica idroponica, incoraggiando l'adozione di pratiche sostenibili all'interno della comunità.

- **Orti idroponici comunitari**: Creare spazi idroponici comunitari dove individui e famiglie possono coltivare propri alimenti, promuovendo la sicurezza alimentare locale e la sostenibilità.

Promuovere la Ricerca e l'Innovazione

Il progresso continuo nella coltivazione biologica idroponica richiede un impegno costante nella ricerca e nello sviluppo. Esplorare nuovi metodi, materiali e tecnologie è fondamentale per superare le sfide e massimizzare l'efficacia dei sistemi idroponici biologici.

Soluzioni:

- **Collaborazioni tra università e industria**: Stabilire partnership tra istituzioni accademiche e aziende del settore per promuovere la ricerca applicata e lo sviluppo di nuove soluzioni sostenibili.

- **Incentivi per l'innovazione**: Offrire incentivi e supporto finanziario per progetti di ricerca che mirano a migliorare l'efficienza, la sostenibilità e la produttività dei sistemi idroponici biologici.

Attraverso l'implementazione di queste strategie, la coltivazione biologica idroponica non solo può prosperare come un metodo di produzione alimentare sostenibile e produttivo ma può anche diventare un catalizzatore per l'innovazione ambientale, l'educazione comunitaria e la sostenibilità globale. Affrontando proattivamente le sfide, valorizzando le risorse naturali e promuovendo un'agricoltura responsabile, i coltivatori e le comunità possono lavorare insieme verso un futuro in cui l'idroponica biologica svolge un ruolo centrale nell'alimentare il mondo in modo etico e sostenibile.

Espansione dell'Accesso a Tecnologie Sostenibili

Per realizzare pienamente il potenziale dell'idroponica biologica, è fondamentale espandere l'accesso alle tecnologie sostenibili a una gamma più ampia di coltivatori, inclusi piccoli agricoltori e comunità in aree svantaggiate. Questo può contribuire significativamente a democratizzare l'idroponica, rendendola uno strumento potente per la sicurezza alimentare e lo sviluppo sostenibile.

Soluzioni:

- **Sovvenzioni e finanziamenti agevolati**: Implementare programmi di sovvenzioni o fornire finanziamenti agevolati per aiutare i piccoli produttori ad adottare tecnologie idroponiche biologiche.

- **Kit idroponici open-source**: Sviluppare e distribuire kit di coltivazione idroponica biologica open-source che possono essere facilmente replicati con materiali locali, abbassando le barriere all'ingresso per i nuovi coltivatori.

Rafforzamento della Resilienza Climatica

L'idroponica biologica offre l'opportunità unica di produrre cibo in modo sostenibile anche in contesti sfidati da cambiamenti climatici, come aree con scarsità d'acqua o suoli degradati. Rafforzare la resilienza climatica attraverso l'idroponica biologica è fondamentale per assicurare la produzione alimentare futura.

Soluzioni:

- **Sistemi adattivi**: Progettare sistemi idroponici biologici che possano essere facilmente adattati o modificati in risposta a condizioni climatiche mutevoli, garantendo la continuità della produzione.

- **Varietà di piante resilienti**: Concentrarsi sulla coltivazione di varietà di piante che sono naturalmente più resilienti a temperature estreme, siccità o eccesso di acqua, contribuendo a garantire rese stabili anche in condizioni avverse.

Miglioramento del Benessere Animale

In sistemi integrati come l'acquaponica, che combina l'idroponica e l'allevamento di pesci o altri organismi acquatici, l'attenzione al benessere animale è cruciale. Assicurare pratiche di allevamento etiche e sostenibili migliora non solo la qualità della vita degli animali ma anche la qualità dei prodotti alimentari derivati.

Soluzioni:

- **Standard di allevamento etico**: Adottare e promuovere standard elevati per il benessere degli animali negli impianti acquaponici, assicurando spazi adeguati, alimentazione di qualità e trattamenti rispettosi.

- **Monitoraggio e gestione dell'ambiente acquatico**: Implementare tecnologie per il monitoraggio continuo della qualità dell'acqua, assicurando condizioni ottimali per la salute e il benessere degli organismi acquatici.

Collaborazione Globale per la Condivisione delle Conoscenze

Affrontare le sfide globali della sicurezza alimentare e della sostenibilità richiede una collaborazione trasversale tra nazioni, settori e discipline. La condivisione delle conoscenze e delle migliori pratiche in idroponica biologica può accelerare l'innovazione e l'adozione di soluzioni efficaci su scala globale.

Soluzioni:

- **Reti internazionali di idroponica biologica**: Creare e mantenere reti internazionali che collegano ricercatori, coltivatori e decisori per facilitare lo scambio di conoscenze e risorse.

- **Piattaforme di apprendimento online**: Sviluppare piattaforme di e-learning che offrano corsi e risorse su idroponica biologica e pratiche sostenibili, accessibili a un pubblico globale.

Attraverso queste iniziative e approcci, l'idroponica biologica può evolversi non solo come una metodologia di coltivazione innovativa e sostenibile ma anche come un pilastro fondamentale per affrontare alcune delle sfide più pressanti del nostro tempo, tra cui la sicurezza alimentare, la sostenibilità ambientale e la resilienza al cambiamento climatico. Con un impegno condiviso verso la ricerca, l'innovazione e la cooperazione, l'idroponica biologica ha il potenziale per trasformare i sistemi alimentari globali, offrendo soluzioni pratiche che beneficiano sia le persone sia il pianeta.

Valorizzazione del Ruolo delle Comunità Locali

Incorporare le comunità locali nella progettazione, implementazione e gestione dei sistemi idroponici biologici può non solo rafforzare la resilienza alimentare locale ma anche promuovere l'empowerment comunitario. L'interazione diretta con questi sistemi offre opportunità di apprendimento, sviluppo di competenze e creazione di imprese locali.

Soluzioni:

- **Programmi di coinvolgimento comunitario**: Avviare iniziative che incoraggiano la partecipazione comunitaria nella coltivazione idroponica biologica, come giardini comunitari o progetti educativi nelle scuole, per aumentare la consapevolezza e l'apprezzamento per l'agricoltura sostenibile.

- **Supporto alla microimprenditorialità**: Fornire formazione e risorse alle comunità locali per sviluppare piccole imprese basate sull'idroponica biologica, contribuendo così allo sviluppo economico locale.

Approfondimento delle Conoscenze sui Cicli Biogeochimici

Un approfondimento delle conoscenze sui cicli biogeochimici all'interno dei sistemi idroponici biologici può portare a una gestione più efficace delle risorse e a un impatto ambientale ridotto. Comprendere come i nutrienti vengono trasformati e riciclati all'interno del sistema può aiutare a ottimizzare l'efficienza e ridurre la dipendenza da input esterni.

Soluzioni:

- **Ricerca applicata**: Promuovere la ricerca sui processi biogeochimici specifici dell'idroponica biologica per sviluppare protocolli di gestione dei nutrienti che mimino i cicli naturali e massimizzino l'uso efficiente delle risorse.

- **Monitoraggio avanzato**: Utilizzare tecnologie avanzate per il monitoraggio in tempo reale dei parametri chimici e biologici, permettendo un controllo più accurato e tempestivo degli equilibri nutrienti.

Innovazione nei Sistemi di Packaging e Distribuzione

Mentre l'idroponica biologica migliora la sostenibilità della fase di produzione, è essenziale estendere queste pratiche sostenibili anche ai sistemi di packaging e distribuzione. Utilizzare materiali sostenibili e ridurre la catena di distribuzione possono minimizzare ulteriormente l'impronta ecologica dei prodotti idroponici.

Soluzioni:

- **Packaging ecocompatibile**: Sviluppare soluzioni di packaging biodegradabile o compostabile per i prodotti idroponici biologici, riducendo l'impatto ambientale associato alla plastica e ad altri materiali non sostenibili.

- **Sistemi di distribuzione localizzati**: Promuovere modelli di distribuzione che favoriscano la vendita diretta al consumatore o i mercati locali, riducendo le emissioni legate al trasporto e sostenendo l'economia locale.

Miglioramento della Tracciabilità e della Trasparenza

La tracciabilità completa dal seme al consumatore finale e la trasparenza nelle pratiche di coltivazione sono aspetti sempre più richiesti dai consumatori consapevoli. Implementare sistemi che garantiscano queste caratteristiche può rafforzare la fiducia nel prodotto e promuovere l'adozione di pratiche sostenibili.

Soluzioni:

- **Tecnologie blockchain**: Applicare tecnologie blockchain per creare un registro immutabile di tutte le fasi di produzione e distribuzione, offrendo ai consumatori la possibilità di verificare l'origine e le pratiche di coltivazione dei prodotti idroponici biologici.

- **Etichette informative**: Fornire etichette dettagliate che includano informazioni sulle pratiche di coltivazione, sull'origine dei nutrienti e sulle certificazioni biologiche, migliorando la trasparenza e facilitando scelte consapevoli da parte dei consumatori.

Attraverso l'adozione e l'integrazione di queste strategie avanzate, l'idroponica biologica non solo affronta le sfide immediate di produzione sostenibile e sicurezza alimentare ma si posiziona anche come un leader nell'innovazione agricola sostenibile. Un impegno costante verso la ricerca, l'educazione, e la collaborazione transettoriale è essenziale per sfruttare pienamente il potenziale dell'idroponica biologica, trasformandola in una forza motrice per un futuro agricolo più verde, più produttivo e più equo.

Concludendo, la coltivazione biologica idroponica rappresenta una frontiera promettente e innovativa nell'ambito dell'agricoltura sostenibile. Combinando le tecniche avanzate dell'idroponica con i principi della sostenibilità biologica, questo approccio offre una via per produrre alimenti in maniera efficiente, riducendo al contempo l'impronta ecologica e promuovendo la biodiversità. L'utilizzo di nutrienti derivati da fonti naturali e biologiche, insieme a pratiche di gestione che mirano alla conservazione dell'acqua, all'efficienza energetica e alla riduzione dei rifiuti, costituisce il nucleo di un sistema di coltivazione che non solo nutre il corpo ma anche rispetta il pianeta.

Le sfide associate alla coltivazione biologica idroponica, come la gestione dei nutrienti organici e la prevenzione delle malattie senza l'uso di pesticidi sintetici, stimolano l'innovazione continua e la ricerca di soluzioni creative. L'impiego di tecnologie avanzate per il monitoraggio e la regolazione dell'ambiente di coltivazione, insieme all'integrazione di sistemi intelligenti per la gestione delle risorse, offre opportunità senza precedenti per ottimizzare le condizioni di crescita e aumentare la resilienza delle colture agli stress ambientali.

Oltre agli aspetti tecnologici e produttivi, l'idroponica biologica sottolinea l'importanza delle dimensioni sociali e comunitarie dell'agricoltura. Coinvolgere le comunità locali, promuovere l'educazione e la condivisione delle conoscenze e sviluppare nuovi modelli di business sostenibili sono passi fondamentali per costruire sistemi alimentari resilienti e inclusivi. Questo approccio non solo apre le porte a una maggiore sicurezza alimentare globale ma anche contribuisce a creare legami più forti tra gli individui e il loro ambiente, sottolineando il valore del cibo come collegamento tra cultura, salute e sostenibilità.

In definitiva, l'idroponica biologica si propone come un modello per il futuro dell'agricoltura, uno che abbraccia sia l'innovazione tecnologica che il rispetto profondo per la natura e le risorse che essa offre. Con un impegno collettivo verso la ricerca, l'innovazione sostenibile e la collaborazione tra diversi attori, dai coltivatori ai consumatori, dagli scienziati agli educatori, è possibile realizzare la visione di un sistema agricolo che nutre il mondo in modo responsabile, equo e sostenibile, garantendo che le generazioni future possano continuare a prosperare su un pianeta sano e vivibile.

15. Ricette di soluzioni nutritive: Fornisci esempi di ricette per soluzioni nutritive per diverse tipologie di piante.

Le soluzioni nutritive in idroponica sono fondamentali per fornire alle piante gli elementi essenziali per la loro crescita e sviluppo, poiché le radici assorbono i nutrienti direttamente dall'acqua. Di seguito, sono forniti esempi di ricette per soluzioni nutritive adatte a diverse tipologie di piante. È importante notare che le concentrazioni di nutrienti possono necessitare di aggiustamenti in base a fattori specifici, come il tipo di sistema idroponico utilizzato, le condizioni ambientali, e le fasi di crescita delle piante.

Soluzione Nutritiva Base per Piante Fogliari (es. Lattuga, Spinaci)

- **Nitrato di calcio ($Ca(NO_3)_2$)**: 200 ppm

- **Solfato di potassio (K_2SO_4)**: 150 ppm

- **Fosfato monopotassico (KH_2PO_4)**: 50 ppm

- **Solfato di magnesio ($MgSO_4 \cdot 7H_2O$)**: 50 ppm

- **Micronutrienti chelati**: 1 ppm ciascuno di ferro (Fe), manganese (Mn), rame (Cu), zinco (Zn), boro (B), e molibdeno (Mo)

Soluzione Nutritiva per Piante da Frutto (es. Pomodori, Peperoni)

- **Nitrato di calcio ($Ca(NO_3)_2$)**: 200 ppm

- **Solfato di potassio (K_2SO_4)**: 200 ppm

- **Fosfato monopotassico (KH_2PO_4)**: 60 ppm

- **Solfato di magnesio ($MgSO_4 \cdot 7H_2O$)**: 50 ppm

- **Micronutrienti chelati**: 2 ppm di ferro (Fe), 1 ppm di manganese (Mn), 0.5 ppm di rame (Cu) e zinco (Zn), 0.3 ppm di boro (B), e 0.1 ppm di molibdeno (Mo)

Soluzione Nutritiva per Erbe Aromatiche (es. Basilico, Coriandolo)

- **Nitrato di calcio (Ca(NO3)2)**: 150 ppm

- **Solfato di potassio (K2SO4)**: 100 ppm

- **Fosfato monopotassico (KH2PO4)**: 70 ppm

- **Solfato di magnesio (MgSO4 · 7H2O)**: 40 ppm

- **Micronutrienti chelati**: 1.5 ppm di ferro (Fe), 0.5 ppm di manganese (Mn), 0.5 ppm di rame (Cu) e zinco (Zn), 0.2 ppm di boro (B), e 0.05 ppm di molibdeno (Mo)

Consigli per la Preparazione e l'Uso

1. **Acqua di Partenza**: Utilizza acqua distillata o demineralizzata come base per la preparazione della soluzione nutritiva, per evitare l'introduzione di elementi indesiderati.

2. **Dissoluzione Separata**: Sciogliere separatamente i sali prima di unirli all'acqua per evitare reazioni chimiche indesiderate che potrebbero precipitare alcuni nutrienti.

3. **pH e EC**: Monitorare e regolare il pH della soluzione nutritiva tra 5.5 e 6.5, e verificare l'EC (Conducibilità Elettrica) per assicurarsi che la

concentrazione dei nutrienti sia adatta alle piante
coltivate.

4. **Aggiustamenti**: Osserva attentamente le piante
   per segni di carenze o eccessi di nutrienti e regola
   la composizione della soluzione nutritiva di
   conseguenza. Le piante in differenti stadi di
   crescita possono richiedere aggiustamenti nella
   concentrazione di nutrienti.

Ricordati che queste ricette sono punti di partenza
generali e potrebbero necessitare di ottimizzazioni
specifiche in base alle tue condizioni di coltivazione e
alle esigenze delle tue piante. La sperimentazione e
l'osservazione sono chiavi per trovare il bilanciamento
ottimale che promuova la salute e la produttività delle
tue colture idroponiche.

Adattamento alle Stagioni e alle Diverse Fasi di Crescita

Un aspetto cruciale nella preparazione e nell'uso delle
soluzioni nutritive in idroponica è l'adattamento della
composizione nutrizionale alle varie fasi di crescita
delle piante e alle condizioni stagionali. Le piante
hanno esigenze diverse in fase di germinazione,
crescita vegetativa, fioritura e fruttificazione, e la
soluzione nutritiva deve essere adeguatamente
bilanciata per supportare ogni fase.

Soluzioni:

- **Fase di Germinazione e Radicazione**:
  Ridurre la concentrazione dei nutrienti per
  evitare lo stress delle giovani radici, ponendo
  l'accento sui nutrienti che favoriscono la crescita
  radicale e la resistenza alle malattie.

- **Fase di Crescita Vegetativa**: Incrementare i
  livelli di azoto per promuovere una rapida
  crescita delle foglie e dello stelo.

- **Fase di Fioritura e Fruttificazione**:
  Aumentare la disponibilità di potassio e fosforo
  per sostenere lo sviluppo dei fiori e dei frutti,
  riducendo leggermente l'azoto.

Utilizzo di Additivi Naturali e Bio-stimolanti

L'incorporazione di additivi naturali e bio-stimolanti
nelle soluzioni nutritive può migliorare ulteriormente
la salute delle piante e ottimizzare la produzione.
Questi composti possono stimolare l'assorbimento dei
nutrienti, aumentare la resistenza allo stress e
migliorare la qualità dei frutti.

Soluzioni:

- **Acidi umici e fulvici**: Aggiungere al mix
  nutritivo per migliorare l'assorbimento dei
  nutrienti e aumentare la vitalità delle piante.

- **Silicio**: Fornire silicio per rafforzare le pareti
  cellulari delle piante, migliorando la resistenza a
  malattie e stress abiotici.

- **Estratti di alghe marine**: Incorporare per promuovere la crescita delle radici, aumentare la tolleranza allo stress da salinità e migliorare la resa.

Monitoraggio e Regolazione Basati su Dati

L'adozione di tecnologie avanzate per il monitoraggio continuo delle condizioni della soluzione nutritiva può trasformare la gestione dell'idroponica, consentendo regolazioni precise e tempestive basate su dati reali piuttosto che su stime.

Soluzioni:

- **Sensori di pH e EC**: Installare sensori immersi direttamente nel serbatoio della soluzione nutritiva per monitoraggi continui, permettendo regolazioni automatiche o semplificate.

- **Applicazioni e software di gestione**: Utilizzare piattaforme digitali che raccolgono e analizzano i dati dai sensori, fornendo raccomandazioni personalizzate e allerte tempestive per mantenere l'ambiente di coltivazione ottimale.

Strategie per la Riduzione dell'Impatto Ambientale

Incorporare nella pratica idroponica strategie mirate alla riduzione dell'impatto ambientale delle soluzioni nutritive, dal loro ciclo di vita alla scelta degli ingredienti, è fondamentale per allinearsi con i principi di sostenibilità.

Soluzioni:

- **Riciclo della soluzione nutritiva**: Implementare sistemi che consentono il trattamento e il riutilizzo delle soluzioni nutritive in eccesso, riducendo gli sprechi.

- **Selezione di nutrienti a basso impatto**: Dare priorità all'uso di nutrienti derivati da fonti sostenibili e a basso impatto ambientale, come quelli ottenuti da processi di riciclaggio di materiali organici.

Implementando queste metodologie avanzate e mantenendo un approccio proattivo e basato sui dati alla gestione delle soluzioni nutritive, i coltivatori possono non solo ottimizzare la salute e la produttività delle loro colture idroponiche ma anche contribuire a un futuro agricolo più sostenibile e responsabile. La chiave per il successo risiede nella capacità di adattarsi e rispondere alle esigenze specifiche delle piante, garantendo al contempo che le pratiche adottate promuovano la conservazione delle risorse naturali e la minimizzazione dell'impatto ambientale.

Approcci Olistici alla Gestione Nutrizionale

L'adozione di un approccio olistico alla gestione della soluzione nutritiva implica considerare la salute delle piante in relazione all'ecosistema idroponico nel suo complesso. Questo significa non solo fornire alle piante i nutrienti di cui hanno bisogno ma anche promuovere un ambiente di crescita che sostenga la salute generale e la biodiversità.

Soluzioni:

- **Equilibrio ecologico**: Mantenere un equilibrio tra i vari componenti dell'ecosistema idroponico, inclusi i microrganismi benefici nel sistema di coltivazione, per promuovere una nutrizione vegetale ottimale e una resistenza naturale alle malattie.

- **Gestione integrata dei parassiti (IPM)**: Combinare la gestione nutrizionale con strategie di controllo biologico dei parassiti per ridurre la necessità di interventi chimici, sostenendo un ambiente più sano per la crescita delle piante.

Personalizzazione Basata su Feedback delle Piante

Un'attenzione dettagliata ai segnali forniti dalle piante può guidare l'ottimizzazione delle soluzioni nutritive. La capacità di interpretare i feedback visivi, come il colore delle foglie o il tasso di crescita, e di regolare di conseguenza la composizione nutrizionale, è fondamentale per massimizzare la salute e la produttività delle colture.

Soluzioni:

- **Tecnologie di imaging**: Utilizzare tecnologie avanzate di imaging e analisi visiva per rilevare precocemente i segni di carenze nutrizionali o stress idrico, permettendo interventi mirati senza indugio.

- **Adattamento dinamico**: Sviluppare protocolli che consentano un adattamento dinamico della soluzione nutritiva basato su indicatori specifici di stress o carenze nelle piante, ottimizzando così l'assorbimento dei nutrienti e la salute complessiva della pianta.

Innovazione nella Fornitura di Micronutrienti

Mentre la fornitura di macronutrienti è ben compresa, l'ottimizzazione della fornitura di micronutrienti - essenziali per la salute delle piante ma necessari in quantità molto minori - rappresenta un'area di innovazione continua. Il corretto bilanciamento di micronutrienti come ferro, manganese, zinco e rame può significativamente influenzare la qualità della produzione e la resistenza delle piante.

Soluzioni:

- **Chelazione avanzata**: Sperimentare con nuove forme di chelazione che migliorano la biodisponibilità dei micronutrienti in soluzioni idroponiche, garantendo che le piante possano facilmente assorbirli.

- **Monitoraggio specifico dei micronutrienti**: Impiegare sensori e metodi di analisi capaci di rilevare specificamente i livelli di micronutrienti nella soluzione nutritiva, consentendo una gestione più precisa e mirata.

Sostenibilità a Lungo Termine e Cicli Chiusi

Per garantire la sostenibilità a lungo termine dei sistemi idroponici, è importante considerare come le soluzioni nutritive e le pratiche di gestione si inseriscono in cicli chiusi che minimizzano gli sprechi e valorizzano le risorse rinnovabili.

Soluzioni:

- **Recupero e riciclo dei nutrienti**: Implementare sistemi per il recupero e il riciclo dei nutrienti dalle soluzioni esaurite o dagli scarti vegetali, trasformandoli nuovamente in risorse preziose per il sistema.

- **Acqua sostenibile e gestione energetica**: Integrare pratiche di conservazione dell'acqua e strategie energetiche rinnovabili, come l'utilizzo dell'acqua piovana e l'energia solare, per alimentare i sistemi idroponici, promuovendo operazioni a basso impatto ambientale.

Attraverso queste strategie innovative e approcci adattivi, la gestione delle soluzioni nutritive in idroponica si evolve continuamente, spingendo i confini di ciò che è possibile in termini di produzione sostenibile e di alta qualità. La chiave del successo risiede nell'equilibrio tra l'innovazione tecnologica, la comprensione ecologica e l'impegno verso pratiche sostenibili, permettendo ai coltivatori di affrontare le sfide presenti e future mentre nutrono una popolazione in crescita in modo responsabile e sostenibile.

Valorizzazione della Ricerca sui Biofilm Benefici

L'esplorazione dei biofilm benefici nei sistemi idroponici apre nuove possibilità per migliorare la salute delle piante e l'efficienza della soluzione nutritiva. I biofilm, costituiti da comunità di microrganismi che aderiscono alle superfici e si circondano di una matrice protettiva, possono svolgere ruoli cruciali nella promozione dell'assorbimento dei nutrienti e nella protezione dalle malattie.

Soluzioni:

- **Studio dei biofilm microbici**: Incoraggiare la ricerca sui tipi di biofilm che beneficiano la crescita delle piante, identificando strategie per promuovere la loro formazione nei sistemi idroponici.

- **Integrazione di biofilm nei sistemi idroponici**: Sviluppare metodi per l'integrazione controllata di biofilm benefici all'interno dei sistemi idroponici, migliorando la biodisponibilità dei nutrienti e fornendo una difesa naturale contro i patogeni.

Approcci di Coltivazione Multistrato

L'adozione di sistemi di coltivazione multistrato, o vertical farming, in contesti idroponici biologici offre l'opportunità di massimizzare l'uso dello spazio verticale, aumentando la produzione per unità di superficie e riducendo al contempo il consumo di risorse.

Soluzioni:

- **Ottimizzazione della luce**: Sviluppare strategie per l'illuminazione artificiale efficiente che assicurino una distribuzione uniforme della luce attraverso i diversi strati di coltivazione, ottimizzando la fotosintesi senza sprechi energetici.

- **Sistemi di irrigazione ad alta efficienza**: Progettare sistemi di irrigazione che distribuiscano in modo uniforme la soluzione nutritiva attraverso i vari livelli di coltivazione, garantendo che ogni pianta riceva l'idratazione e i nutrienti necessari senza eccedenze.

Potenziamento dell'Analisi Predittiva

L'uso dell'analisi predittiva per anticipare e rispondere alle esigenze delle piante idroponiche può trasformare il modo in cui vengono gestite le soluzioni nutritive, portando a una coltivazione più intelligente e reattiva.

Soluzioni:

- **Modelizzazione dei dati di crescita**: Utilizzare la raccolta e l'analisi di vasti set di dati per modellare i bisogni nutrizionali delle piante in vari stadi di crescita, consentendo un'ottimizzazione in tempo reale delle formulazioni di nutrienti.

- **Sistemi di allerta precoce**: Implementare piattaforme che utilizzino algoritmi di apprendimento automatico per identificare precocemente segnali di stress nelle piante, permettendo interventi rapidi prima che si verifichino danni significativi.

Promozione della Salute del Suolo e dell'Acqua

Anche se l'idroponica si svolge senza l'uso del suolo, la salute dell'acqua e la sua gestione rimangono fondamentali per il successo del sistema. La preservazione della qualità dell'acqua contribuisce non solo alla salute delle piante ma anche all'ambiente più ampio.

Soluzioni:

- **Trattamenti dell'acqua eco-compatibili**: Esplorare l'uso di trattamenti dell'acqua che mantengano l'equilibrio ecologico, evitando l'accumulo di sali e la proliferazione di agenti patogeni senza l'uso di sostanze chimiche nocive.

- **Ricircolo efficace dell'acqua**: Perfezionare i sistemi di ricircolo che riducono al minimo la perdita d'acqua, filtrando e riutilizzando l'acqua all'interno del sistema, per una gestione sostenibile delle risorse idriche.

Attraverso l'implementazione di queste metodologie avanzate e un approccio globale alla gestione nutrizionale, i coltivatori idroponici possono non solo ottimizzare la salute e la produttività delle loro colture ma anche contribuire a un futuro agricolo più sostenibile. La chiave del successo in questo ambito risiede nell'equilibrio tra innovazione tecnologica, comprensione ecologica profonda e un impegno costante verso pratiche che promuovono la salute del pianeta e il benessere delle future generazioni. La coltivazione idroponica, specialmente quando arricchita da principi biologici e sostenibili, offre una via promettente per affrontare alcune delle sfide più pressanti nel campo dell'agricoltura moderna.

Sviluppo di Sistemi Idroponici Integrati con la Fauna

L'esplorazione di sistemi idroponici che incorporano in modo sostenibile la fauna, come pesci o insetti utili, può creare un ecosistema più resiliente e autosufficiente, dove gli animali contribuiscono al ciclo dei nutrienti e alla gestione dei parassiti.

Soluzioni:

- **Acquaponica avanzata**: Ottimizzare i sistemi acquaponici per bilanciare le esigenze delle piante con quelle degli organismi acquatici, migliorando la conversione dei rifiuti animali in nutrienti disponibili per le piante.

- **Introduzione di insetti benefici**: Integrare insetti che favoriscono la pollinazione o che agiscono come predatori naturali dei parassiti, riducendo la necessità di interventi chimici e promuovendo una maggiore biodiversità all'interno del sistema idroponico.

Miglioramento delle Interfacce Utente per la Gestione dei Sistemi

Le interfacce utente avanzate e intuitive giocano un ruolo chiave nell'abbattere le barriere all'adozione dell'idroponica, consentendo sia ai coltivatori esperti che ai principianti di gestire efficacemente i loro sistemi con facilità e precisione.

Soluzioni:

- **Dashboard digitali personalizzabili**: Sviluppare dashboard e app che offrano una visualizzazione personalizzata dei dati di coltivazione, consentendo agli utenti di monitorare facilmente lo stato del loro sistema e di apportare modifiche in modo intuitivo.

- **Assistenti virtuali basati sull'IA**: Implementare assistenti virtuali che guidino gli utenti attraverso la diagnosi di problemi di coltivazione e la soluzione di problemi comuni, rendendo la gestione del sistema idroponico più accessibile a tutti.

Valorizzazione dei Sottoprodotti dell'Idroponica

I sottoprodotti dei sistemi idroponici, come l'acqua di scarto ricca di nutrienti, possono essere valorizzati in modi innovativi, trasformandoli da potenziali rifiuti a risorse preziose per altre applicazioni agricole o ambientali.

Soluzioni:

- **Utilizzo dell'acqua di scarto in agricoltura**: Studiare metodi per trattare e riutilizzare in modo sicuro l'acqua di scarto dei sistemi idroponici in agricoltura tradizionale, fornendo un'irrigazione e un apporto nutrizionale supplementari.

- **Produzione di biomassa**: Coltivare alghe o altre biomasse in acqua ricca di nutrienti, che possono poi essere utilizzate come fertilizzanti, integratori alimentari o fonti di energia rinnovabile.

Collaborazioni Transdisciplinari per l'Innovazione

La collaborazione tra diverse discipline, dalla biologia alla tecnologia dell'informazione, dall'ingegneria ambientale al design, è essenziale per spingere l'innovazione nell'idroponica oltre i limiti attuali, affrontando complesse sfide di sostenibilità.

Soluzioni:

- **Progetti di ricerca congiunti**: Promuovere progetti di ricerca che coinvolgano esperti di diversi campi per esplorare nuove soluzioni idroponiche integrate e sostenibili.

- **Incubatori e acceleratori di startup**: Creare spazi di supporto per startup che lavorano su tecnologie innovative nel campo dell'idroponica, facilitando lo scambio di idee e l'accesso a risorse e finanziamenti.

L'espansione continua delle conoscenze, l'applicazione di tecnologie avanzate e l'adozione di pratiche sostenibili guidano l'idroponica verso un futuro in cui può svolgere un ruolo centrale nell'affrontare le sfide globali di produzione alimentare, sostenibilità ambientale e resilienza climatica. L'approccio olistico che integra l'innovazione tecnologica con la comprensione ecologica e il coinvolgimento comunitario si rivela cruciale per realizzare sistemi di coltivazione che non solo producono cibo in modo efficiente, ma contribuiscono anche al benessere dell'ambiente e della società nel suo insieme. Con una visione condivisa e un impegno collettivo verso la ricerca e l'innovazione, l'idroponica biologica può emergere come una pietra angolare di un futuro agricolo più verde e più giusto.

Concludendo, la coltivazione idroponica rappresenta un ponte verso il futuro dell'agricoltura, unendo l'efficienza produttiva con un impegno profondo per la sostenibilità ambientale. L'elaborazione di soluzioni nutritive specifiche per diverse tipologie di piante, l'adattamento delle ricette alle fasi di crescita e alle condizioni ambientali, e l'incorporazione di pratiche sostenibili, come l'uso di nutrienti biologici e la gestione efficiente dell'acqua, sono fondamentali per il successo di questi sistemi. Questo approccio non solo ottimizza la salute e la produttività delle colture ma anche promuove un modello di agricoltura rispettoso dell'ambiente.

L'integrazione di tecnologie avanzate e l'attenzione all'innovazione, come il monitoraggio preciso dei nutrienti, l'uso di bio-stimolanti naturali, e l'esplorazione di biofilm benefici, amplificano ulteriormente le potenzialità dell'idroponica. La personalizzazione basata su feedback visivi e dati analitici permette una gestione nutrizionale reattiva che si adatta alle esigenze specifiche delle piante, migliorando la qualità della produzione e riducendo gli sprechi di risorse.

Inoltre, l'idroponica spinge verso un'agricoltura più inclusiva e accessibile, abbattendo le barriere all'entrata per nuovi coltivatori e promuovendo la condivisione delle conoscenze attraverso comunità e piattaforme educative. Questo si allinea con l'obiettivo più ampio di costruire sistemi alimentari resilienti che possano sostenere la crescente popolazione globale, offrendo soluzioni alle sfide della sicurezza alimentare e del cambiamento climatico.

La ricerca e lo sviluppo continuo, sostenuti da collaborazioni transdisciplinari e da un impegno verso l'innovazione responsabile, sono essenziali per navigare le complessità di questi sistemi e per realizzare il loro pieno potenziale. L'idroponica, specialmente quando arricchita da principi biologici e ambientali, offre un percorso promettente verso un futuro agricolo in cui la produttività convive armoniosamente con la sostenibilità.

In sintesi, mentre affrontiamo le sfide imposte dai limiti delle risorse naturali e dai cambiamenti ambientali, l'idroponica emerge non solo come una soluzione tecnologica ma come un manifesto di un approccio olistico all'agricoltura. Un approccio che valorizza l'equilibrio tra l'innovazione umana e il rispetto per la natura, mirando a nutrire l'umanità in modo che nutra, a sua volta, il pianeta.

16. Guida alla raccolta e conservazione: Consigli su come e quando raccogliere le piante coltivate idroponicamente per massimizzare il raccolto e la freschezza.

La raccolta e la conservazione delle piante coltivate idroponicamente richiedono attenzione e cura per garantire che il raccolto mantenga la massima freschezza e qualità. Di seguito, alcuni consigli pratici su come e quando raccogliere le piante idroponiche, nonché metodi efficaci per conservarle dopo la raccolta.

Quando Raccogliere

1. **Osserva le Indicazioni della Pianta**: Ogni tipo di pianta ha segni specifici che indicano il momento ottimale per la raccolta. Ad esempio, le lattughe sono pronte quando le foglie esterne sono ben sviluppate ma ancora tenere, mentre i pomodori dovrebbero essere raccolti quando hanno raggiunto il loro colore pieno e una leggera morbidezza al tatto.

2. **Fasi di Crescita**: Informarsi sulle fasi di crescita ottimali per la raccolta di ciascuna pianta. Erbe aromatiche come basilico e coriandolo possono essere raccolti più volte tagliando le cime per stimolare nuova crescita.

3. **Raccolta Precoce al Mattino**: Effettuare la raccolta nelle prime ore del mattino, quando le piante sono ancora idratate e fresche. Questo aiuta a mantenere la qualità e a prolungare la conservazione.

Come Raccogliere

1. **Utilizza Attrezzi Affilati**: Usare forbici o coltelli affilati e puliti per tagliare la pianta o i frutti, evitando di strappare o danneggiare i tessuti vegetali, il che può predisporre a malattie.

2. **Manipolazione Delicata**: Evitare di schiacciare o danneggiare le piante e i frutti durante la raccolta e la manipolazione. Questo è particolarmente importante per verdure a foglia e frutti morbidi.

3. **Raccolta Selettiva**: Raccogliere solo le piante o parti di esse che si intendono utilizzare o conservare immediatamente, lasciando il resto per continuare a crescere.

Conservazione Dopo la Raccolta

1. **Raffreddamento Rapido**: Raffreddare rapidamente le piante dopo la raccolta per rallentare la respirazione e preservare la freschezza. Questo può essere fatto immergendole brevemente in acqua fredda.

2. **Asciugatura Appropriata**: Assicurarsi che le piante siano asciutte prima della conservazione per prevenire la formazione di muffe o batteri. Le erbe possono essere leggermente asciugate all'aria prima di essere conservate.

3. **Conservazione in Frigorifero**: La maggior parte delle verdure a foglia e le erbe si conservano meglio in frigorifero, idealmente in contenitori chiusi o sacchetti di plastica perforati per mantenere un'umidità adeguata.

4. **Congelamento o Essiccazione per Erbe**: Le erbe aromatiche possono essere conservate congelando o essiccando. Il congelamento

preserva il sapore, mentre l'essiccazione è ideale per una conservazione a lungo termine.

5. **Atmosfera Modificata**: Per alcuni tipi di frutta e verdura, la conservazione in atmosfera modificata (utilizzando contenitori che permettono il controllo dei gas) può prolungare ulteriormente la freschezza.

Seguendo questi consigli, si può massimizzare la resa e la qualità del raccolto idroponico, garantendo che le piante coltivate offrano il miglior sapore e i maggiori benefici nutrizionali. Ricordate, la sperimentazione e l'osservazione delle vostre specifiche colture idroponiche vi guideranno a perfezionare ulteriormente le tecniche di raccolta e conservazione.

Tecniche di Conservazione Innovativa

Oltre ai metodi tradizionali di conservazione, esplorare tecniche innovative può offrire nuove vie per mantenere la freschezza dei raccolti idroponici e massimizzare il loro valore nutritivo e organolettico.

Soluzioni:

- **Sottovuoto**: Utilizzare il confezionamento sottovuoto per alcuni tipi di prodotti idroponici può significativamente estendere la loro durata mantenendo il sapore e la freschezza. Questo metodo è particolarmente utile per erbe aromatiche e verdure a foglia.

- **Idratazione ottimale**: Per alcune colture, come l'insalata o le erbe, conservare in contenitori con un leggero apporto di umidità può aiutare a preservare la freschezza. Questo può essere ottenuto utilizzando un panno umido o un pad di carta assorbente umido nel contenitore di conservazione.

- **Atmosfera controllata**: L'uso di contenitori che permettono la creazione di un'atmosfera controllata, regolando i livelli di ossigeno e anidride carbonica, può rallentare la respirazione delle piante e aumentare la durata di conservazione di frutta e verdura.

Ottimizzazione della Filiera Post-Raccolta

Migliorare l'efficienza della filiera post-raccolta è essenziale per ridurre gli sprechi e garantire che i prodotti idroponici raggiungano i consumatori nella miglior condizione possibile.

Soluzioni:

- **Catena del freddo integrata**: Assicurare una catena del freddo ininterrotta dal momento della raccolta fino alla consegna al consumatore per mantenere la qualità del raccolto. Ciò include il trasporto refrigerato e la conservazione in frigorifero presso i punti vendita.

- **Packaging innovativo**: Sviluppare materiali di packaging che non solo proteggano i prodotti durante il trasporto ma che siano anche sostenibili. Materiali compostabili o biodegradabili possono ridurre l'impatto ambientale della filiera.

Educazione del Consumatore

Educare i consumatori sulle migliori pratiche per la conservazione dei prodotti idroponici a casa può estendere ulteriormente la vita dei prodotti dopo l'acquisto, riducendo gli sprechi e migliorando l'esperienza complessiva.

Soluzioni:

- **Guida alla conservazione**: Fornire guide o etichette informative sui prodotti che offrono consigli su come conservare al meglio ogni tipo di verdura o frutto per preservarne la freschezza.

- **Workshop e seminari**: Organizzare eventi educativi che insegnano ai consumatori come utilizzare e conservare in modo ottimale i prodotti idroponici, promuovendo uno stile di vita sostenibile e consapevole.

Ricerca e Sviluppo Continuo

L'innovazione continua nel campo della conservazione post-raccolta è fondamentale per affrontare le sfide emergenti e per sfruttare nuove opportunità per migliorare la sostenibilità e l'efficienza del sistema idroponico.

Soluzioni:

- **Collaborazioni di ricerca**: Stabilire partnership tra università, centri di ricerca e aziende agricole per esplorare nuove tecnologie e metodi di conservazione che possono essere applicati specificamente alla produzione idroponica.

- **Sperimentazione di nuovi materiali**: Investire nella ricerca di nuovi materiali per il packaging e la conservazione che siano più efficaci nel prolungare la vita dei prodotti e che al contempo siano ecocompatibili.

Incorporando queste strategie e tecniche avanzate, la gestione post-raccolta dei prodotti idroponici può diventare più efficiente, sostenibile e in grado di offrire prodotti di alta qualità che soddisfano le esigenze dei consumatori moderni. L'impegno verso l'innovazione e la sostenibilità in tutte le fasi del ciclo di vita dei prodotti idroponici non solo migliorerà la resilienza e la produttività del settore ma contribuirà anche a un futuro agricolo più sostenibile.

Valorizzazione dei Dati di Raccolta e Consumo

L'accumulo e l'analisi dei dati relativi alla raccolta, alla conservazione e ai modelli di consumo possono offrire preziose intuizioni per ottimizzare ulteriormente la filiera dei prodotti idroponici, dalla produzione alla tavola del consumatore.

Soluzioni:

- **Sistemi di gestione dati**: Implementare sistemi avanzati per la raccolta e l'analisi dei dati che monitorano le condizioni e la durata della conservazione dei prodotti, così come le preferenze e le abitudini di consumo dei clienti, per guidare decisioni informate sulla produzione e sulla distribuzione.

- **Feedback in tempo reale**: Sviluppare piattaforme che permettano ai consumatori di fornire feedback in tempo reale sulla freschezza e sulla qualità dei prodotti, consentendo ai produttori di adattare rapidamente le pratiche di raccolta e conservazione.

Integrazione con Sistemi Alimentari Circolari

Incorporare la produzione idroponica in sistemi alimentari più ampi e circolari può contribuire significativamente alla sostenibilità complessiva, riducendo gli sprechi e valorizzando le risorse in ogni fase del processo.

Soluzioni:

- **Compostaggio dei rifiuti organici**: Promuovere il compostaggio dei rifiuti organici derivanti dalla preparazione e dal consumo di prodotti idroponici per generare compost di alta qualità utilizzabile in altre applicazioni agricole.

- **Simbiosi industriale**: Creare collaborazioni tra produttori idroponici e altre imprese per lo scambio di risorse, come l'utilizzo di sottoprodotti di una produzione come input per un'altra, minimizzando gli sprechi e massimizzando l'efficienza delle risorse.

Innovazione nel Packaging Sostenibile

Il packaging gioca un ruolo cruciale nella conservazione dei prodotti idroponici, ma è anche una fonte significativa di rifiuti. L'innovazione nel design e nei materiali di packaging può ridurre l'impatto ambientale pur mantenendo la qualità del prodotto.

Soluzioni:

- **Materiali biodegradabili e compostabili**: Esplorare l'uso di materiali innovativi per il packaging che siano non solo funzionali in termini di conservazione del prodotto ma anche completamente biodegradabili o compostabili, riducendo l'impronta di rifiuti.

- **Riutilizzo e riciclo**: Progettare imballaggi che incoraggiano il riutilizzo o che siano facilmente riciclabili, coinvolgendo i consumatori in un ciclo di vita sostenibile del prodotto.

Formazione e Sensibilizzazione del Consumatore

Educare i consumatori sulle pratiche sostenibili di conservazione e consumo dei prodotti idroponici non solo può estendere la freschezza e la durata dei prodotti ma anche promuovere uno stile di vita più sostenibile.

Soluzioni:

- **Guida alla conservazione domestica**: Offrire informazioni e risorse che guidano i consumatori su come conservare al meglio i prodotti idroponici a casa, estendendone la durata e mantenendone la qualità.

- **Iniziative di sensibilizzazione**: Lanciare campagne che sottolineano l'importanza della sostenibilità nella produzione alimentare e incoraggiano pratiche di consumo responsabile, aumentando la consapevolezza sull'impatto ambientale dell'alimentazione.

Attraverso l'adozione di queste strategie e l'impegno continuo verso l'innovazione e la sostenibilità, è possibile trasformare la catena di valore dei prodotti idroponici in un modello esemplare di efficienza, qualità e responsabilità ambientale. Affrontando proattivamente le sfide associate alla raccolta, alla conservazione e al consumo, si apre la strada a un futuro in cui i sistemi idroponici non solo forniscono cibo fresco e nutriente ma contribuiscono anche alla costruzione di sistemi alimentari più resilienti, equi e sostenibili.

Sviluppo di Tecnologie Post-Raccolta Accessibili

Mentre la tecnologia gioca un ruolo sempre più centrale nella massimizzazione della freschezza e della durata dei prodotti idroponici, è essenziale rendere queste soluzioni accessibili a tutti i livelli di produttori, dalle piccole aziende agricole agli hobbisti.

Soluzioni:

- **Kit di conservazione fai-da-te**: Sviluppare e distribuire kit di conservazione a basso costo che possono essere utilizzati a casa o in piccole aziende agricole per estendere la vita dei prodotti idroponici con semplici strumenti e tecniche.

- **Formazione tecnica online**: Offrire corsi online e webinar che insegnano tecniche di conservazione post-raccolta efficaci utilizzando tecnologie semplici e accessibili, consentendo ai produttori di tutti i livelli di adottare pratiche migliori.

Uso di Dati per una Gestione Personalizzata del Raccolto

L'analisi dei dati raccolti durante tutto il ciclo di vita delle colture idroponiche può offrire approfondimenti cruciali per una gestione personalizzata del raccolto, dalla regolazione della nutrizione alla pianificazione della raccolta e alle strategie di conservazione.

Soluzioni:

- **Applicazioni agricole intelligenti**: Sviluppare applicazioni che integrano i dati sensoriali dall'idroponica con algoritmi predittivi per fornire consigli personalizzati su quando e come raccogliere e conservare le colture per ottimizzare la qualità e ridurre gli sprechi.

- **Piattaforme di condivisione dati**: Creare piattaforme collaborative dove i coltivatori possono condividere dati e best practices relativi alla raccolta e alla conservazione, promuovendo un'apprendimento collettivo e miglioramenti continui nel settore.

Strategie di Riduzione degli Sprechi Alimentari

Considerando che una significativa percentuale di sprechi alimentari avviene dopo la raccolta, l'adozione di strategie mirate alla riduzione di questi sprechi è fondamentale per aumentare l'efficienza del sistema alimentare globale.

Soluzioni:

- **Programmi di donazione**: Stabilire collaborazioni con banche alimentari e organizzazioni caritative per donare i prodotti idroponici in eccesso o quelli che non soddisfano i criteri estetici del mercato ma sono ancora perfettamente commestibili.

- **Trasformazione alimentare**: Incoraggiare la trasformazione dei prodotti idroponici in eccesso o vicini alla scadenza in prodotti a lunga conservazione, come salse, conserve o essiccati, riducendo gli sprechi e creando nuove opportunità di mercato.

Impatto Ambientale e Ciclo di Vita del Prodotto

Valutare l'impatto ambientale complessivo dei prodotti idroponici, dalla produzione alla raccolta e oltre, permette di identificare aree di miglioramento e di adottare pratiche che minimizzino l'impronta ecologica del sistema idroponico.

Soluzioni:

- **Studi di valutazione del ciclo di vita (LCA)**: Conduire studi LCA sui prodotti idroponici per valutare l'impatto ambientale in diverse fasi del loro ciclo di vita e identificare punti critici dove possono essere implementate strategie di mitigazione.

- **Sostenibilità integrata**: Promuovere un approccio alla sostenibilità che copra tutti gli aspetti del sistema idroponico, dalla scelta dei materiali per l'impianto alla gestione dell'energia e dell'acqua, fino alle pratiche di raccolta e conservazione.

Attraverso l'integrazione di queste pratiche avanzate e un impegno continuo verso l'innovazione, la ricerca e la sostenibilità, è possibile trasformare la raccolta e la conservazione dei prodotti idroponici in un processo efficiente, responsabile e sostenibile. Questi sforzi non solo migliorano la qualità e la durata dei prodotti ma contribuiscono anche a un sistema alimentare più resiliente e sostenibile, capace di affrontare le sfide future e di nutrire la popolazione globale in crescita in modo etico ed ecologico.

In conclusione, la gestione efficace della raccolta e conservazione dei prodotti coltivati idroponicamente rappresenta un aspetto cruciale per garantire la sostenibilità, la qualità e la freschezza del raccolto, contribuendo in modo significativo alla riduzione degli sprechi alimentari e all'ottimizzazione dell'uso delle risorse. L'adozione di strategie basate sulla precisione, come il monitoraggio delle condizioni ottimali di raccolta, l'utilizzo di tecniche e materiali innovativi per la conservazione, e l'implementazione di sistemi di gestione dati avanzati, permette non solo di massimizzare la durata e il valore nutrizionale dei prodotti ma anche di promuovere pratiche agricole responsabili e rispettose dell'ambiente.

L'integrazione di tecnologie post-raccolta accessibili e la valorizzazione dei dati per una gestione personalizzata del raccolto ampliano le possibilità di ottimizzare ogni fase del processo, dalla produzione al consumo. Allo stesso tempo, l'adozione di strategie innovative per la riduzione degli sprechi alimentari, come i programmi di donazione e la trasformazione alimentare, non solo aumenta l'efficienza del sistema alimentare ma contribuisce anche a un impatto sociale positivo, affrontando la questione della sicurezza alimentare.

La valutazione dell'impatto ambientale complessivo e l'impegno verso la sostenibilità integrata enfatizzano la necessità di un approccio olistico che consideri l'intero ciclo di vita del prodotto idroponico. Studi di valutazione del ciclo di vita (LCA) e pratiche sostenibili integrate possono guidare il settore verso un impatto ambientale ridotto, evidenziando l'importanza di scelte consapevoli in ogni fase, dalla selezione dei materiali e della gestione delle risorse fino alle pratiche di raccolta e conservazione.

In ultima analisi, la chiave per il successo nella raccolta e conservazione dei prodotti idroponici risiede nella capacità di combinare innovazione tecnologica, comprensione ecologica profonda e impegno collettivo verso la sostenibilità. Questo non solo garantisce la produzione di alimenti freschi e di alta qualità ma pone anche le basi per un futuro agricolo più resiliente e sostenibile. Con l'attenzione alle esigenze del pianeta e delle generazioni future, la coltivazione idroponica può continuare a evolversi come una componente vitale di un sistema alimentare globale equo, efficiente e sostenibile.

17. Sicurezza alimentare nell'idroponica: Affronta l'importanza della sicurezza alimentare, come evitare la contaminazione nelle colture idroponiche.

La sicurezza alimentare nell'idroponica è fondamentale per garantire che i prodotti coltivati siano sicuri, sani e liberi da contaminanti. A differenza della coltivazione tradizionale in suolo, l'idroponica presenta sfide uniche legate alla gestione dell'acqua e alla prevenzione delle malattie. Tuttavia, con pratiche adeguate, è possibile minimizzare i rischi e produrre alimenti di alta qualità. Ecco alcuni aspetti cruciali e consigli per promuovere la sicurezza alimentare nell'idroponica:

1. Gestione dell'Acqua

L'acqua è un veicolo comune per patogeni che possono compromettere la sicurezza alimentare. Una gestione accurata dell'acqua è quindi essenziale:

- **Qualità dell'Acqua**: Utilizzare acqua di qualità comprovata per i sistemi idroponici, preferibilmente testata per assenza di contaminanti chimici e biologici.

- **Ricircolo dell'Acqua**: Se si ricircola l'acqua, è importante implementare sistemi di filtrazione e sterilizzazione, come i filtri UV o l'ozonizzazione, per eliminare patogeni e impedire la loro diffusione.

2. Prevenzione e Controllo delle Malattie

La prevenzione delle malattie è più efficace della cura.
Mantenere un ambiente di crescita sano aiuta a
prevenire l'insorgere di problemi:

- **Igiene del Sistema**: Pulire e disinfettare
  regolarmente tutti i componenti del sistema
  idroponico, compresi i serbatoi d'acqua, i tubi e i
  supporti di crescita, per rimuovere residui
  organici e prevenire l'accumulo di patogeni.

- **Controllo Integrato dei Parassiti (IPM)**:
  Adottare strategie di controllo dei parassiti che
  combinino metodi biologici, culturali e fisici per
  ridurre la dipendenza da pesticidi chimici.

3. Monitoraggio Costante

La sorveglianza attiva attraverso il monitoraggio
costante delle condizioni del sistema e la salute delle
piante è cruciale per la prevenzione della
contaminazione:

- **Test Regolari**: Eseguire test periodici sulla
  soluzione nutritiva e sull'acqua di ricircolo per
  rilevare tempestivamente eventuali segni di
  contaminazione chimica o biologica.

- **Osservazione delle Piante**: Monitorare le
  piante per segni precoci di stress o malattia, che
  possono indicare problemi di sicurezza
  alimentare.

4. Formazione e Educazione

La formazione continua di chi opera nel sistema idroponico è fondamentale per mantenere elevati standard di sicurezza alimentare:

- **Buone Pratiche Agricole (GAP)**: Formare il personale sulle buone pratiche agricole specifiche per l'idroponica, comprese tecniche adeguate di manipolazione e igiene.

- **Aggiornamenti Costanti**: Mantenere il personale informato su nuove ricerche, tecnologie e metodi per migliorare la sicurezza alimentare nell'idroponica.

5. Tracciabilità e Trasparenza

Un sistema efficace di tracciabilità aiuta a garantire la sicurezza alimentare, consentendo di rintracciare rapidamente e accuratamente la fonte di eventuali problemi:

- **Registrazione Attenta**: Mantenere registrazioni dettagliate delle pratiche di coltivazione, compresi i dettagli sulla provenienza dei semi, sull'uso di nutrienti e sulla gestione delle malattie.

- **Trasparenza con i Consumatori**: Fornire informazioni chiare e accessibili ai consumatori sulla provenienza e sulle pratiche di coltivazione dei prodotti idroponici.

Attraverso l'implementazione di queste pratiche e principi, è possibile affrontare efficacemente le sfide legate alla sicurezza alimentare nell'idroponica, garantendo che i prodotti non solo siano di alta qualità ma anche sicuri per il consumo. La sicurezza alimentare nell'idroponica non è solo una responsabilità etica ma anche un impegno verso la salute e il benessere dei consumatori, nonché un fattore chiave per la fiducia e la sostenibilità a lungo termine del settore.

6. Utilizzo Responsabile dei Nutrienti e dei Supplementi

La gestione accurata dei nutrienti e dei supplementi è vitale per evitare la contaminazione delle colture idroponiche. L'eccesso di fertilizzanti può non solo danneggiare le piante ma anche promuovere la crescita di alghe e batteri nocivi.

- **Dosaggio Preciso**: Calibrare con attenzione il dosaggio dei nutrienti in base alle esigenze specifiche delle piante e alla fase di crescita, utilizzando strumenti di misura accurati per prevenire il sovradosaggio.

- **Scelta di Prodotti di Qualità**: Selezionare nutrienti e supplementi da fornitori affidabili, preferendo prodotti certificati che garantiscono l'assenza di contaminanti dannosi.

7. Gestione Ambientale del Luogo di Coltivazione

L'ambiente circostante il sistema idroponico può influenzare significativamente la sicurezza alimentare, attraverso la contaminazione dell'aria e dell'acqua.

- **Controllo dell'Aria**: Installare sistemi di filtrazione dell'aria per rimuovere potenziali contaminanti o spore patogene dall'ambiente di coltivazione.

- **Protezione dell'Acqua**: Assicurarsi che l'acqua di irrigazione sia protetta da possibili contaminanti ambientali, come escoamento agricolo o scarichi industriali, mediante adeguati sistemi di filtrazione o trattamento.

8. Attenzione alla Salute e alla Sicurezza dei Lavoratori

I lavoratori che gestiscono le colture idroponiche possono essere sia una fonte potenziale di contaminazione sia soggetti a rischi per la propria salute se esposti a sostanze chimiche o ambienti insalubri.

- **Politiche di Igiene Rigide**: Implementare e far rispettare rigorose politiche di igiene, come il lavaggio regolare delle mani, l'uso di indumenti protettivi e la prevenzione dell'accesso in caso di malattia.

- **Formazione sulla Sicurezza**: Fornire formazione completa sulla sicurezza, inclusa la gestione sicura dei nutrienti e dei prodotti chimici, per proteggere sia i lavoratori che le colture.

9. Certificazioni e Standard di Sicurezza Alimentare

Ottenere certificazioni basate su standard di sicurezza alimentare riconosciuti a livello internazionale può dimostrare l'impegno verso pratiche di coltivazione sicure e responsabili.

- **Adesione agli Standard**: Adottare e mantenere standard come HACCP (Hazard Analysis and Critical Control Points) o GLOBALG.A.P., che forniscono linee guida e protocolli per garantire la sicurezza alimentare lungo tutta la filiera produttiva.

- **Audit Regolari**: Sottoporsi a controlli e audit regolari da parte di enti certificatori esterni per verificare il rispetto degli standard di sicurezza alimentare e identificare aree di miglioramento.

10. Innovazione e Ricerca Continua

La sicurezza alimentare nell'idroponica beneficia dell'innovazione e della ricerca continua, che possono offrire nuove soluzioni per mitigare i rischi di contaminazione e migliorare la qualità e la sicurezza delle colture.

- **Collaborazione con Istituti di Ricerca**: Collaborare con università e centri di ricerca per studiare nuovi metodi di prevenzione delle malattie, migliorare la gestione dei nutrienti e sviluppare tecnologie avanzate per il monitoraggio della sicurezza alimentare.

- **Sperimentazione e Valutazione**: Testare nuovi approcci e tecnologie in piccola scala prima dell'implementazione completa, valutando attentamente l'impatto sulla sicurezza alimentare e l'efficacia complessiva.

Adottando questi principi e pratiche, è possibile affrontare proattivamente le sfide legate alla sicurezza alimentare nell'idroponica, promuovendo sistemi di coltivazione che non solo siano produttivi e sostenibili ma anche sicuri per i consumatori. La sicurezza alimentare richiede un impegno costante e la collaborazione di tutti gli attori coinvolti, dalla selezione dei materiali fino alla tavola dei consumatori, per garantire che l'alimentazione idroponica rimanga una fonte affidabile e sicura di alimenti freschi e nutritivi.

11. Monitoraggio Microbiologico Regolare

Un'attenzione particolare deve essere rivolta al monitoraggio microbiologico dei sistemi idroponici per prevenire la proliferazione di patogeni nocivi che possono compromettere la sicurezza alimentare.

- **Analisi Microbiologiche**: Effettuare regolarmente analisi microbiologiche della soluzione nutritiva e delle piante per identificare precocemente la presenza di batteri patogeni come E. coli, Salmonella, e Listeria.

- **Protocolli di Risposta Rapida**: Sviluppare e implementare protocolli di risposta rapida in caso di rilevamento di contaminazione microbiologica, inclusa la disinfezione del sistema e la rimozione sicura delle piante contaminate.

12. Uso Responsabile e Sicuro dei Pesticidi

Sebbene l'idroponica riduca la necessità di pesticidi, il loro uso può essere necessario per il controllo di parassiti e malattie. L'uso responsabile e sicuro di questi prodotti è essenziale per mantenere la sicurezza alimentare.

- **Pesticidi Approvati e Sicuri**: Utilizzare solo pesticidi approvati e sicuri per l'uso in sistemi idroponici, seguendo attentamente le istruzioni di dosaggio e applicazione per evitare residui nocivi sulle piante.

- **Metodi Alternativi**: Privilegiare metodi di controllo dei parassiti non chimici, come il controllo biologico con l'introduzione di predatori naturali, o tecniche fisiche come trappole e barriere.

13. Gestione Sostenibile dei Residui di Coltura

La gestione dei residui di coltura e dell'acqua di scarto è un altro aspetto importante della sicurezza alimentare, influenzando sia la sostenibilità ambientale che la salute pubblica.

- **Compostaggio**: Promuovere il compostaggio dei residui vegetali per trasformarli in un ricco ammendante per il suolo, riducendo gli sprechi e riciclando i nutrienti.

- **Trattamento dell'Acqua di Scarto**: Assicurarsi che l'acqua di scarto sia trattata adeguatamente prima dello smaltimento o del riutilizzo, per prevenire la contaminazione dell'ambiente circostante.

14. Formazione Continua sulla Sicurezza Alimentare

La formazione continua di tutti i soggetti coinvolti nella produzione idroponica è cruciale per mantenere elevati standard di sicurezza alimentare.

- **Programmi di Formazione Regolari**: Organizzare sessioni di formazione regolari per il personale su temi relativi alla sicurezza alimentare, compresi l'igiene personale, la manipolazione sicura dei prodotti e la prevenzione della contaminazione.

- **Materiale Educativo Accessibile**: Rendere disponibile materiale educativo aggiornato e facilmente accessibile per tutti i lavoratori, inclusi manuali, video tutorial, e checklist di sicurezza alimentare.

15. Collaborazione e Condivisione delle Best Practices

La collaborazione tra produttori idroponici, istituzioni di ricerca, autorità sanitarie e altre parti interessate è fondamentale per promuovere la sicurezza alimentare e condividere le migliori pratiche.

- **Reti di Produttori**: Partecipare o creare reti di produttori idroponici per scambiare esperienze, conoscenze e innovazioni in materia di sicurezza alimentare.

- **Partnership di Ricerca**: Collaborare con università e centri di ricerca per studiare nuovi metodi di mitigazione dei rischi e per validare l'efficacia delle pratiche di sicurezza alimentare.

Adottando un approccio integrato e proattivo alla sicurezza alimentare, che considera ogni aspetto della produzione idroponica, dalla qualità dell'acqua alla formazione del personale, è possibile garantire che i sistemi idroponici non solo forniscano rendimenti elevati e sostenibili ma lo facciano in modo sicuro e responsabile. La sicurezza alimentare nell'idroponica non riguarda solo la prevenzione della contaminazione e la protezione della salute dei consumatori ma rappresenta anche un impegno verso pratiche agricole che rispettano l'ambiente e promuovono la sostenibilità a lungo termine del settore.

16. Certificazione e Standardizzazione dei Processi

L'adozione di standard riconosciuti a livello internazionale e la certificazione dei processi idroponici possono rafforzare ulteriormente la sicurezza alimentare, offrendo ai consumatori garanzie sulla qualità e la sicurezza dei prodotti.

- **Implementazione di Standard di Qualità**: Adottare sistemi di gestione della qualità come ISO 22000, che specificano i requisiti per un sistema di gestione della sicurezza alimentare, assicurando che i prodotti idroponici soddisfino costantemente i requisiti di sicurezza.

- **Certificazioni Specifiche**: Ottenere certificazioni specifiche per l'idroponica, che attestino il rispetto di pratiche di coltivazione sicure e sostenibili, come quelle fornite da organizzazioni di certificazione biologica o sostenibile.

17. Innovazione nei Sistemi di Monitoraggio

L'utilizzo di tecnologie avanzate per il monitoraggio in tempo reale delle condizioni di crescita e della presenza di potenziali pericoli può migliorare significativamente la capacità di prevenire la contaminazione e assicurare la sicurezza alimentare.

- **Sensoristica Avanzata**: Implementare sensori avanzati che monitorano parametri critici come la qualità dell'acqua, il pH, e la concentrazione di nutrienti, permettendo un'azione preventiva immediata in caso di anomalie.

- **Piattaforme IoT**: Sfruttare le tecnologie dell'Internet delle Cose (IoT) per integrare sensori e dispositivi di monitoraggio, fornendo una panoramica completa e in tempo reale dello stato del sistema idroponico e facilitando la gestione remota.

18. Responsabilità e Trasparenza nel Rapporto con i Consumatori

Costruire un rapporto di fiducia con i consumatori attraverso la trasparenza e la responsabilità riguardo alle pratiche di sicurezza alimentare è essenziale per il successo a lungo termine dell'idroponica come metodo di coltivazione sostenibile.

- **Etichettatura Chiara**: Fornire etichette dettagliate sui prodotti che includano informazioni sulla provenienza, sul metodo di coltivazione e sulle pratiche di sicurezza alimentare adottate.

- **Comunicazione Aperta**: Mantenere canali di comunicazione aperti con i consumatori, offrendo informazioni accessibili sui rischi potenziali e sulle misure di prevenzione e

sicurezza adottate, rafforzando la fiducia nel
prodotto.

19. Gestione del Rischio e Pianificazione delle Emergenze

La preparazione e la pianificazione per potenziali
emergenze legate alla sicurezza alimentare possono
aiutare a mitigare rapidamente gli effetti di eventuali
contaminazioni, proteggendo i consumatori e
minimizzando i danni alla reputazione dell'azienda.

- **Analisi dei Rischi**: Condurre regolari analisi
  dei rischi per identificare potenziali punti critici
  nel sistema di produzione dove può verificarsi la
  contaminazione.

- **Piani di Risposta alle Emergenze**:
  Sviluppare e testare piani di risposta alle
  emergenze che delineino azioni specifiche in caso
  di rilevamento di contaminazione, comprese
  procedure di ritiro del prodotto e comunicazione
  con le autorità sanitarie e i consumatori.

20. Cultura della Sicurezza Alimentare

Cultivare una cultura aziendale che ponga la sicurezza
alimentare al centro delle operazioni quotidiane è
fondamentale per garantire che le pratiche di sicurezza
siano sempre rispettate e valutate criticamente per
possibili miglioramenti.

- **Formazione Continua del Personale**:
  Assicurare che tutto il personale riceva

formazione regolare sui principi e le pratiche di sicurezza alimentare, rafforzando l'importanza della loro aderenza per la salute del consumatore.

- **Valutazione e Miglioramento Continuo**: Incoraggiare un approccio di miglioramento continuo, valutando regolarmente l'efficacia delle pratiche di sicurezza alimentare e apportando miglioramenti basati su feedback, ricerca e innovazioni tecnologiche.

Adottando questi approcci avanzati e mantenendo un impegno costante verso la sicurezza alimentare, i sistemi idroponici possono non solo produrre alimenti sicuri e di alta qualità ma anche contribuire alla sostenibilità ambientale e al benessere dei consumatori. La sicurezza alimentare nell'idroponica richiede un impegno olistico che integra tecnologia, formazione, responsabilità e innovazione, garantendo che l'agricoltura idroponica rimanga all'avanguardia nell'offrire soluzioni sostenibili e sicure per sfamare il mondo.

In conclusione, la sicurezza alimentare nell'idroponica è un pilastro fondamentale che sostiene l'integrità e la fiducia nell'agricoltura idroponica come fonte affidabile di prodotti freschi, sani e sicuri. Questa responsabilità si estende ben oltre la semplice prevenzione della contaminazione, toccando aspetti cruciali come la gestione dell'acqua, il controllo delle malattie, l'igiene del sistema, l'uso responsabile di pesticidi e la formazione del personale. Implementando una serie di pratiche proattive, dalle tecniche di monitoraggio avanzate e la standardizzazione dei processi, alla trasparenza nei confronti dei consumatori e alla preparazione per le emergenze, i produttori idroponici possono affrontare efficacemente le sfide legate alla sicurezza alimentare.

La chiave per mantenere elevati standard di sicurezza alimentare nell'idroponica risiede nella creazione di una cultura aziendale che valori la sicurezza alimentare come fondamento essenziale delle pratiche quotidiane. Questo impegno richiede una collaborazione continua tra produttori, ricercatori, autorità sanitarie e consumatori, per promuovere l'innovazione, condividere le migliori pratiche e migliorare costantemente i sistemi di produzione. Attraverso la certificazione e l'adesione a standard riconosciuti, insieme all'adozione di nuove tecnologie e all'implementazione di sistemi di gestione del rischio, è possibile non solo mitigare i pericoli ma anche rafforzare la fiducia nel settore idroponico.

La sicurezza alimentare rappresenta una promessa verso i consumatori che i prodotti che essi consumano sono stati coltivati, raccolti e manipolati con la massima cura e attenzione per la loro salute. Questo impegno nei confronti della sicurezza alimentare non solo assicura la produzione di alimenti di qualità ma contribuisce anche agli obiettivi più ampi di sostenibilità ambientale, benessere sociale e sicurezza alimentare globale. L'idroponica, con le sue potenzialità di produzione efficiente e sostenibile, sta all'avanguardia nell'innovazione agricola, offrendo soluzioni vitali per affrontare le sfide del futuro alimentare. Tuttavia, il successo e la sostenibilità a lungo termine di questa modalità di coltivazione dipendono dall'impegno incessante e collettivo verso la sicurezza alimentare, garantendo che ogni fase del processo idroponico sia gestita con cura, precisione e responsabilità.

18. Progetti fai-da-te: Ispirazione per progetti idroponici fai-da-te, dalla coltivazione di erbe aromatiche in cucina a sistemi più complessi.

I progetti fai-da-te (DIY) nell'idroponica offrono un modo accessibile e gratificante per immergersi nell'agricoltura urbana, permettendo anche a chi dispone di spazi ristretti di coltivare alimenti freschi tutto l'anno. Che tu sia un principiante interessato a coltivare semplici erbe aromatiche in cucina o un hobbista più esperto alla ricerca di sfide maggiori, esistono numerosi progetti idroponici che possono ispirare e adattarsi a vari livelli di competenza e spazio disponibile.

Progetto 1: Giardino Idroponico per Erbe Aromatiche da Cucina

Livello: Principiante
Spazio Necessario: Piccolo, come un davanzale o un angolo della cucina

Questo progetto è ideale per chi desidera iniziare con qualcosa di semplice. Utilizzando bottiglie di plastica riciclate o piccoli contenitori, puoi creare un mini-giardino idroponico perfetto per coltivare erbe come basilico, menta e coriandolo. Avrai bisogno di un mezzo di coltivazione inerte, come perlite o argilla espansa, una soluzione nutritiva idroponica e, opzionalmente, una piccola pompa d'aria per ossigenare l'acqua.

Progetto 2: Sistema Idroponico NFT (Nutrient Film Technique)

Livello: Intermedio
Spazio Necessario: Moderato, come un balcone o un piccolo giardino

Il sistema NFT è una scelta popolare per i progetti DIY di livello intermedio. Consiste nell'utilizzare tubi di PVC inclinati per far scorrere una sottile pellicola di soluzione nutritiva alle radici delle piante, che sono alloggiate in appositi fori lungo il tubo. Questo sistema è ottimale per coltivare lattuga, spinaci e altre verdure a foglia. Avrai bisogno di tubi di PVC, una pompa d'acqua, un serbatoio per la soluzione nutritiva e materiale per i supporti delle piante.

Progetto 3: Torre Idroponica Verticale

Livello: Avanzato
Spazio Necessario: Variabile, adatto sia per interni che per esterni

Una torre idroponica verticale permette di massimizzare la produzione in spazi ristretti, coltivando piante su più livelli in verticale. Questo sistema è adatto per la coltivazione di una varietà di verdure e erbe aromatiche. Utilizzando contenitori impilabili o costruendo una struttura verticale con tubi, è possibile creare un sistema efficiente che utilizza la gravità per distribuire la soluzione nutritiva. È richiesta una pompa per portare l'acqua in cima alla torre e materiali adatti per costruire la struttura portante.

Progetto 4: Sistema Idroponico DWC (Deep Water Culture)

Livello: Principiante - Intermedio
Spazio Necessario: Flessibile, adatto per interni

Il sistema DWC è un altro progetto DIY semplice ma efficace, che immerge le radici delle piante direttamente in una soluzione nutritiva ossigenata. Questo metodo è particolarmente adatto per coltivazioni che beneficiano di un costante apporto idrico, come l'insalata e il basilico. Per realizzarlo, puoi usare un contenitore di plastica come serbatoio, inserendo cestini per piante riempiti con argilla espansa per sostenere le piantine. Una pompa d'aria, simile a quelle usate negli acquari, fornirà l'ossigenazione necessaria alla soluzione nutritiva.

Consigli per il Successo

- **Ricerca e Pianificazione**: Prima di iniziare, dedica del tempo alla ricerca per capire le esigenze specifiche delle piante che desideri coltivare e i requisiti del sistema idroponico che intendi costruire.

- **Monitoraggio e Manutenzione**: Una volta che il tuo sistema è operativo, monitora regolarmente la soluzione nutritiva e l'ambiente di crescita. Ajustamenti regolari ti aiuteranno a mantenere le piante sane e produttive.

- **Sperimentazione**: Non esitare a sperimentare con diverse piante, soluzioni nutritive e configurazioni del sistema per trovare ciò che funziona meglio per te. L'idroponica DIY è un processo di apprendimento continuo che può essere incredibilmente gratificante.

Che tu stia cercando di impreziosire la tua cucina con erbe fresche o di creare un'abbondante oasi verde in uno spazio urbano, i progetti idroponici fai-da-te offrono un'ampia gamma di possibilità per coltivatori di tutti i livelli. Con un po' di creatività, ricerca e dedizione, è possibile coltivare con successo piante rigogliose e nutrienti, indipendentemente dallo spazio o dall'esperienza precedente.

Progetto 5: Sistema Idroponico a Goccia a Goccia per Coltura Indoor

Livello: Intermedio
Spazio Necessario: Variabile, ideale per spazi interni come garage o cantine

Un sistema a goccia a goccia è una soluzione eccellente per chi desidera un approccio più controllato alla distribuzione della soluzione nutritiva, ottimale per la coltivazione di piante con esigenze idriche specifiche come pomodori, peperoni e fragole. Utilizzando un timer, la pompa distribuisce regolarmente la soluzione nutritiva attraverso un sistema di tubi direttamente alle radici delle piante. Questo progetto richiede un serbatoio per la soluzione, una pompa, tubi per l'irrigazione a goccia e contenitori per le piante.

Progetto 6: Microgreens Idroponici su Scala Piccola

Livello: Principiante
Spazio Necessario: Molto piccolo, perfetto per banconi da cucina o piccole mensole

Coltivare microgreens idroponicamente è un ottimo progetto per i principianti interessati a risultati rapidi. I microgreens, come rucola, senape e cavolo, possono essere coltivati in piccoli contenitori o vassoi utilizzando un mezzo di coltivazione inerte e una soluzione nutritiva leggera. Questo metodo non richiede attrezzature complesse, rendendolo accessibile a tutti.

Progetto 7: Coltivazione Idroponica Sperimentale

Livello: Avanzato
Spazio Necessario: Variabile, a seconda dell'esperimento

Per i coltivatori più esperti interessati alla sperimentazione, esplorare combinazioni uniche di sistemi idroponici e varietà di piante può portare a scoperte interessanti. Ciò può includere il test di sistemi aeroponici per radici aeree, l'ibridazione di tecniche idroponiche o la coltivazione di piante non convenzionali per l'idroponica. Questo approccio richiede una comprensione solida dei principi idroponici e la disponibilità a monitorare attentamente e adattarsi ai bisogni delle piante.

Progetto 8: Wall Garden Idroponico

Livello: Intermedio - Avanzato
Spazio Necessario: Poco ingombrante, adatto per pareti interne

Un giardino verticale idroponico non solo è un modo efficiente per coltivare piante in spazi ristretti ma può anche trasformarsi in un'opera d'arte vivente. Questo progetto implica la costruzione di una struttura verticale con alloggiamenti per le piante e un sistema per la distribuzione della soluzione nutritiva. Le erbe aromatiche, le insalate e le piante ornamentali sono scelte popolari per questo tipo di giardino.

Consigli per l'Innovazione e la Personalizzazione

- **Adattabilità**: Sii pronto ad adattare il design del tuo sistema idroponico alle esigenze specifiche delle tue piante e dello spazio disponibile. La personalizzazione è una delle chiavi del successo nell'idroponica DIY.

- **Tecnologia Smart**: Considera l'integrazione di tecnologia smart nel tuo giardino idroponico, come sistemi di monitoraggio app-based che possono aiutarti a tenere traccia dell'umidità, della temperatura, e dei livelli di nutrienti.

- **Community e Risorse Online**: Sfrutta le community online e i forum dedicati all'idroponica per ottenere consigli, ispirazione e supporto. Condividere esperienze e sfide con altri appassionati può offrire nuove idee e soluzioni.

I progetti fai-da-te nell'idroponica offrono un'opportunità unica per esplorare l'agricoltura sostenibile e la coltivazione alimentare da un punto di vista pratico e creativo. Che tu stia cercando di iniziare con qualcosa di semplice o di esplorare sistemi più complessi, l'idroponica DIY permette di adattare la coltivazione alle tue esigenze, aprendo un mondo di possibilità per coltivare cibo fresco e nutriente in qualsiasi ambiente. Con impegno, curiosità e un po' di sperimentazione, puoi trasformare qualsiasi spazio in un'oasi verde produttiva.

Progetto 9: Sistema Idroponico Aquaponico Integrato

Livello: Avanzato
Spazio Necessario: Moderato, ideale per spazi esterni come giardini o terrazze, ma adattabile anche per interni più ampi

Un sistema aquaponico combina l'idroponica con l'acquacoltura, creando un ecosistema simbiotico in cui piante e pesci prosperano insieme. Le piante utilizzano i rifiuti dei pesci come nutrienti, purificando l'acqua nel processo. Questo progetto richiede una vasca per i pesci, un sistema di filtraggio per trattare l'acqua prima che raggiunga le piante e un'area di coltivazione idroponica per le piante che, a loro volta, filtrano l'acqua per i pesci. È ideale per coltivatori che desiderano esplorare sistemi sostenibili e cicli chiusi di produzione alimentare.

Progetto 10: Giardino Idroponico Sospeso

Livello: Intermedio
Spazio Necessario: Poco ingombrante, perfetto per interni o piccoli spazi esterni

Creare un giardino idroponico sospeso non solo ottimizza lo spazio verticale ma aggiunge anche un elemento estetico unico all'ambiente. Utilizzando contenitori sospesi o ripiani a più livelli, questo sistema può essere alimentato da una semplice configurazione a goccia a goccia o utilizzare la tecnica NFT. La chiave è garantire un'adeguata distribuzione della soluzione nutritiva a tutte le piante e un buon drenaggio. Le erbe aromatiche, le insalate e le piante ornamentali sono scelte eccellenti per questo tipo di sistema.

Progetto 11: Coltivazione Idroponica di Piante Aromatiche Rare

Livello: Avanzato
Spazio Necessario: Variabile, adattabile a spazi interni ed esterni

Per i coltivatori più sperimentali, la coltivazione idroponica di piante aromatiche rare o esotiche offre una sfida unica e la possibilità di esplorare la biodiversità vegetale. Questo progetto richiede una ricerca approfondita sulle esigenze specifiche di ogni pianta, compresi i requisiti di luce, temperatura e nutrienti, per adattare il sistema idroponico alle loro esigenze particolari. Potrebbe essere necessario sperimentare con diversi mezzi di coltivazione e soluzioni nutritive per ottenere i migliori risultati.

Progetto 12: Laboratorio Idroponico per l'Educazione

Livello: Principiante - Avanzato
Spazio Necessario: Variabile, adatto per scuole, centri comunitari o anche a casa

Creare un piccolo laboratorio idroponico dedicato all'educazione permette di insegnare ai bambini e agli adulti i principi dell'agricoltura sostenibile e della botanica. Questo progetto può variare in complessità, da semplici sistemi in bottiglie di plastica riciclate per principianti, fino a sistemi più complessi con monitoraggio digitale per utenti avanzati. L'obiettivo è fornire un'esperienza pratica che incoraggi l'apprendimento attivo e la consapevolezza ambientale.

Consigli per la Personalizzazione e l'Adattamento

- **Creatività nel Design**: Non esitare a personalizzare il design del tuo sistema idroponico per adattarlo al tuo stile personale e alle esigenze dello spazio disponibile. L'uso di materiali riciclati o di recupero può aggiungere carattere e ridurre i costi.

- **Integrazione con la Domotica**: Considera l'integrazione del tuo sistema idroponico con soluzioni di domotica esistenti per una gestione semplificata. Sensori intelligenti, timer e sistemi di irrigazione automatizzati possono ottimizzare la cura delle piante e rendere il processo più efficiente.

- **Documentazione e Condivisione**: Documentare il processo di costruzione e manutenzione del tuo sistema idroponico può essere incredibilmente utile, sia per il tuo apprendimento personale che per aiutare altri nella community idroponica. Condividere successi e sfide su blog, social media o forum online può ispirare altri e offrire preziose opportunità di apprendimento reciproco.

I progetti idroponici fai-da-te offrono infinite possibilità per esplorare l'agricoltura urbana e sperimentare con la coltivazione di una vasta gamma di piante in modi innovativi e sostenibili. Che tu stia cercando di coltivare alimenti freschi in un appartamento cittadino o di avviare un'impresa di coltivazione idroponica su piccola scala, l'approccio DIY all'idroponica offre la flessibilità di adattare la coltivazione alle tue esigenze specifiche, promuovendo nel contempo la consapevolezza ambientale e la sostenibilità.

Progetto 13: Sistema Idroponico a Flusso e Riflusso Personalizzato

Livello: Intermedio - Avanzato
Spazio Necessario: Adattabile, ma generalmente richiede uno spazio moderato per una configurazione ottimale

Un sistema a flusso e riflusso, o ebb and flow, sfrutta l'alternanza di inondazione della zona radicale con una soluzione nutritiva e il suo successivo drenaggio. Questo ciclo imita le condizioni naturali, permettendo alle radici di accedere sia ai nutrienti che all'ossigeno. Personalizzare questo sistema per adattarlo a diverse tipologie di piante può essere un progetto stimolante ma gratificante. L'aggiunta di un timer automatizzato per controllare il ciclo di flusso e l'uso di contenitori riadattati o progettati su misura consentono un'elevata personalizzazione.

Progetto 14: Mini-Giardino Idroponico per Piante Grasse e Succulente

Livello: Principiante
Spazio Necessario: Piccolo, ideale per scrivanie o mensole

Sebbene le piante grasse e le succulente tipicamente non richiedano molta acqua, creare un sistema idroponico dedicato a queste piante può essere un modo interessante per esplorare la coltivazione idroponica con esigenze idriche minime. Questo progetto richiede modifiche per assicurare che la soluzione nutritiva non saturi le radici, prevenendo il marciume. Utilizzare un mezzo di coltivazione molto drenante e cicli di irrigazione molto spaziati può offrire un ambiente ideale per queste piante.

Progetto 15: Sistema Idroponico per la Coltivazione di Funghi

Livello: Avanzato
Spazio Necessario: Variabile, dipende dalle specie di funghi coltivate

La coltivazione idroponica di funghi rappresenta un'area sperimentale affascinante, che si discosta dalla tradizionale coltivazione in substrati organici. Richiede un controllo rigoroso delle condizioni ambientali, come umidità, temperatura e composizione della soluzione nutritiva. Questo progetto potrebbe includere l'uso di contenitori chiusi e sistemi di nebulizzazione per mantenere l'umidità elevata, essenziale per la crescita dei funghi.

Progetto 16: Idroponica Integrata in Spazi di Vita

Livello: Intermedio
Spazio Necessario: Flessibile, integrabile in vari ambienti domestici

Integrare sistemi idroponici negli spazi abitativi, come pareti vegetali idroponiche o isole da cucina con giardini idroponici incorporati, non solo fornisce alimenti freschi a portata di mano ma aggiunge anche un elemento di design vivente. Questi progetti richiedono una pianificazione accurata per integrarsi con l'estetica e la funzionalità dello spazio, oltre a sistemi di irrigazione discreti e efficienti.

Progetto 17: Idroponica Sperimentale con Illuminazione LED Personalizzata

Livello: Avanzato
Spazio Necessario: Moderato, adatto a laboratori domestici o garage

Esplorare l'uso di sistemi di illuminazione LED personalizzati per promuovere la crescita ottimale delle piante idroponiche offre la possibilità di sperimentare con lo spettro luminoso e l'intensità. Questo progetto può includere la creazione di pannelli LED programmabili che simulano i cicli naturali di luce e oscurità, nonché differenti spettri luminosi per favorire specifiche fasi di crescita delle piante.

Consigli per l'Esplorazione e l'Innovazione

- **Documentazione Rigorosa**: Mantenere una documentazione dettagliata di tutti i progetti, inclusi disegni, specifiche tecniche, e osservazioni sulle prestazioni delle piante. Questo diventerà un prezioso riferimento per future iterazioni e miglioramenti.

- **Collaborazione Comunitaria**: Partecipare a workshop, fiere, e gruppi online dedicati all'idroponica per scambiare idee, soluzioni e ispirazioni con altri appassionati.

- **Apertura all'Apprendimento**: Ogni progetto, sia un successo che un insuccesso, offre opportunità di apprendimento. Adottare un approccio aperto e curioso, sperimentando con nuove tecniche e adattamenti per superare le sfide.

I progetti fai-da-te idroponici offrono un terreno fertile per l'innovazione, la creatività e l'autosufficienza, permettendo a chiunque di diventare un coltivatore urbano. Che tu stia cercando di ottimizzare lo spazio limitato di un appartamento o di esplorare nuove frontiere nella coltivazione di piante, l'idroponica DIY presenta infinite possibilità per trasformare la tua passione per la coltivazione in realtà tangibili e rigogliose.

Progetto 18: Sistema Idroponico Portatile per l'Educazione

Livello: Principiante - Intermedio
Spazio Necessario: Piccolo, ideale per aule scolastiche o laboratori educativi

Creare un sistema idroponico portatile può servire come strumento didattico eccellente, permettendo agli insegnanti di dimostrare i principi dell'idroponica e della botanica in modo interattivo. Questi sistemi possono essere progettati su piccola scala con materiali leggeri e dotati di ruote per facilitarne il trasporto. L'inclusione di un piccolo serbatoio d'acqua, una pompa ricaricabile a batteria e vari tipi di piante offre un'esperienza educativa completa e multidisciplinare.

Progetto 19: Sistema Idroponico a Parete per Uffici

Livello: Intermedio
Spazio Necessario: Adattabile, ma focalizzato su spazi di lavoro e aree comuni

Per coloro che desiderano portare un tocco di verde e freschezza negli ambienti di lavoro, un sistema idroponico a parete offre sia benefici estetici che pratici. Oltre a migliorare la qualità dell'aria e l'ambiente di lavoro, queste pareti verdi possono fornire erbe fresche o fiori per il personale. Il progetto richiede un'attenta considerazione dell'illuminazione, dell'accesso all'acqua e della manutenzione, assicurando che il sistema sia sia funzionale che bello da vedere.

Progetto 20: Coltivazione Idroponica di Specie Vegetali Insolite

Livello: Avanzato
Spazio Necessario: Variabile, in base alle esigenze specifiche delle piante scelte

Per i coltivatori più avventurosi, la sfida di coltivare specie vegetali insolite o rare in un sistema idroponico può offrire un'esperienza unica e gratificante. Che si tratti di varietà esotiche di frutta, verdura o fiori, questo progetto richiede ricerche approfondite per comprendere le esigenze specifiche di ogni pianta e adattare di conseguenza il sistema idroponico, potenzialmente esplorando nuove tecniche di coltivazione e soluzioni nutritive personalizzate.

Consigli per l'Innovazione Continua

- **Feedback Costante**: Implementare meccanismi per raccogliere feedback continuo sulle prestazioni del sistema, sia attraverso osservazioni dirette che tramite sensori e monitoraggio automatico, per guidare iterazioni e miglioramenti futuri.

- **Esplorazione di Nuovi Materiali**: Rimani alla ricerca di nuovi materiali e tecnologie che possono essere integrati nei sistemi idroponici per migliorarne l'efficienza, la sostenibilità o l'usabilità. Materiali riciclati, bioplastiche o

nuove leghe leggere possono offrire vantaggi
significativi.

- **Partecipazione a Comunità di Coltivatori**:
  Essere attivi in comunità online e offline di
  coltivatori idroponici permette di condividere
  scoperte, ricevere consigli e rimanere aggiornati
  sulle ultime tendenze e innovazioni nel campo
  dell'idroponica.

I progetti idroponici fai-da-te rappresentano non solo
un hobby o una passione, ma anche un potente
strumento di apprendimento, sostenibilità e
innovazione. Attraverso la sperimentazione e la
personalizzazione, è possibile scoprire nuove
possibilità per coltivare cibo in modi che rispettino
l'ambiente e arricchiscano le nostre vite. Che tu stia
costruendo il tuo primo sistema idroponico o
esplorando frontiere avanzate della coltivazione
idroponica, ogni progetto offre l'opportunità di
imparare, crescere e contribuire a un futuro più verde e
sostenibile.

**Progetto 21: Coltivazione Idroponica di Piante
Carnivore**

Livello: Avanzato
Spazio Necessario: Moderato, adatto per aree ben
illuminate all'interno o in serre

La coltivazione di piante carnivore, come le Dionaea
(venus flytrap) o le Nepenthes (lanterne cinesi), in
sistemi idroponici rappresenta una sfida intrigante per

gli appassionati di botanica. Queste piante richiedono condizioni specifiche di umidità, luce e nutrienti, che possono essere ottimizzate attraverso un sistema idroponico controllato. Implementare un sistema a nebbia o a goccia a goccia con controllo dell'umidità e della luce permette di ricreare l'habitat ideale per queste specie affascinanti, trasformando la coltivazione in un progetto scientifico tanto quanto in un'impresa di giardinaggio.

Progetto 22: Sistema Idroponico Modulare per Spazi Comunitari

Livello: Intermedio - Avanzato
Spazio Necessario: Variabile, ideale per condividere risorse in spazi comunitari come scuole, uffici o condomini

Sviluppare un sistema idroponico modulare che possa essere facilmente espanso o ridotto in base alle esigenze della comunità offre un modo flessibile per coinvolgere più persone nella coltivazione idroponica. Questo approccio incoraggia la collaborazione e la condivisione delle conoscenze, oltre a fornire cibo fresco ai partecipanti. Il sistema può partire da unità base che funzionano indipendentemente ma possono essere collegate per condividere risorse come acqua e nutrienti, ottimizzando l'uso e la gestione delle risorse.

Progetto 23: Laboratorio di Coltivazione Sperimentale

Livello: Avanzato
Spazio Necessario: Variabile, richiede uno spazio dedicato per la sperimentazione

Per gli appassionati di idroponica con una vena sperimentale, allestire un laboratorio di coltivazione dedicato alla sperimentazione con vari tipi di sistemi idroponici, soluzioni nutritive e specie vegetali può offrire insights unici e promuovere innovazioni nel campo. Questo spazio può essere utilizzato per testare l'effetto di variabili controllate sulla crescita delle piante, come intensità luminosa, composizione della soluzione nutritiva e densità di piantagione, contribuendo alla comunità scientifica e hobbistica con dati preziosi e osservazioni.

Progetto 24: Impianto Idroponico Automatizzato Smart

Livello: Avanzato
Spazio Necessario: Variabile, richiede una certa competenza tecnologica

Un impianto idroponico completamente automatizzato che utilizza la tecnologia smart per monitorare e regolare le condizioni di crescita può semplificare la gestione del giardino idroponico e ottimizzare la produzione. Integrando sensori IoT per il monitoraggio di parametri come umidità, temperatura, pH, e livelli di nutrienti, unitamente a sistemi di controllo automatizzati per l'illuminazione, l'irrigazione e la ventilazione, si può creare un sistema che regola autonomamente le condizioni ottimali per la crescita delle piante, riducendo il bisogno di interventi manuali.

Consigli per l'Esplorazione di Nuovi Orizzonti

- **Ricerca Approfondita**: Prima di avventurarti in progetti avanzati o non convenzionali, dedica tempo alla ricerca scientifica e ai case study esistenti. Questo ti aiuterà a comprendere meglio le sfide e a pianificare soluzioni efficaci.

- **Rete di Supporto**: Costruisci una rete di supporto con altri coltivatori idroponici, esperti di botanica e tecnologi. La condivisione di esperienze e soluzioni può accelerare l'apprendimento e ispirare nuove idee.

- **Documentazione e Pubblicazione**: Mantieni una documentazione rigorosa dei tuoi progetti, compresi successi, fallimenti e lezioni apprese. Considera la possibilità di pubblicare i tuoi risultati per aiutare altri nella comunità e contribuire alla base di conoscenze collettiva.

Attraverso la continua esplorazione e sperimentazione, i progetti idroponici fai-da-te si trasformano in potenti strumenti di innovazione, educazione e sostenibilità. Ogni nuovo progetto rappresenta un'opportunità per spingere i confini di ciò che è possibile nell'idroponica, sfruttando la creatività, la tecnologia e la collaborazione per coltivare non solo piante, ma anche comunità più forti e un futuro più verde.

Progetto 25: Impianto Idroponico per la Coltivazione di Piante Medicinali

Livello: Intermedio - Avanzato
Spazio Necessario: Variabile, adattabile agli spazi interni con controllo ambientale

La coltivazione di piante medicinali e aromatiche attraverso l'idroponica offre non solo l'opportunità di avere a disposizione ingredienti freschi per rimedi naturali e cucina, ma anche di esplorare le specifiche esigenze di coltivazione di specie potenzialmente delicate o difficili da crescere in suolo. Un tale progetto richiede una comprensione delle particolari esigenze di luce, temperatura, e nutrienti di ogni specie vegetale, così come un sistema idroponico che può essere finemente regolato per soddisfare queste condizioni, come sistemi a flusso e riflusso o NFT con illuminazione LED specifica per spettro.

Progetto 26: Sistema Idroponico per la Coltivazione Verticale in Appartamento

Livello: Principiante - Intermedio
Spazio Necessario: Piccolo, progettato per massimizzare lo spazio verticale in appartamenti

Per gli appassionati di giardinaggio urbano con spazio limitato, un sistema idroponico verticale su misura per appartamenti può trasformare anche l'angolo più piccolo in un rigoglioso giardino interno. Utilizzando strutture verticali sospese o scaffalature, e combinando con illuminazione LED efficiente, è possibile coltivare una varietà di erbe aromatiche, verdure a foglia, e fiori commestibili con un ingombro minimo. Questo tipo di progetto enfatizza l'efficienza spaziale e l'estetica, rendendolo un complemento funzionale e decorativo per qualsiasi abitazione.

Progetto 27: Coltivazione Idroponica di Specie Acquatiche

Livello: Avanzato
Spazio Necessario: Moderato, con accesso a fonti d'acqua controllate

Estendere la coltivazione idroponica alle specie acquatiche, come il riso d'acqua o certe varietà di loto, introduce un interessante angolo di sperimentazione nell'idroponica. Questo richiede vasche o sistemi chiusi che possono simulare ambienti acquatici, con controllo rigoroso della qualità dell'acqua e dei cicli di inondazione. Questa nicchia di coltivazione idroponica apre nuove possibilità per la ricerca agronomica e la produzione di cibi speciali o ornamentali.

Progetto 28: Micro-Fattoria Idroponica Urbana

Livello: Avanzato
Spazio Necessario: Variabile, ideale per un piccolo spazio commerciale o un grande garage

Avviare una micro-fattoria idroponica urbana che serve la comunità locale con prodotti freschi è un progetto ambizioso che può trasformarsi in un'impresa sostenibile. Questo richiede un'attenta pianificazione aziendale, conoscenza delle tecniche idroponiche avanzate, e una comprensione delle dinamiche di mercato locale. La progettazione dovrebbe includere diversi tipi di sistemi idroponici per coltivare un'ampia gamma di prodotti, da verdure a foglia e erbe a frutti speciali, e potrebbe anche integrare elementi di vendita diretta, come mercati agricoli onsite o sistemi di sottoscrizione per la consegna di cesti di verdure.

Progetto 29: Impianto Idroponico Autosufficiente Off-Grid

Livello: Avanzato
Spazio Necessario: Variabile, con considerazioni per l'accesso all'energia solare o altra energia rinnovabile

Creare un sistema idroponico che funzioni completamente off-grid pone una sfida unica, richiedendo l'integrazione di soluzioni energetiche rinnovabili, come pannelli solari o turbine eoliche, per alimentare pompe e sistemi di illuminazione. Questo progetto richiede una pianificazione meticolosa per assicurare che tutte le componenti siano energicamente efficienti e che il sistema possa operare in modo autosufficiente, rendendolo ideale per aree remote o per coloro che cercano di ridurre il loro impatto ambientale.

Consigli per Superare le Sfide

- **Approccio Incrementale**: Affrontare progetti complessi un passo alla volta, iniziando con piccole prove e espandendo gradualmente in base ai successi ottenuti, permette di gestire meglio i rischi e di apprendere dal processo.

- **Adattabilità**: Mantenere un approccio flessibile e aperto all'adattamento è cruciale, poiché non tutte le variabili possono essere previste. Essere pronti a modificare i piani e le configurazioni in base ai risultati osservati è una chiave per il successo a lungo termine.

- **Utilizzo di Risorse Multimediali**: Sfruttare libri, tutorial online, corsi e workshop per acquisire nuove competenze o approfondire le conoscenze tecniche necessarie per progetti più avanzati.

Attraverso questi progetti idroponici fai-da-te, si evidenzia come l'idroponica non sia solo una tecnica di coltivazione, ma una porta aperta all'innovazione, all'esplorazione scientifica e alla connessione con la comunità. Ogni progetto rappresenta un'opportunità per sperimentare, imparare e, infine, contribuire alla crescita di un sistema alimentare più sostenibile e accessibile.

Concludendo, l'esplorazione dei progetti idroponici fai-da-te abbraccia una vasta gamma di possibilità, da semplici impianti casalinghi per erbe aromatiche a sistemi complessi per la micro-fattoria urbana, offrendo opportunità sia per principianti che per esperti di giardinaggio idroponico. Ogni progetto, indipendentemente dal livello di complessità, non solo fornisce il piacere tangibile di coltivare e consumare prodotti freschi, ma incoraggia anche l'innovazione, l'apprendimento continuo e la sostenibilità ambientale.

L'approccio fai-da-te all'idroponica si rivela particolarmente prezioso nel contesto della crescente urbanizzazione e della necessità di sistemi alimentari più resilienti. Offre un mezzo per riconnettersi con il ciclo di crescita del cibo, ridurre l'impronta carbonica personale e promuovere la sicurezza alimentare locale. Inoltre, la coltivazione idroponica DIY si pone come un potente strumento educativo, capace di illustrare concetti scientifici complessi in modo pratico e interattivo, rendendolo particolarmente adatto per scuole, comunità e programmi di sensibilizzazione ambientale.

L'innovazione e la personalizzazione sono al cuore dei progetti idroponici DIY, invitando coltivatori di tutte le età e background a sperimentare con nuove tecniche, piante e configurazioni di sistema. Questo processo non solo stimola la creatività ma spinge anche verso l'adozione di soluzioni tecnologiche avanzate, come l'automazione e il monitoraggio smart, che possono ottimizzare ulteriormente la produzione e ridurre il bisogno di input manuali.

La collaborazione e la condivisione di conoscenze tra la comunità di coltivatori idroponici amplificano l'impatto di questi progetti, accelerando l'innovazione e facilitando la risoluzione di sfide comuni. Attraverso forum online, workshop, e reti sociali, gli appassionati di idroponica possono scambiare consigli, successi e fallimenti, contribuendo a una base di conoscenza collettiva che supporta l'avanzamento del settore.

In ultima analisi, l'adozione di progetti idroponici fai-da-te rappresenta un passo verso un futuro in cui l'accesso a cibo fresco, nutriente e sostenibile è democratizzato, e dove l'agricoltura urbana gioca un ruolo centrale nel sistema alimentare globale. Gli appassionati di idroponica non sono solo coltivatori; sono innovatori, educatori e sostenitori di un movimento verso maggiore sostenibilità e consapevolezza ambientale. Con ogni seme piantato e ogni sistema costruito, ci avviciniamo a realizzare la visione di comunità resilienti e autosufficienti, capaci di prosperare in armonia con il loro ambiente.

19. Comunità e risorse idroponiche: Guida su dove trovare comunità online, corsi, libri e altre risorse per approfondire la coltivazione idroponica.

La coltivazione idroponica, con la sua crescente popolarità come metodo sostenibile e efficiente per produrre cibo, ha generato una vasta rete di comunità, risorse educative e piattaforme di condivisione. Che tu sia un principiante alla ricerca di consigli di base o un coltivatore esperto interessato a tecniche avanzate, esistono numerosi luoghi e strumenti dove trovare informazioni, supporto e ispirazione. Ecco una guida su dove trovare comunità online, corsi, libri e altre risorse per approfondire la coltivazione idroponica.

Comunità Online e Forum

1. **Reddit**: Subreddit come r/Hydroponics e r/Aquaponics sono eccellenti fonti di informazioni, con membri che vanno dai principianti agli esperti. Qui puoi trovare discussioni su specifici problemi di coltivazione, consigli su sistemi idroponici DIY e foto di progetti personali.

2. **GardenWeb**: Questo forum ha una sezione dedicata all'idroponica, dove gli utenti possono condividere esperienze, porre domande e offrire consigli su varie tecniche idroponiche.

Corsi e Workshop

1. **Udemy**: Offre corsi online sull'idroponica che coprono tutto, dalla teoria di base alla pratica avanzata, ideali per chi preferisce un approccio strutturato all'apprendimento.

2. **Local Extension Offices**: Molte università e college offrono workshop e corsi attraverso i loro uffici di estensione. Questi programmi possono

fornire istruzione pratica e la possibilità di interagire con esperti in agricoltura e idroponica.

Libri e Guide

1. **"Hydroponic Food Production" di Howard M. Resh**: Considerato uno dei testi fondamentali sull'idroponica, questo libro offre una panoramica completa delle scienze e delle tecniche idroponiche.

2. **"DIY Hydroponic Gardens" di Tyler Baras**: Perfetto per chi cerca una guida pratica alla costruzione e gestione di sistemi idroponici fai-da-te, con progetti adatti a tutti i livelli di abilità.

Video e Canali YouTube

1. **Khang Starr**: Condivide esperienze personali con la coltivazione idroponica, in particolare su come coltivare peperoncini, offrendo consigli pratici e facili da seguire.

2. **MIGardener**: Anche se non esclusivamente dedicato all'idroponica, questo canale offre utili consigli su giardinaggio e coltivazione che possono essere applicati anche all'idroponica.

Gruppi e Associazioni

1. **Associazione Idroponica Internazionale (IHA)**: Fornisce risorse, ricerca e supporto per coltivatori idroponici in tutto il mondo. L'adesione può offrire accesso a pubblicazioni specializzate, eventi e reti professionali.

2. **Local Gardening Clubs**: Unirsi a un club di giardinaggio locale può essere un ottimo modo per condividere consigli e risorse sull'idroponica con coltivatori nella tua area.

App e Software

1. **Growtronix**: Un sistema di automazione per la coltivazione che può monitorare e controllare vari aspetti dei sistemi idroponici, ideale per chi cerca di ottimizzare la propria coltivazione attraverso la tecnologia.

2. **Hydroponic Grow Journal**: Un'app che aiuta a tenere traccia della crescita delle piante, dei cambiamenti della soluzione nutritiva e di altri dati importanti, utile per monitorare il progresso e migliorare i risultati nel tempo.

Esplorare queste risorse può offrire una conoscenza approfondita e un supporto prezioso nel tuo viaggio nell'idroponica, consentendoti di apprendere da esperienze condivise, superare sfide comuni e, in ultima analisi, migliorare le tue abilità di coltivazione. Che tu sia interessato alla coltivazione idroponica come hobby, come passo verso l'autosufficienza alimentare, o come potenziale carriera, c'è una comunità vasta e accogliente pronta a supportarti.

Piattaforme di Social Media

Le piattaforme di social media offrono spazi vivaci e interattivi dove gli appassionati di idroponica possono condividere i loro successi, chiedere consigli e trovare ispirazione.

- **Instagram**: Con l'hashtag #Hydroponics, è possibile trovare una vasta gamma di post che vanno da sistemi idroponici fai-da-te a coltivazioni commerciali, con foto e video che mostrano tecniche innovative e risultati sorprendenti.

- **Facebook**: Esistono numerosi gruppi dedicati all'idroponica, dove membri di tutto il mondo condividono esperienze, pongono domande e offrono supporto. Gruppi come "Hydroponic Gardening for Beginners" e "DIY Hydroponics" sono risorse preziose per chi inizia.

Blog e Siti Web Specializzati

Blog e siti web dedicati all'idroponica possono fornire guide dettagliate, recensioni di prodotti e insight sulle ultime tendenze nel mondo dell'idroponica.

- **Hydroponics Explained**: Un sito web che offre guide approfondite e articoli su vari aspetti dell'idroponica, dalla scelta del sistema giusto alla soluzione dei problemi comuni.

- **Maximum Yield**: Oltre alla sua versione cartacea, il sito web offre articoli, guide e studi di caso su idroponica, illuminazione, nutrienti e molto altro, rendendolo una risorsa essenziale per coltivatori di tutti i livelli.

Conferenze e Eventi

Partecipare a conferenze e eventi idroponici può essere un ottimo modo per connettersi con altri appassionati, imparare direttamente dagli esperti e scoprire le ultime innovazioni nel settore.

- **The Indoor Ag-Con**: Questo evento annuale si concentra sull'agricoltura in ambienti controllati, inclusa l'idroponica, offrendo sessioni informative, workshop e opportunità di networking.

- **GreenTech Amsterdam**: Un importante evento internazionale che copre tutte le faccette dell'agricoltura tecnologica, inclusa l'idroponica, con espositori che presentano le ultime tecnologie e soluzioni di coltivazione.

Corsi Universitari e Programmi Accademici

Alcune università offrono corsi specifici sull'idroponica o programmi di agricoltura che includono moduli dedicati a questa tecnica di coltivazione.

- **Cornell University**: Offre workshop e corsi intensivi sull'idroponica come parte del suo programma di estensione in orticoltura.

- **University of Arizona - Controlled Environment Agriculture Center**: Questo centro è all'avanguardia nella ricerca e nell'istruzione su idroponica e agricoltura in ambiente controllato, offrendo corsi e workshop per professionisti e studenti.

Software e Strumenti Online

Utilizzare software e strumenti online può aiutare nella pianificazione e gestione dei sistemi idroponici, rendendo più semplice monitorare i progressi e ottimizzare le condizioni di crescita.

- **Grow Assistant**: Questo software di gestione della coltivazione aiuta a tenere traccia di tutti gli aspetti della tua coltura idroponica, dalla pianificazione dei cicli di coltura all'analisi dei dati raccolti.

La coltivazione idroponica, con la sua continua evoluzione e crescita, offre un terreno fertile per l'apprendimento e l'innovazione. Sfruttando le numerose risorse disponibili, dai forum online ai corsi accademici, dai blog alle conferenze, i coltivatori possono non solo espandere le loro conoscenze e abilità ma anche contribuire attivamente alla comunità idroponica globale. Che tu stia facendo i primi passi in idroponica o cercando di approfondire ulteriormente la tua comprensione di tecniche avanzate, c'è un mondo di informazioni, supporto e ispirazione a tua disposizione.

Podcast e Serie Audio

L'ascesa dei podcast ha fornito un altro mezzo ricco di risorse per imparare e rimanere aggiornati sulle ultime tendenze in idroponica. Gli ascoltatori possono approfondire durante il tragitto verso il lavoro, durante l'allenamento o nel tempo libero.

- **"The Hydroponic Gardening Podcast"**: Questa serie esplora vari aspetti dell'idroponica, dalle tecniche di base agli approfondimenti scientifici, intervistando esperti e condividendo storie di successo di coltivatori idroponici.

- **"Epic Gardening Podcast"**: Anche se non esclusivamente focalizzato sull'idroponica, questo podcast copre un'ampia gamma di argomenti relativi al giardinaggio urbano e alle tecniche di coltivazione innovative, inclusi episodi dedicati all'idroponica.

Gruppi e Associazioni Locali

Oltre alle risorse online e agli eventi globali, partecipare a gruppi e associazioni locali può offrire vantaggi unici, come l'accesso a risorse specifiche per la regione, opportunità di scambio di piante e semi, e partecipazione a progetti comunitari di coltivazione idroponica.

- **Gruppi di Giardinaggio Comunitario**: Molti di questi gruppi stanno iniziando ad esplorare l'idroponica come un modo per coltivare cibo in spazi urbani ristretti. Unirsi a questi gruppi offre la possibilità di imparare condividendo lo spazio e le risorse.

- **Associazioni di Agricoltura Urbana**: Con una crescente enfasi sull'agricoltura sostenibile e locale, queste associazioni spesso ospitano eventi, workshop e programmi educativi che includono sessioni sull'idroponica.

Piattaforme di Crowdfunding e Open Source

La condivisione di progetti e innovazioni attraverso piattaforme di crowdfunding come Kickstarter o siti dedicati all'open source offre un'insight unica nelle nuove tecnologie, sistemi e accessori idroponici che potrebbero non essere ancora sul mercato mainstream.

- **Open Source Hydroponics**: Un numero crescente di appassionati e inventori condivide progetti di sistemi idroponici DIY e automatizzati sotto licenze open source, incoraggiando la collaborazione, l'innovazione e l'accesso a tecnologie a basso costo.

Riviste Specializzate e Pubblicazioni Accademiche

Per coloro che cercano informazioni dettagliate e basate sulla ricerca, le riviste specializzate e le pubblicazioni accademiche offrono studi, recensioni e articoli sull'idroponica e sui progressi scientifici nel campo.

- **"Journal of Hydroponics"**: Questa pubblicazione accademica presenta ricerche all'avanguardia nel campo dell'idroponica, offrendo studi approfonditi su nutrienti, tecniche di coltivazione, e molto altro.

- **"Hydroponics Magazine"**: Una rivista rivolta sia ai coltivatori professionisti che agli hobbisti, con articoli su nuove tecnologie, profili di coltivatori di successo, e consigli pratici per ottimizzare la coltura idroponica.

La diversità e l'abbondanza di risorse disponibili per apprendere e approfondire l'idroponica riflettono la vivacità e la passione della comunità globale di coltivatori. Con l'avanzare della tecnologia e la crescita della rete di condivisione della conoscenza, mai come ora è stato così accessibile avviarsi e perfezionarsi nell'arte e nella scienza dell'idroponica. Che tu sia mosso dalla curiosità, dalla passione per il giardinaggio sostenibile o dall'interesse professionale, esiste una risorsa adatta a soddisfare ogni livello di interesse e impegno.

In sintesi, l'accesso a una vasta gamma di risorse, comunità e piattaforme di apprendimento ha trasformato l'idroponica da una nicchia specialistica a un campo accessibile e in espansione, aperto a chiunque abbia l'interesse di esplorarlo. Dalle fondamenta teoriche alle applicazioni pratiche avanzate, le risorse disponibili coprono ogni aspetto dell'idroponica, rendendo possibile per i coltivatori di ogni livello approfondire le loro conoscenze, affinare le loro competenze e condividere le loro esperienze.

Le comunità online e i forum offrono uno spazio dinamico per lo scambio di consigli e supporto, mentre i corsi online e i workshop forniscono strumenti strutturati per l'apprendimento formale. Libri e guide fungono da risorse preziose per l'approfondimento autodidatta, e i canali YouTube e i podcast offrono modi interattivi e facilmente accessibili per restare aggiornati sulle ultime tendenze e innovazioni. Le conferenze e gli eventi, sia virtuali che fisici, aprono opportunità per il networking e l'immersione in comunità di pensiero all'avanguardia nell'agricoltura urbana e sostenibile.

L'importanza delle associazioni locali e dei gruppi di giardinaggio comunitario non può essere sottovalutata, poiché offrono l'opportunità di apprendere in un contesto pratico e di condividere risorse e spazi di coltivazione. Allo stesso tempo, le piattaforme di crowdfunding e i progetti open source stimolano l'innovazione e la collaborazione, abbattendo le barriere all'accesso a tecnologie e sistemi avanzati. Infine, le riviste specializzate e le pubblicazioni accademiche servono come ponte tra la pratica di coltivazione e la ricerca scientifica, ampliando la base di conoscenza disponibile per ottimizzare e innovare nelle tecniche idroponiche.

Concludendo, il panorama delle risorse idroponiche riflette una comunità globale vibrante e in crescita, unita dalla passione per l'agricoltura sostenibile e innovativa. La facilità di accesso a queste risorse significa che, indipendentemente dal punto di partenza, esiste un percorso di apprendimento e una rete di supporto pronti ad accogliere nuovi coltivatori e ad accompagnare quelli esperti verso nuovi orizzonti di coltivazione. L'idroponica, con il suo potenziale di trasformare spazi urbani e domestici in aree produttive di cibo fresco e sostenibile, si pone come una frontiera entusiasmante per l'agricoltura del futuro, rendendo la coltivazione accessibile a tutti e promuovendo un approccio più consapevole e rispettoso nei confronti dell'ambiente e delle nostre comunità.

20. Guardare al futuro dell'idroponica: Riflessioni sul potenziale futuro dell'idroponica nella sostenibilità, sicurezza alimentare e innovazioni tecnologiche.

Guardando al futuro dell'idroponica, ci troviamo di fronte a un orizzonte ricco di potenzialità, sfide e promesse. L'idroponica, come sistema di coltivazione che minimizza l'uso del suolo e massimizza l'efficienza idrica e dei nutrienti, si pone all'avanguardia nelle strategie per affrontare alcune delle questioni più pressanti del nostro tempo: sicurezza alimentare, sostenibilità e innovazione tecnologica.

Sostenibilità e Impatto Ambientale

L'idroponica offre una risposta tangibile alle preoccupazioni ambientali, come la riduzione delle risorse idriche e la degradazione del suolo. Utilizzando fino al 90% meno acqua rispetto all'agricoltura tradizionale in suolo, e eliminando quasi completamente l'uso di pesticidi e erbicidi, l'idroponica si propone come una soluzione ecologicamente responsabile. In futuro, possiamo aspettarci che l'adozione su larga scala di sistemi idroponici contribuisca significativamente alla riduzione dell'impronta idrica dell'agricoltura e alla preservazione delle risorse naturali.

Sicurezza Alimentare e Accesso

In un mondo dove l'insicurezza alimentare rimane una sfida globale, l'idroponica si presenta come una chiave per la produzione di cibo in aree urbane e in regioni dove le condizioni del suolo o il clima impediscono l'agricoltura convenzionale. La capacità di coltivare cibo vicino ai punti di consumo riduce la dipendenza dalle catene di approvvigionamento estese e vulnerabili, aumentando la resilienza delle comunità urbane e migliorando l'accesso a prodotti freschi e nutrienti. La proliferazione di micro-fattorie urbane e sistemi idroponici domestici potrebbe rivoluzionare il concetto di sicurezza alimentare nelle città, trasformando gli spazi inutilizzati in fonti produttive di alimenti.

Innovazioni Tecnologiche

L'avanzamento tecnologico sta già plasmando il futuro dell'idroponica, con l'introduzione di soluzioni automatizzate, sistemi di monitoraggio intelligenti e tecniche di coltivazione ottimizzate. La crescente integrazione dell'intelligenza artificiale e dell'Internet delle Cose (IoT) nei sistemi idroponici promette di migliorare ulteriormente l'efficienza e la produttività, consentendo una gestione precisa delle condizioni di coltivazione e una risposta tempestiva alle esigenze delle piante. Inoltre, l'innovazione nel design dei sistemi idroponici, come i modelli modulari e verticali, apre nuove possibilità per l'ottimizzazione dello spazio e per l'estetica degli ambienti urbani.

Collaborazioni Multidisciplinari

Il futuro dell'idroponica beneficerà anche di un approccio più collaborativo e multidisciplinare, che unisce competenze in biologia, ingegneria, design urbano e scienze sociali. Queste collaborazioni potranno generare sistemi di coltivazione più resilienti, sostenibili e integrati nelle infrastrutture urbane, contribuendo al contempo alla coesione sociale e al benessere delle comunità.

Educazione e Sensibilizzazione

Infine, l'educazione gioca un ruolo cruciale nel promuovere l'idroponica come soluzione sostenibile per il futuro. Incrementare la sensibilizzazione e la formazione sull'idroponica tra i consumatori e i potenziali coltivatori è fondamentale per accrescere la sua adozione e per incoraggiare uno stile di vita più sostenibile. Programmi educativi nelle scuole, workshop comunitari e campagne informative possono aiutare a demistificare l'idroponica e a mostrarne i benefici, ispirando più persone ad abbracciare questa forma di coltivazione.

Guardando al futuro, l'idroponica si configura non solo come una tecnica di coltivazione avanzata, ma come un elemento chiave di un sistema alimentare più resiliente, sostenibile e inclusivo. Con il supporto di innovazioni tecnologiche, collaborazioni multidisciplinari e un impegno collettivo verso l'educazione e la sensibilizzazione, l'idroponica ha il potenziale per trasformare il paesaggio agricolo globale, contribuendo a un mondo in cui ogni comunità ha accesso a cibo fresco, sano e sostenibile.

In questo libro, abbiamo esplorato il mondo dell'idroponica per principianti, offrendo una panoramica completa che copre i fondamenti della coltivazione idroponica, i benefici che offre, i principi chiave, i diversi sistemi idroponici disponibili, la selezione delle piante, l'impostazione di un sistema idroponico casalingo, l'importanza dell'illuminazione, i nutrienti e le soluzioni nutritive, la gestione dell'acqua, il monitoraggio del pH e della conducibilità elettrica, la manutenzione del sistema, la risoluzione dei problemi comuni, l'automazione, la coltivazione biologica idroponica, le ricette di soluzioni nutritive, e la raccolta e la conservazione dei prodotti. Abbiamo anche discusso il futuro dell'idroponica, mettendo in luce il suo potenziale in termini di sostenibilità, sicurezza alimentare e innovazioni tecnologiche.

Per chi cerca di approfondire ulteriormente la propria conoscenza sull'idroponica o di rimanere aggiornato sulle ultime tendenze e innovazioni, ecco alcune risorse utili:

Siti Web e Guide Online

- **Maximum Yield** (maximumyield.com): Un'ottima risorsa per articoli approfonditi, guide e consigli su tutti gli aspetti dell'idroponica e dell'agricoltura in ambiente controllato.

- **Epic Gardening** (epicgardening.com): Offre guide pratiche, recensioni di prodotti idroponici e consigli per giardinieri di tutti i livelli.

- **Hydroponics Explained** (hydroponicsexplained.com): Un sito dedicato a spiegare i concetti di base dell'idroponica ai principianti, con guide passo dopo passo.

Forum e Comunità Online

- **Reddit - r/Hydroponics**: Una comunità attiva dove i coltivatori idroponici condividono esperienze, foto, e risolvono dubbi di altri appassionati.

- **THCFarmer Community** (thcfarmer.com): Sebbene focalizzato sulla coltivazione di cannabis, questo forum offre discussioni ricche di informazioni tecniche applicabili all'idroponica in generale.

Corsi Online

- **Udemy**: Offre una varietà di corsi sull'idroponica, adatti sia ai principianti che ai coltivatori più esperti, insegnati da professionisti del settore.

- **Coursera**: Fornisce accesso a corsi legati all'agricoltura sostenibile e all'idroponica, offerti da università e istituzioni accademiche rinomate.

Libri

- **"Hydroponics: A Practical Guide for the Soilless Grower" di J. Benton Jones, Jr.**: Una guida completa per chi desidera approfondire seriamente la coltivazione idroponica.

- **"DIY Hydroponic Gardens" di Tyler Baras**: Perfetto per coloro che sono interessati a progetti idroponici fai-da-te con istruzioni passo dopo passo.

Podcast

- **"The Hydroponic Gardening Podcast"**: Esplora varie tecniche, condivide storie di successo e discute le ultime innovazioni nel campo dell'idroponica.

Questo libro si propone come punto di partenza per chiunque sia interessato a scoprire il mondo dell'idroponica, fornendo le conoscenze di base necessarie per iniziare e le risorse per continuare il proprio percorso di apprendimento. Con la giusta combinazione di curiosità, dedizione e accesso alle risorse giuste, l'idroponica si rivela un'attività gratificante che non solo può fornire cibo fresco e sano ma può anche contribuire a un futuro più sostenibile e sicuro per il nostro pianeta.